U0429862

自然的美育

李凌——著

清華大學出版社
北京

图书在版编目（CIP）数据

自然的美育 / 李凌著 . — 北京 : 清华大学出版社 ,2021.5（2024.5 重印）
ISBN 978-7-302-58045-4

Ⅰ. ①自… Ⅱ. ①李… Ⅲ. ①美育－学前教育－教学研究 Ⅳ. ① G613

中国版本图书馆 CIP 数据核字 (2021) 第 075226 号

责任编辑：张立红
装帧设计：李　沐　王倍佳
责任校对：赵伟玉
责任印制：杨　艳

出版发行：清华大学出版社
网　　址：https://www.tup.com.cn，https://www.wqxuetang.com
地　　址：北京清华大学学研大厦 A 座　　邮　　编：100084
社 总 机：010-83470000　　邮　　购：010-62786544
投稿与读者服务：010-62776969，c-service@tup.tsinghua.edu.cn
质 量 反 馈：010-62772015，zhiliang@tup.tsinghua.edu.cn
印 装 者：三河市东方印刷有限公司
经　　销：全国新华书店
开　　本：148mm×210mm　　印　　张：12.75　　字　　数：249 千字
版　　次：2021 年 7 月第 1 版　　印　　次：2024 年 5 月第 4 次印刷
定　　价：98.00 元

产品编号：091364-01

好的儿童美术是心灵的唤醒，不是知识的传递。

推荐序

童真·本心

——生命发展的基础

儿童的生命成长是独立于成人世界之外的生物物种衍生系统。这个生命系统的奇妙在于，任何肤色、任何族群、任何社会经济发展条件下儿童都将重复地走上一条生命自然成长的“老路”。儿童依据自己眼睛、耳朵、肌体等产生感知与独特的思维，发出动作指令，例如指挥着尚在发育的臂膀、骨骼、肌肉等不断释放作用力，用手拿笔画出自己的直觉痕迹——线性图形。

儿童在生命原初几年中的成长主要基于其视觉感知为主的造物表现。此生命活动状态的前提是“儿童生命的自然成长状态是不可改良的”，儿童所画的线条痕迹蕴含着本能特质与无意识表现，是无法改变的。儿童的原发性美术活动是由本能萌发出来的。儿童的自然成长过程特别具有验证意义，是儿童个体精神系统的一部分，不仅作为其意识成长的根基而存在着，也作为儿童心理生态学上不可或缺的内容存在着。

儿童表达能力的发展（感知的方式、认识新事物的眼光、自我表达的方式）完全有别于美术学科的知识技能体系和行为规范。儿童的生命成长有独特性，因此成年人（无论是儿童的家人、亲人，还是教师，抑或是社会中相遇的、对孩子有所关注的人）对儿童实施某种教育的时候，必须呈现“动态”的呵护与关爱。例如，用线条表达是儿童生命早期原发的创造性表现，是儿童造“形”能力发展的必然过程。

近100多年以来，随着社会转型的迅猛发展，尊重儿童早期生命创造的育人观逐渐被世界各国认同、接受和实施。同时，研究者在儿童早期生命创造过程中发现了人类早期生命创造的形态复演。幼儿园及小学低段（1～2年级）的孩童，无论使用何种工具、材料，都会用线条表达自己的感悟。“从古至今，人类从未停止过‘画画’的行为，包括迎接它的人们。也许我们生来就携带着‘画画的基因和看画的基因’。”日本绘本作家、设计师结城昌子[1]女士告诉我们，儿童的自由造“形”活动（游戏）源自生命的自然成长。儿童为何天生会画画？此问题是每个孩子的父母、祖父母都难以明白的，主要是由于整个社会对儿童生命自然生长、对艺

1 结成昌子：自1993年开始策划并编撰为孩子生命成长的艺术图画书。著有绘本《你好，艺术！》，全13册，由中信出版社于2020年出版。

术教育本质意义存在认识偏差。

特别欣慰，儿童美术教育家李凌继儿童美术教育“三部曲”——《解读幼儿图画密码》《儿童美术教育琐谈》《寻找天性》之后推出新作《自然的美育》，将研究视角聚焦于儿童生命的生物原发性，即“人的生命‘根系’”。李凌提出“转换式”成长、“保质期”说、“幼态延迟”说等学前美育新概念，为我国学前美育、社会美育指出一条尊重儿童生命自然成长、保护儿童天性的光明之路。

在人的生命发展与成长过程中，儿童期的美术教育必须淡化美术学科的知识技能，强化涵养人、育人的目标思维取向。李凌基于其“慢教育”思想，对儿童教育认识上的误区逐一进行分析、阐释，提出“成人需要站在大自然的角度，重新了解自然，‘阅读’自然，寻求‘人与自然’的关系。从利用自然走向顺应自然，而不是‘以人为中心’一味地想‘征服自然’”的论点。

“自然不是作为纯客体的对象存在，而是对象化了的为我存在；社会不是作为外在于个人的异己力量，而是内在于个人的人的社会；人在自然界中具有崇高的地位，人的存在、生命的存在具有他物不可比拟和取代的普遍意义和价值。”[1] 儿童期的美术活动，应该以儿童的自然生长为基础，应该为孩子之后的人生寻找

1 邵汉明．中国文化精神［M］．北京：商务印书馆，2000：2-3.

坚实的落脚点，需要悉心研究如何启迪孩子们在美术活动中自我探究、自我发现、自我突破，形成独特的观察方法、思维方法和自主行动力量，再思考如何实施教育的相对控制。强行灌输美术学科知识与技能，不仅会制约儿童的身心健康发展，也不利于培养儿童的基本审美感知。

李凌提出实施美术教育活动时，成人应该做到“和孩子相处，就如同与大自然相处”，这样的和谐关系契合了老庄所主张的因性意识。老庄因性而行、顺性而动，任人之原始纯真本性自然生发、自然展露，不加任何人为干扰和阻隔。根据老庄的观点，人的纯真本性是不可违背、不可造作、不可压制的。儿童的画作体现了其个性自然发挥、身心自然发展的原动力，是孩子潜在的创造性思想元素。李凌指出：“幼儿的画是‘心里出’，是从孩子心底流淌出来的，不是教的。”此观点正如老子所论“人法地，地法天，天法道，道法自然”。从字面上看，老子视人、地、天、道、自然为一种相互递进的关系，其实，老子是说，天、地、人“三才”乃至道均须以自然为法，均须效法自然所呈现的规律，也就是事物的初始状态、天然状态，体现在人身上，就是指人的先天性状。儿童期的美术活动，要尊重孩子的天性，要在孩子天性完全释放的基础上考虑采用什么样的方式实施教育。李凌的这本《自然的美育》之所以应该成为大众和教育工作者通读的儿童早期教育指导手册，就在于李凌从儿童自然成长的原理和人的先天性状逐一分析儿童期孩子所有的美术活动不能强行施教的道理。从“生物自然”到“生命轨迹”，老子将其称为“朴”，也称为“婴儿”。“朴”的意思是未经雕饰。由此，可以引导人们深度思考未经雕饰的儿童绘画为何珍贵，为何值得教育者深入研究，为何值得在教育体系中设立专门的课程进行学习。

儿童期的任何美术活动，包括涂鸦、手工等，与老子强调的“朴”，都是为了保护人类实而不华、厚而不薄的原始而又天真的品性。从这个视角，李凌的儿童美术教育观与老子所强调的“复归于婴儿”不谋而合，都是为了恢复人类的先天性状、自然状态。

面对儿童的本能表达，成人究竟应该怎样做呢？李凌提出走出教育误区的“醒等”说与“幼态延迟”说两个重要理论，这是非常恳切的教育期望和观念引领。童心是人类文化创造的源头，葆有童心才是避免中国传统文化异化的最有效的“防火墙”。只有真正明白孩子的童年如此珍贵，真正意识到儿童世界的独特价值，方可真正明白：童心，是艺术创造与发展的内核，是推进人的创造力不断生发的源泉所在！

《自然的美育》中还提出，必须深刻反思学科教育向人性的“自然回归”。学前教育艺术领域活动和基础教育美术课程都应当尊重儿童的本能特质和无意识状态。9 周岁以下儿童自发的美术表现活动只要不影响其自身健康和其他人生活，成人（父母和教师）都应当充分尊重并适当满足他们的自然需要。美术学科的知识技能体系与儿童潜在表达能力的自然释放是两条不同的生命发展之路，能否经过教育活动来总体控制孩子的行为，力图发生殊途同归的效应呢？我的回答是，假如用现行的、常规的美术学科的知识技能体系去构成学前教育艺术领域和基础教育美术课程体系，势必会不断抑制儿童生命的成长和可持续发展。

在儿童期的美术活动里，那些可教的东西（美术知识与技能）只是某种材料、工具的使用方法和程序；而不可教的生物性本能、天性的释放与保护、童心的悉心呵护与思维引导，才是美术教育对于儿童生命成长应该承担的责任。即便是在某年龄段需要让儿童知道的美术学科的知识技能体系，其前提也是为儿童（人）的生命机能、思维方式的可持续发展服务。先目中有人，后有学科。

为了落实“立德树人”“以美育人”“以美化人”“以文养人”及德智体美劳“五育并举”的新时期育人目标，我国现行的教师教育美术教师课程体系、学前教育艺术领域课程、基础教育美术课程体系应以儿童（人）的可持续发展为目的，以人（儿童）为中心。儿童的自然健康发展是美术教育的目的。儿童美术教育要从尊重儿童、呵护儿童、向儿童学习、回归童心、崇尚生命之花自然开放开始。因而，要在教育教学和日常生活中落实育人目标。李凌的《自然的美育》就成为规避美育错误观念和行为的利器。希望读者在认真阅读过程中不断反思，逐步感受儿童的原发性力量、由童心的回归所带来的本心之力量。

是为序。

李力加

2020 年 11 月 26 日谨识于云间

李力加：浙江师范大学教授，中央教育科学研究所艺术教育研究中心专家组成员，中国美术家协会少儿美术艺委会委员；曾获评全国十大儿童美术教育家，国家《艺术课程标准研究与制定》研制组核心成员。

自　序

天　路

一本书写完了，总会有些感想。《自然的美育》与 2019 年出版的《寻找天性》一样，虽然写的是幼儿美术方向，但不是写怎么教孩子画画，而是想通过幼儿美术这个视角，从生物学概念和进化论观念说美育、谈幼教。书中说得最多的是孩子怎么在美育的滋润下健康快乐地成长，而不是讲美术知识和技法。

幼儿拿笔就画、无师自通的能力是生物学本能，是物种进化的结果，是大自然的力量。幼儿的画不是“学来”的，是“画来”的；是生物性，不是技术性；是感性，不是理性；是本能，不是技能。孩子不学就会画的能力与蜜蜂筑巢、蚂蚁雇佣、猴子使用工具是一个道理。比如，昆虫天生会伪装，食虫植物“猪笼草”会捕虫，向日葵花会跟随太阳转，蜂鸟能像直升机那样悬停或倒飞，切叶蜂啃食的弧线像圆规画的一样圆。这些“技巧”既不是“教”的，也不是“学”的，是“天赐”给动植物的生存本能。

人的生命“根系”就是生物性，有“根”才有生命。人的“根”不在理性，而在人的灵魂中；而人的灵魂“根系”又深植于人的生性中。孩子天生就会画的“本事”就是灵魂“根系”的再现。所以，幼儿的画是“心里出”，是从孩子心底流淌出来的，不是教的。书中列举的所有动植物本能的事例，都为孩子画画是本能而不是技能的观点找到了依据，找到了源头。

在这本书里，我提出了一些幼教新概念，比如“转换式”成长、“保质期”说、“幼态延迟”说等新说法。这些新概念的形成是我学习与探索幼教美育体会的点点滴滴，不成系统，不成理论，只是我的感想。

实践证明，6 岁前的婴幼儿处于无意识的“睡眠期”，理性还没苏醒，所以，不能受教。其道理就像 1 岁前的婴儿有腿却不能走路是因为腿上的骨骼、肌肉还没长成。孩子在 6 ~ 9 岁处于心理成长的迟缓期，是“蜗牛式”的成长期。孩子在

6岁前是一天一个样；6 ~ 9岁时心理的成长松松拉拉，不紧不慢，疲疲沓沓；9岁后突飞猛进。6岁儿童画不出事物的前后、遮挡，9岁前照样；6岁儿童画不出物体的空间、透视，9岁前照样；6岁儿童画的事物只有一排，没有第二排，不立体，9岁前照样。就绘画来说，儿童要想达到一个在造型上的飞跃，要在9岁以后。也就是说，孩子真正理性苏醒的年龄是9岁，说六七岁是“理论上”的，是很保守的说法，事实并非如此。

“转换式”成长是说孩子的成长是“转换式”的，是从感性转换成理性、本能转换成智能的成长过程。7岁前，儿童完成了身体的转换，比如，幼儿换牙就是生理性转换标志。9岁前，儿童完成了精神和心理的转换，比如，有心眼了，遇事会逻辑分析了。

我在书中用大量的生物学事实证明了我的观点，而不是只停留在理论上。据此，我提出了中国孩子受教的年龄，也就是上小学的年龄，应是9岁，不应是六七岁的观点。这就是“幼态延迟”说。“幼态延迟”说在表面上是消极的，实际上起到的是积极作用。表面上是孩子什么都没学，玩的时间很长，而实际上，孩子玩是为长大后的自己积蓄能量、储存智慧、滋养心灵。

人类的幼稚期越长，成熟得就越晚，活得就越久，干的事就越多。民国时期的结婚年龄是十四五岁，1949 年是十八九岁，现在是二十八九或三十多岁，这就是幼态在延迟。这说明一个问题：直到现在人类仍在不断地成长和进化。现在的孩子“懂事晚”，幼稚期长，就是大自然给人类提了个醒，让人按“天理”行事，不要按“多少年就是这样做的”经验行事。

除了一些幼教新概念之外，我还对幼教中存在的好多问题作了“对比性”阐述。比如，教育与保育的关系，本能审美与意识审美的区分，自然教育与人为教育的不同，纯粹教育与功利教育属性不一样，发育与发展的意义不能同比，有意义不等于有意思，还有感性与理性、本能与智能、无意识与有意识、性智与心智、知识与智慧等一系列的问题。作为幼教工作者，这些概念如果得不到正确的区分和认识，那么教育就是一句空话。

我们的教育还有很多认识上的误区。比如，在儿童读物和科普书中给自然界中的生物下了“这是益鸟、那是害虫”的定论，我认为这是欠妥当的。人与自然界中的生物一样，都是大自然的孩子，都是生物链的一环，每一种生命都有存在的意义。大自然很公平地赋予这些小生命独有的生活技巧。凭什么人家就是“害虫”？凭什么是不是“害虫”要以人为中心，而不以生物“做的事”对“大自然”有没有益来判定？人与动物都是生命体，彼此理应是朋友，是同伴，共同存在于这个世界上，又分享着这个世界，应彼此尊重。

我们需要站在大自然的角度，重新了解自然，“阅读”自然，寻求人与自然的关系。从利用自然走向顺应自然，而不是“以人为中心”一味地想“征服自然”。毕竟，有爱才有一切！

和孩子相处，就如同与大自然相处。我对幼儿美术的认识灵感不来自美术，也不来自教育，而来自大自然。动植物有趣的生活和天生的生存本领给了我很多的启示，引发了我强烈的好奇心和探求欲望，让我总有一种想接近自然、探求自然、与自然对话的冲动。

在家里，我养了好多虫子，我天天看着它们劳作和休息，有时候我都觉得自己快成虫子了。遇见被人踩烂的蜗牛，我会很伤心；看见长得绿油油的青草被人拦腰割断，我很心疼。我不知道我为什么会这样，可我就这样！

“慢教育”思想，就是我从竹子的生长特性中受到了启发，由此才想到“慢”与教育的关系。为了进一步了解动植物，我反复阅读了达尔文的《物种起源》《人类的由来及性选择》《植物的运动本领》《食虫植物》《攀援植物的运动和习性》这5本书后，才进一步明确了生物的起源和进化及人与自然的关系。在这个认识前提下，我自然地找到了人在6岁前和动物一样，只凭感觉和本能做事的依据，作出了孩子画画是本能而不是技巧的判断。

孩子画画的路是“天路”，不是成人走的路，也不是成人给孩子设定好的路。成人是引路人，不是同路人。孩子的路究竟怎么走，还得由他自己决定，就像一朵花究竟想怎么开，那就看“花怎么想了”。

错误的教育有好多种，好教育只有一种。凡是与大自然有联系的，尊重自然的，敬畏自然的，与大自然“同呼吸”的，就是好教育。

大自然是世界上最伟大的“工程师”和“设计师”，是我们最好的导师，教会我们怎么想、怎么做。我觉得不单是幼儿美术和幼教，世界上一切事物都能从大自然里找到答案。

2021.6.5

目 录

第一篇 生物自然

第二篇　生命轨迹

第三篇　心灵唤醒

第四篇　幼儿精神

第五篇　静待生命

第六篇　教育误区

第七篇　自然回归

第八篇　思维观念

《自然的美育》写作始末

后　记

DATE

人[illegible][illegible]物　　2018.12.31

[illegible]

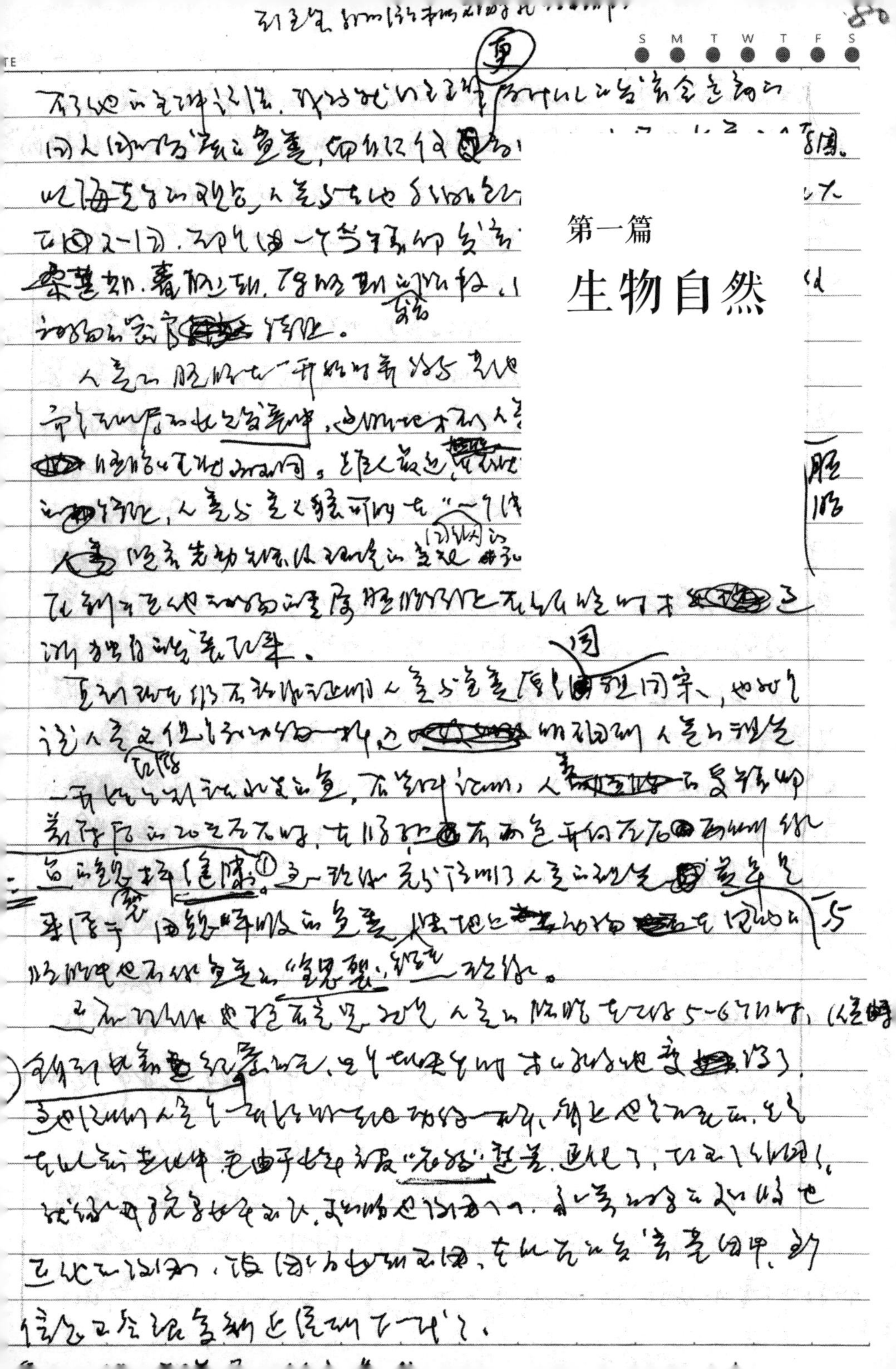

第一篇

生物自然

人类原初

我是谁？我从哪里来？我要到哪里去？这句话早在公元前古希腊哲学家、思想家柏拉图就说过 。一个婴儿的降临，从第一声啼哭就意味着他离开了温暖的“羊水房”，到了让他有高兴、烦恼、不安等这么多情绪的新世界。

关于人类的由来，比较胚胎学的创始人冯·贝尔曾提出过一个定律叫贝尔定律，其主要内容是：在每一较大种类物群中先出现共有性状，再出现特殊性状。我对这句话的理解是：如犬科动物中的狼和狗，一开始大的性状都是一样的。这些动物后来的生活环境发生了改变，经过了长时间的进化，它们为了生存就会适应不同的环境和气候，久而久之，就分化出狼和狗在性状上的不同。不是一个种类的、一开始就“不同纲”的动物，会随着生活环境的不同，进化出越来越大的性状差异。冯·贝尔的这一观点对后人的动物胚胎学产生了很大影响。

在达尔文的《物种起源》一书里有一句话：哺乳类动物及鸟类、蜥蜴类的胚胎，在最早的性状中，其形状比较相似。也就是说，人类与这些动物最早是站在同一基点上的。达尔文也认为动物的结构和发育的形成有着共同的祖先。我理解达尔文的意思是：人类与动物无论是性或血缘都有着相同的基因，人类在发展的初期并没有高出其他动物多少或在某些方面不一样。在以后的研究中，他又提出了“重演律”及“发生率”的概念。

在达尔文之后又出现了一位生物学家海克尔，德国人。海克尔在他的著作《普通形态学》中提出，哺乳动物的发育是在鱼类或爬虫类的发育期上又加上了额外的发育期。他的意思是：人与鱼类一开始的起点是一样的，只不过人类在以后的发育中又加上了比鱼类更为复杂的发育系统。根据他的观点，我们就易于理解人的发育会远离同时发育的鱼类，而自行往更高的生命状态上发展的原因。以海克尔的观点，人类与多细胞动物一开始并没有什么明显的不同，都是由一个受精卵成形的，也同样走过了桑葚期、囊胚期、原胚期的发育阶段，经过了长久的进化才形成了脊椎动物器官。

人类的胚胎开始时并没与其他脊椎动物有太大的差别，而是在以后的长久进化中，逐渐才有了人类的发展特征，也就是胚胎性状的不同。与人类的胚胎性状最相近的是类人猿，人类与类人猿可能在同纲的一条线上并行发展了很多年。

随着游动的生活和环境的变化及长久的进化发展，人类区别于其他动物的专属胚胎特征很晚才出现，并独自逐渐发展起来。直到现在仍有现象证明，人类与鱼类原来是同族同宗，也就是说，人类的起源不但与动物一样，还明确到人类的祖先一开始是生活在水里的鱼。有资料表明，人类的受精卵在着床后的 18 ～ 20 天，在胎儿的脖子上有两道开向左右两侧的像鳃裂一样的缝隙，生物学上称其为 “鳃裂”[1]（图 1–1）。这一现象充分

1 ［英］ 达尔文 . 人类的由来及性选择［M］. 北京：北京大学出版社，2009：5.

证明了人类的祖先最早来自用鳃呼吸的鱼类，生活在陆地上的动物在它们的胚胎中也有类似鱼类的鳃裂。

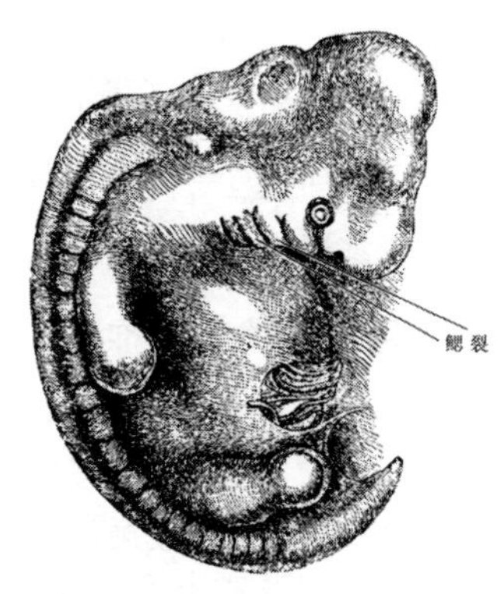

图 1–1 人的胚胎

还有一个现象也挺有意思，就是人类的胚胎在生长大约 6 个月时，全身都长满了浓密的毛发。眉端和脸上的毛，特别是口部周围的毛，在 5 个月时比头上的毛还要长得多[1]。只是快出生时才慢慢“变”没了。这也说明了人类一开始与其他动物一样，身上是有毛的，只是在长期的进化中，由于“用不着”了，或被衣物长时间地遮盖而退化了，就像鸵鸟常年不飞，翅膀就没用了，家养的鸡的翅膀退化了。这类动物在以后的发育中，这个基因会被复制遗传给下一代，“飞”的基因信息经过了常年的进化就被删掉了，这些原来曾是“鸟”的动物以后就不会飞行了。

冬天，在公园里经常看见宠物狗身上裹着一个像人穿的马甲似的保暖的东西。按进化论的观点，这样长久下去，如代代相传，早晚有一天狗身上的毛会退化，不会再有像现在冬天来了就会长满稠密而保暖的细毛，夏天来了就会褪毛的现象，鸡类家禽也是这样。媒体上曾多次报道过全身长着毛的毛孩，这是返祖现象。这也证明了人类一开始是有毛的，只是人类

1 ［英］ 达尔文 . 人类的由来及性选择［M］. 北京：北京大学出版社，2009：12.

学会了保护，给身体裹上了衣物，才逐渐失去了毛发。这个观点不是动植物学家说的，而是我根据达尔文《物种起源》的进化论及“用则进，不用则退”的自然规律推测的。

从人类的起源来看，人是从水中走向陆地的。人类与动物相比，一开始并没有太大的发展优势，但是人类后期走向了独立发展的路子，慢慢地与动物拉开了距离，进化成了人类。

生物科学家已经证明了人类从 3 亿年前海洋中的鲨鱼进化而来，这种名为棘鱼属的原始鲨鱼是地球上所有人类及颌类脊椎动物的“老祖宗”。非洲是人类的摇篮是达尔文提出的。

以色列历史学家尤瓦尔·赫拉利在他的《人类简史》“从动物到上帝”一节中，对人类的发源地也有明确的描述。被称为“智人”的人类，最早就待在非洲的某个小角落。尤瓦尔·赫拉利的意思是：这种已经会“想”并有点“心眼”的，既不是动物也不是人的“边缘人”，大约在 7 万年前从非洲来到了东亚，与我们当地的直立人混血繁衍。

最早的人类在 250 万年前的非洲东部开始演化，那时的东非人就有极像现代人的举止，如，妈妈哄孩子，男人干活，老人在一旁歇着，小孩在旁边玩耍。远古时期的人类已经懂得了亲爱、玩耍、友谊，还有情感生活，并学会制造简单的工具。

这样又过了 50 万年，人类仍没有脱离原始的“边缘人”状态。直到

100 万年前，这些“边缘人”仍与非洲“智人”没有太大的区别，虽然人类已经有了容量很大的头脑和制造锋利石器的能力。在 80 万年前，人类已经会使用火，却对付不了体形庞大的食肉动物，他们还没有足够的智谋和体能去捕杀大型动物。他们主要以采集植物果实、捕杀小动物和昆虫为生，或吃大型动物吃剩下来的腐肉。

人类曾经有 250 万年的时间靠采集野果和狩猎为生，想一想当时他们的生活也很不容易。这种不是人的“边缘”智人，在那个时期只是在动物食物链中的中等位置，生活中还得躲避大型动物的伤害。就这样又过了大约 150 万年，直到 40 万年前，人类才有了捕杀大型动物的智慧和能力。30 万年前人类使用火已相当普遍，但那时候还不会种粮食，农业文明还没开始，生活就靠打猎和吃野果。到了 10 万年前，人类开始崛起，一跃成了“社会”的统治者，也自然成了动物食物链最顶端的主宰。这个时期的总人口不超过百万，这个数量对大自然还起不了很大的作用。

在东非“智人”大规模来到东亚时，其他几个人类族群相继灭亡。如梭罗人、丹尼索瓦人、尼安德特人，大约在 3 万年前就已经消失。在 12 000 年前，“小矮人”也从他们常年生活的弗洛斯岛上永远消失了。只要是“智人”到达的地方，当地原生的人类很快就灭绝了，这与“智人”有没有关系，搞不清楚[1]。非洲“智人”为什么在当时这么厉害，连当地

1 ［以色列］尤瓦尔·赫拉利．人类简史［M］．第 2 版．北京：中信出版社，2017：18.

图 1-2 织布鸟在编织鸟巢

图 1-3 猴子用石头砸坚果

人都被他们屠杀或赶走，这依然是个谜，无人能破解。

这个时期的人已经很聪明，有了思维和交流方式，用新的语言沟通。13 000 年前的“智人”成了这个星球的唯一人类。在 12 000 年前人类就完成了“农业革命”，会种植庄稼和驯化动物了。人类约 5 000 年前出现了最早的王国、文字、宗教，2 000 年前出现了中国汉帝国、罗马帝国和基督教。500 年前出现人类的第二次革命——“科学革命”，200 年前出现了人类的第三次革命——“工业革命”。这就是人类发展的简史。

人的初始与动物一样，遇事靠本能，自 7 万年前有了会思考的非洲“智人”后，地球上的一切生物都改变了。这种“智人”的出现，注定了人类与动物分道扬镳，也从此决定了人与动物不同的生存方式。

动物最大的生命特征是本能，一切生活本领都是胎里带来的，哪怕是让人类看似不可思议的“高级思维 ”，也不是思维。如，织布鸟用草缝合的能避雨、能防晒的鸟巢（图 1–2），猴子用石头砸坚果（图 1–3）等都不是思维。这说明一个道理，既然人类与动物原是同“纲”同族，动物都能不学就会，那孩子拿笔就画的本事自然也是本能了。连蜜蜂、蚂蚁都有“生活的智慧”，而更有灵性的孩子怎么不可能拥有“胎里带来的本事”——不学就会画呢？

有老师和家长认为，画是技术，不学就不会。如果是这样的话，那蜜蜂筑巢是不是技术？猴子用石头砸坚果是不是技术？鸟从高空俯冲准确地捕鱼算不算技术？蜂鸟可在空中悬停、倒飞算不算技术？我们能相信动物都有“胎里带来的技术”，为什么就怀疑比动物聪明多少倍的孩子能做到不学就会画呢？

我觉得之所以出现这种认识，主要是因为人们对于幼儿发育要分两步走缺少了解。孩子的第一步就是完成了“胚胎”的生物学过程，就像牛、羊一出生就会站立，在很短的时间里就能跟随母亲生活，也像昆虫“蛹化蝶”的过程，蝶从蛹壳里爬出来只需几分钟就可生存。但人类不同，出生后的婴儿，精神和心理的发育才是开始。人出生只完成了身体的发育，精神还有待于后期也就是在婴幼儿期内完成。没出生前是“胚胎”，出生后也只能说完成了“人”发育的一半，还不是一个身体与精神两全的“完整人”。

动物的独立生活从一出生就开始了，而婴幼儿的独立生活从 6 岁后才开始。能称得上独立，就是在生活上不需成人照顾了，也会“动脑子”了。

人出生后的精神和心理发育还需要 6 年的时间，也就是说，人要成为有完全独立意识和行为能力的人，还有一段很长的路要走。人的身体成长是一方面，精神和心理成长又是另一个方面，不是长成身体了就是长大了。平常我们说谁“总是长不大”，说的也不是身体，而是心理。精神和心理的成长要靠幼儿的生活体验完成，不能通过“教”完成。但成人可以创造适合孩子发展心理、精神的环境，从外围上帮助孩子健康快乐地成长。其实，儿童欠缺的只是精神层面的完善，身体器官发育已经完成，能适应生活了。

自然的力量

我养了两只鹦鹉，一雌一雄。雄的个头大些，头冠羽毛不单是好看，而且颜色非常丰富，在一根羽毛上竟有色彩的微差变化，冷中带暖，暖中透冷，色彩微妙靓丽；雌的就稍逊色一点了。我觉得鸟类好像公的比母的羽毛好看、漂亮，不像人类，女的漂亮，男的就差点。

每当我写字、画画累了，就不由得想去瞧瞧鹦鹉，跟它们玩耍一番。鹦鹉也好像懂我，我一去，它们争着跟我玩。它们用带钩的小嘴啄啄我的手指，只是轻轻地挠啄、蹭啄，恐怕弄伤了我。玩得高兴时，我就把它们从鸟笼里放出来，在阳台上飞一小会儿。这两只鸟很“懂事”，见我一时不走，就一前一后，我走到哪儿，它们就飞到哪儿。我要是停下来或坐下，它们干脆就落我肩上或头上，跟我叽叽喳喳地说话。我有时一边和它们玩，一边想，这大自然的生物也太漂亮了，体态这么适中好看，羽毛这么美丽动人。

不管是小鸟还是昆虫，让人看起来都是那么灵巧。无论你是在草地上逮住一只蚂蚱，还是捡到一只天牛，从它们的肢体到结构特征都设计得完美无缺，既方便它们运动生活，又和谐漂亮！像爬行动物蜥蜴、变色龙、壁虎等都有着均衡的身姿。单就这些鸟类、鱼类、昆虫类、爬行类的外形姿态，就足以让人震撼！如果再看看这些动物的生存本领，更让你咋舌，简直不可思议。大自然的力量就是这样神奇而伟大！

为了鱼能在水里浮上沉下，大自然为它设计了鱼鳔。鱼通过鱼鳔的收缩和膨胀，调节身体的密度，在水中可自由沉浮。鱼鳔里还可以存储氧气，缺氧时为鱼供氧。这设计师是多么有“人性”啊！

在池塘的荷叶下游动的鱼，如它发现岸上有人或感觉有危险时，就会慢慢沉下，躲在荷叶或水草的阴影里，没危险了才游出来，一会儿浮上，一会儿潜下，好不自在。我们人类就是从鸟那儿得到了启示，造出了飞机，学会了飞行，从鱼那里学会了潜水，造出了潜艇。对“大自然是我们最好的老师”这句话还有疑问吗？

大自然的细节永远存在，可是能欣赏、会欣赏大自然细节的人并不多。首先是人太忙，没那个心情、心境，缺少静气。静气就像一朵花，你看不看它都照开，也像一个人，只要想干一件事，谁也阻拦不了，非干不行，任何诱惑对他都没用，有了“禅定”，这就是静气。就说这大自然的细节，单是动物眼睛的功能就足以让人震撼！

老鹰在飞行中能看清地上的老鼠；鸟能在高空看见水下的鱼；青蛙在水下时会向外突出眼睛，以便能看到水面上的景象，当闭上眼睛时，也能把突出的眼睛收回，并会用半透明的薄膜把暂时用不着的眼睛盖住；乌贼的眼睛瞳孔是 W 形，它看不清颜色，却能看到光的偏振，就算在光线很暗的情况下，也能看得一清二楚；蝴蝶有一对小复眼，由数百个微小的六边形晶体状组成，因此，蝴蝶能看到各个方向的东西；变色龙的眼睛呈锥形，它可以看见任何方向；壁虎的眼睛是“之”字形瞳孔，在夜间有超常的视力；猫头鹰的眼睛与青蛙相反，不能突出，更不能出眼眶，只能左右不停地转脑袋看……如果你用心去观察、去感悟，还会发现很多大自然的细节。

大自然太伟大了，造了这些生物，给了它们生存的本领，也给了它们繁衍后代的本能。此外，猫是陆地上的动物，却偏偏安排它爱吃鱼；鱼是水里的动物，却偏偏让它爱吃陆地上的蚯蚓。这大自然不单是“调皮”有趣，还“幽”了它们一“默”。

大自然的生物样式可谓千姿百态，万物万相，奇妙无穷，有时都让你觉得不可想象。有种小丑鱼，它可根据需要来决定自己是雄是雌。刚出生的小丑鱼是无性别的，一两年后，随着自身的发育直到生理结构成熟，小丑鱼先变成雄性，后变成雌性，但一旦成了“女儿身”，就不能再变回雄性了。

而小乌龟的性别却是因温度而变的，温度决定雌雄。当温度高于30℃或低于20℃时孵化出的小乌龟是母的，当温度达到22℃～28℃时孵化出的小乌龟都是公的。这大自然也太神奇了。

还有人类的体形，无论是功能，还是审美，都达到了一个极致。没有不好用或不好看的地方，也没有明显的生理缺陷和运动起来不方便的地方。人类完美的体形无可挑剔，均衡的构造及功能用当下最科学的眼光看也没有需要“改进”的地方。人类形体的设计师就是大自然，大自然“做的事”你想不敬畏它都难，太厉害了！

人的外形及构造是一个统一体，在设计的时候就已注意到了。比如，大自然把有视觉的眼，闻见味的鼻子，听见声音的耳朵，以及能吃饭、会说话的嘴，这几个重要器官都集中在人头部的“中枢机关”，便于信息综合，统一指挥。又比如，人的脑颅骨由8块骨头组成，有额骨、筛骨、蝶骨、枕骨、颞骨、顶骨，其中颞骨、顶骨是成对的。面颅为颅的前下部分，也由上颌骨、颧骨、鼻骨、颚骨等15块骨性支架组成。这么复杂的骨架结构的设计师也是大自然！别人谁也干不了这个活儿。像设计最巧妙的头骨，如果一开始就设计成一个圆的，那么，人的成长怎么办？这正是大自然最伟大的巧妙细微之处。大自然给人以后的发育留下了成长空间。这几块骨头之间都留有缝隙，既能现在连在一起，又设定了以后需要时还能“涨开”，还有些细节安排也让人不得不佩服。

人直挺挺的鼻子不仅好看，还具有闻味和呼吸的功能。大自然把人的鼻腔和口腔连在一起设计，互相辅佐。这样的话，人感冒鼻子不通气时还能用嘴呼吸。空气里有灰尘，如果把灰尘吸到肺里，人的健康就会出问题。这样的事大自然早就想到了，也下了些设计“功夫”，在鼻孔里安装了鼻毛，既挡住了灰尘，又不影响呼吸。如果像钢丝网那样，就容易糊，空气也不易于流通，隔一段时间还得清洗。大自然在 3 亿年前就有“免清洗”的设计了，大自然真的很伟大！

人的牙齿排列也设计得非常合理，大门牙或前面的几颗需要咬断食物，牙齿要整齐，越往两边，越靠后，牙齿越宽，就有了平面。这是因为，中间要咬断食物，而两边要咀嚼，功能不一样。这些“聪明绝顶”的功能又是谁设计的呢？当然是大自然呀！还能有谁呢？

有个事更让人觉得惊奇，大自然知道人的生活需要，就让大地生产这些物产，长出这些东西。吃的食物有麦子、稻谷、玉米、红薯和瓜果蔬菜。另外，荤素搭配，造出了鱼、虾、牛、羊、猪、鸡、鸭。为了能做得好吃，还有配料，油、盐、花椒、辣椒、茴香、葱、姜、蒜。知道冬天气温低，还生产出了棉花让人过冬，而且仅有一种，没有第二种。知道人类还要有车，要有石油，也知道人生活还需要天然气，这些都给准备好了。知道要搞建设，还备好了矿石金属，让生活物资应有尽有。再给你一个区别于动物会思考的脑子，让人慢慢地发展吧！大自然是不是很伟大呢？

其实，对于人的发育成长，大自然是非常“有远见的”。首先让你长寿，能活百年。这就给人类“会思考”留下了积累经验的时间。这是人类的专属，其他动物都没这个“特批”。大自然觉得人能干很多事，才让人的幼稚期这么长。如果像动物那样一年半载就长成了，那么，人还没工作几年，经验还没积累到一定程度，就老了，干不成几件事了。

托尔斯泰曾说过，人类的婴儿期之所以看上去那么长，是因为大自然知道人类在成熟之前需要跨越多少河流，需要重新走过多少曲折的路。大自然给幼儿提供了足够的时间去更正错误、克服偏见，让幼儿可以调整自己的节奏，逐步形成关于自己、同伴、家长、教师和这个世界的印象。

大自然给人类的幼儿设计了一个长长的幼稚期，并安装了一个“延时”6年才会启动的“理智”装置。让幼稚期的孩子“人事不懂”，就是想让孩子慢慢地发育，不想让孩子“被催长”。这时的孩子还是很享受这个“长不大”过程的，但他们的父母却坐不住了，总想着孩子要快快长大，尽快脱离幼稚期。于是，孩子“被教育”的现象就冒出来了。

其实，孩子的前 7 年是幼儿期，什么都不需要，就是个感受事物的年龄，不是学知识的年龄。从 7 岁有点理性后，还要慢慢地发育，往逻辑思维过渡，这个过渡又需要 7 年的时间，直到 14 岁，自我意识的积累才算完成。到成年十八九岁还有四五年的时间。在孩子 7 岁到十二三岁这个时间段里，7 ~ 9 岁是一个阶段，这个阶段的孩子基本上还是个小孩子，虽然有点理性，但还是很弱，根本不知道自己在想什么，做事靠直感，而不是靠思考。9 岁孩子“以自我为中心”，就是想问题只从自己的角度想，不会考虑别人。9 岁后才逐步往“变大了”上想。理性稍“硬棒”一点应是 10 岁到十二三岁这个阶段。过了 12 岁，逻辑思维基本形成。这也是好多教育专家说“把 12 岁前的孩子管好，12 岁后就不好管”的原因。

有时候，我们成人是非常不明智的，儿童的成长期是很缓慢的。在孩子的成长期内，不能按照教成人的那一套直接教孩子。成人学知识和技巧，而孩子不是，孩子是来感受事物的，不是来“学事物”的。教得多，孩子的感悟就会少。但我们成人就是不懂这个道理，从孩子三四岁就开始教，把孩子的感悟都给破坏了。

成人在教孩子知识时，不问孩子的感受，不管孩子愿不愿意，死教硬灌。三四岁的孩子是没有分辨老师这样做是对或不对这个能力的。孩子没办法，只有接受，即便自己并不愿意学。但是，成人依仗着自己年龄大，辈分高，自以为是，很轻视孩子的幼稚。如果成人懂得儿童发育规律并对儿童心理有所了解，就不会对孩子这么无礼、放肆、不尊重了。

孩子的幼稚期长。为了孩子长大后会有更长的生存时间，大自然“精心设计”，让孩子慢慢成长，以适应以后的“用脑子”。比如，孩子对单

图 1–4　单双线并存　刘家麟　5 岁

图 1–5　物体间没有遮挡　刘一阳　5 岁

双线的认知及对空间的认知都不是知识和技巧，而是认知天性在起作用。用教成人的方法把理论和技法教给孩子，实际上就违背了孩子的认知规律，破坏了孩子的自然成长秩序。像花、草、树枝的单双线变化（图 1–4）和人四肢的变化等，都不是要告诉他是双线还是单线这么简单的事。孩子要有个成长时间，才能认知看似简单却不简单的事。

如果你让孩子画一堆生活物品，他会把本来堆在一起的相互有遮挡的东西都画成“个顶个”地分开，原因是这个年龄不能认知遮挡，这时候“教”一点用也没有，只有等待孩子在认知上苏醒，等孩子长大一点再教（图 1–5）。

人类不能违背自然规律强行做事，大自然也不是人类想怎么开发就能怎么开发的。媒体报道，近年的地质灾害明显增多，全球气温逐渐升高。实际上，地质灾害就是大自然对人类过度开发的惩罚。人的教育也一样，过度地开发智力，挖掘幼儿的慧根，起的作用与肆无忌惮地开发大自然是一样的。到最后，孩子的想象力、个性、精神都被“教”没了，高分低能，只会做卷子，不会生活，不会玩儿，这不跟过度开发大自然，大自然对人类进行惩罚是一个道理吗？

我们要学会与大自然和平共处，并不是一味地只知道伸手向大自然要“钱”索“物”，动不动还说“要征服大自然”这类很不友好的话。大自然不是敌人，是人类的朋友，非得用“征服”这样的字眼吗？其实，大自然的胸怀是宽广的，只有人类才“小心眼”，是人类的活动和无限制的开发扰乱了动物的生活，破坏了动物的幸福。人类要从索取自然走向顺应自然。人类源于自然，到最后还得归于自然。

成人违背自然的教育或拔高只能带来副作用，因为成人不懂得孩子为什么不学就会的道理。也正是因为孩子还没有理性，还不能像成人那样学习，所以，大自然才赋予了孩子一套万事万物靠感觉、靠天性、靠本能的学习方法，根本不靠知识和技巧。问题是，成人就是不听，就是不懂，就是以自己的道理迫使孩子接受，这也正是成人的无知之处。

在孩子成长期里，成人只给予一般生活上的照看即可，不要管孩子的思维精神。孩子的精神、气质不是成人能管的事。大自然给每个孩子准备好了一切成长的条件，孩子都是铆足了劲，打好了腹稿来到这个世界的。在孩子出生后的各个阶段都有相应的学习方法，用不着成人操心。

人的认知系统、生命系统是非常合理科学的，不要试图改变它们，要尊重它们、畏惧它们、敬仰它们。像尊重大自然一样去尊重幼儿的“幼稚”，才是我们最明智、最科学的选择。

蛹化蝶的启示

自然界有很多生物的成长都是非常神奇的。其中，最让我痴迷的就是“蛹化蝶”的过程，奇妙至极！蝴蝶的生长从卵到蝶要经历卵、幼虫、蛹、茧、羽化、成虫 6 个阶段。其间的每一种变化都让人惊叹不已，妙不可言（图 1-6）！蝴蝶的卵变成毛毛虫就已经很好看了，这个形态已经很完美了。谁承想在以后的发育过程中，毛毛虫突然把自己封闭起来，在自己的“小房子”里，悄无声息地又完成了“魔幻”式大变身。

表面上，好像蛹静静地待着，一直没有动静，看不出有什么活动的迹象，而在内里却发生着“翻天覆地”的变化。原来幼虫的形态完全变了样，毛

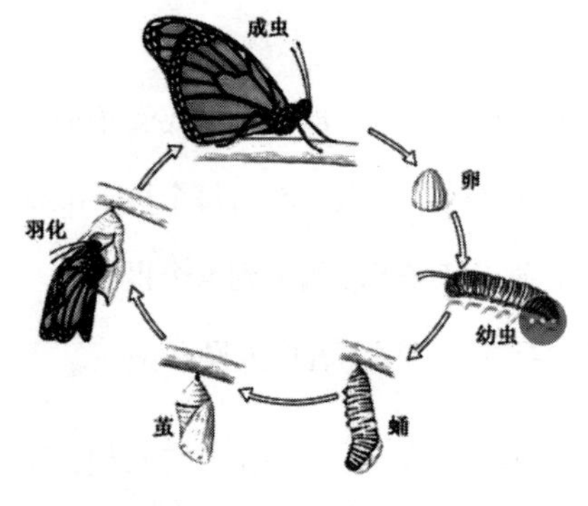

图 1-6　完全变态昆虫蝴蝶的发育演化过程

毛虫的身体、血肉、斑纹、毛毛、脚垫、触觉、皮肤、颜色都被“化”成“另一种”东西了。原来幼虫的一切组织都被“消融”吸收或破坏掉了，并生成了新的生命体和器官，这事发生得太“妙”了。谁又能知道那些血肉、黏汁、毛囊、皮腺、脚垫、斑点、花纹等组织又是怎么被化掉的呢？这些组织细胞又跑到哪儿去了？而变化后的蝴蝶的胸腔、尾巴、腿、脚、须、眼睛、翅膀及斑点花纹这些新的组织又是怎样在蛹壳里变成的？大自然的神奇造化真是不可思议！等蛹完成了它的大变身后就破茧而出。这种被羽化的过程及这奇特的力量，让我这个“笨脑子”百思不得其解。

对“蛹化蝶”这种神奇的现象，中国古代哲人都曾感叹过，赞美大自然的造化，其中最著名的是“庄周梦蝶，蝶化庄周”的故事。通俗地说，就是庄周与蝴蝶化成一体了，也就是人与自然融合了。故事的大概情节是，庄周做了个梦，梦见自己变成了一只美丽的蝴蝶，逍遥自在地起舞于大自然之间。他恍恍惚惚，似醒非醒，自己究竟是蝴蝶，还是庄周呢？是“醒着”还是“梦着”？庄周与蝴蝶怎么就没区别了呢？这就是物我融合的变化。有谁能想到蛹是怎样被“化”成蝴蝶的呢？这究竟是一种什么样的神奇力量？当今人类要完成这样一件事，依当下的科技水平还远远达不到，就像人体组织的复杂结构，虽然医学科学已空前先进，但仍停留在对人体结构组织和细胞编码的认识和了解上，还完不成像“蛹化蝶”这样神奇“大变身”的事。

图 1–7 日本智能机器人

日本智能机器人（图 1–7）能与人对话，能与人下棋，能像人一样走路、翻跟头，但机器人的身体却是由一块块圆方形器具拼凑在一起的。它的功能及外观，无论如何也没法与真人比。

人体的美，不是美在功能和大块的部件上，而是美在各个部件的连接上。比如，女人形体之美，美在脖子与肩膀的连接、乳房与胸脯的连接、蛮腰与丰臀的连接、臀部与大腿的连接、腹股沟与阴部的连接。

机器人无论多么精致，也与自然形态的“天然人”没法比。机器人只是模仿了人的外在动作，从人体内透出来的神情、神韵、精神等，机器人再有能耐，也模仿不了。这是不是大自然的超伟大之处呢？在这点上，当代科技还无法还原人体的天然美。

日本的一件心形首饰造型（图 1–8），从正面很美妙地暗示了女性的胸与乳房的关系，倒过来看就是女性的臀部。很明显，这件首饰的设计者是受了女性人体美的启示，它不但展现了女人胸与乳房的微妙关系，还把

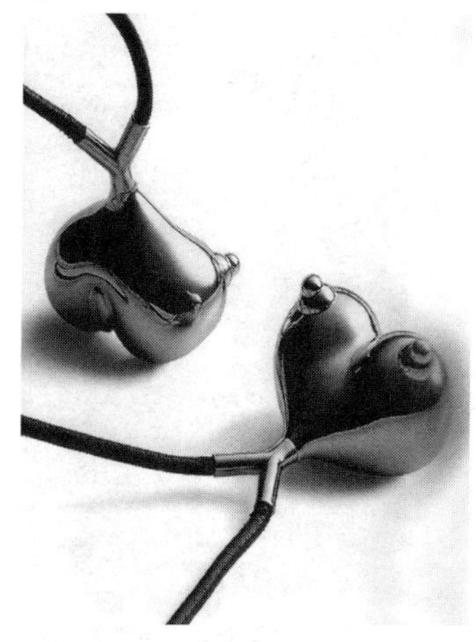

图 1-8　日本心形首饰

乳房和臀部用“一颗心”联结起来，表达了人类生命的生生不息。

设计者的理念就是师法自然，从“大自然设计的人体”中获得生活饰品的设计灵感。从这件心形首饰的独特设计中，可以看出作者是非常有心和用心的，是一个很懂“美”的设计家。

图 1-9　断臂的维纳斯雕像 法国卢浮宫藏

要说能展示女性颈、肩、胸、乳连接最美的，当属古希腊雕塑《断臂的维纳斯》（图 1–9）。在法国卢浮宫，我围着她转了三四圈，从哪个角度看，她的形体都是很美的，特别是她的右肩与脖子及腋窝前“那一块”的美妙连接，还有胸和乳房的“模糊边缘”部分透出的那种感觉，太美了。虽然她失去了双臂，但一点也不影响她的美。

有雕塑家曾试图给她重新装上手臂，以求形体上完美，结果是无论怎么安放手臂，都不美。看来艺术的完美与“缺不缺东西”不是一个概念。不缺，不一定就美，缺了也不一定就不美。看来“美”也不是只有完整了

图 1-10　巴黎上空正在翻飞的小鸟

才美。美，就是个“说不清、道不明”的感觉。真美的东西，真难以说清！我们不仅为她的美而倾倒，还能从她的眼神和体态中感受到一种高贵、尊严、祥和及人性的光芒，真是太神奇了！

要说大自然是最好的设计师，群鸟翻飞不相撞的现象就是一个例证。每只鸟都按着自己的轨迹快速飞行，这样的事也能说明大自然的伟大之处。大家都曾见过成千上万只鸟同在蓝天上飞行，鸟的稠密度简直像一片乌云，把天空都给遮住了（图 1-10）。一大群鸟快速地上下翻飞，但又有谁见过小鸟与同伴相撞落地呢？这个指挥一大群鸟翻飞不相撞的“神灵”又是谁呢？

在世界航空表演中，飞行员都是最优秀的，也就是只有两三架飞机做表演，有时也免不了相撞，造成机毁人亡的惨剧。按说现在的导航系统也够先进的了，但就是不能解决飞机绝对不相撞的事。可鸟“天生”就可做到，相信这些鸟一定没受过“防碰撞”培训吧，咋做到“不学”就会的呢？鸟仅凭本能就能千万只在一个很狭窄的空间里快速安全地飞行。这大自然还不令人敬畏，还不足够伟大吗？

这些事实都充分证明了人类虽然能登上月球，能造宇宙飞船，能有试管婴儿，能做DNA，能破解人类遗传密码，但与伟大的大自然相比，还差得太远。我们对大自然的神奇力量了解得远远不够。

在这个世界上，动物界发生的好多事情我们人类根本就不知道：有好多声音我们也听不见，但动物都能听见；有好多气味我们闻不到，但动物都能闻到；有好多颜色我们看不见，但动物都能看见；有好多这样或那样的信息我们不知道，但动物都知道。比如，人类在地震或海啸等灾难发生前一无所知，而动物却有先知。

从“蛹化蝶”的现象还可以联想到人的发展。人和动物、昆虫本是同样的祖先，都是从水里走来的，只是后来人类得到了发展，进化成了有高度思维和智力的动物。虽然人比动物多了一个“会想”的功能，但在好多方面并没有摆脱动物的基本属性。比如说，生儿育女、吃喝拉撒睡都差不多。只不过是人类经过了3亿年的发展，野性丢掉了，食品更精了，衣物、住房更舒适了，而动物属性并没有得到根本改变。

幼儿画画不学就会、拿笔就画与“蛹化蝶”一样，是天生的本能，不是像很多人认为的幼儿画画需要教才会。更为神奇的是，幼儿从“胚胎”开始直到出生后再到 6 岁前，都在进行着像“蛹化蝶”那样的蜕变，每时每刻都在像“化学”反应一样不断地改变着肉身的形态。最不可思议的是，在“胚胎”和“胎人”悄无声息地改变肉身的同时，孩子的精神和心理也有了变化。

婴儿在两三岁时，意识就有了，感性也来了，心理也来了。人类的这种从“肉身”到“精神”的变化，像不像昆虫的“蛹化蝶”的神奇转换呢？“胚胎”变化的是肉身，“胎人”转换的是精神。

我们来梳理一下，胎儿只有 18 天大的时候，在胎儿脖子上有鱼鳃一样的鳃裂，在胎儿 6 个月大的时候，全身还长满了像羊毛一样密的绒毛，但生的时候胎儿脖子上的鳃裂却不见了，胎儿身上的绒毛也不见了。像鳃裂、绒毛这样的“组织”，随着胎儿的发育都被“化”到什么地方去了呢？这个现象与“蛹化蝶”的现象是否相似呢？

从生物学和物种进化的角度来讲，人与蝴蝶走的是同样的进化路子。人既然是动物，当然会有动物的一切属性。胎儿在妈妈肚子里，就完成了胎儿形态的转换，我们是无从发现和认知的，就如同我们看不见“蛹”是怎么在神秘的“小房子”里悄无声息地变成蝴蝶一样，我们只能看见结果，看到事实。的确，孩子从一出生脖子上的鳃裂和身上的绒毛就不见了，这个实例充分证明了人和动物是一样的。直到现在人类仍未完成像“蛹化蝶”一样在形态上彻底转化，如6岁前的“胎人”就属“未完成”人。从生命胚胎学的角度理解、领悟大自然对生命的孕育，能更好地理解幼儿就是属于大自然的，在精神上还暂时不归我们成人“管”。科学再发达，也不能模拟或替代像“蛹化蝶”那样的“生命的融化和新生”。

胎儿出生前完成像“蛹化蝶”一样的蜕变，出生后也没闲着。出生前是形态上的变化，出生后是精神和心理上的变化。天性和感性做伴，不断感知，不断“思考”，不断“观察”，从而确定了自己的做事态度及方式方法。

2 ~ 6岁期间，完成了在精神、心理及意识上的转换。这个转换是在“没有任何形态改变”的情况下，孩子和大人都不知道是“怎么回事”的时候，“无声无息”地完成的。大家想想，儿童在精神意识上向成人的过渡多么像“蛹化蝶”，“蛹”向“蝶”的转化过程就是人的本能向智能、感性向理性自动转换的过程。这个“蝶”与“人”的相似而不同的进化“现象”，就是大自然的造化，也是一个儿童发育成一个成人的必由之路。

孩子在6岁前是不懂得理性和道理的，他们做事的唯一方式就是直觉。从转换这一特点来说，人类与动物的区别在于，动物从小只有本能，而人类在6岁前就已完成了个体精神和心理的转换，也就是智能。大自然在这个年龄段的孩子身上“安装了精神和心理感受器”，为他们6岁后建立逻辑思维做了铺垫。也就是说，只有人类才有从天性本能转换成理性智能的本事，这也是人类能走到今天的重要原因。

胎儿的进化“消融”了人类初始的鳃裂、绒毛，重演了动物 3 亿年的全部进化过程。而婴儿出生后，在没有任何人帮助的情况下，又自主完成了个体精神、心理及潜意识的发育和自然转换，同时又复演了人类从天性本能到理性智能的“无缝融合”过程。胎儿的 10 个月的发育史，竟然构成了人类整个生命的进化史，太神奇了。这就是人的植物性、动物性强大的潜在力量，大自然太伟大了。

儿童在某些方面可以自由成长，自我教育。我们成人成天想教他们这、教他们那，其实，也正说明了成人的无知，这毁了多少 2 ~ 6 岁孩子的天性。

2 ~ 6 岁是做梦的年龄、感知的年龄，不是学知识的年龄。儿童心理和精神的转换是植物性的，是藏在植物的茎根深处的。儿童的纯真是生物学上的纯真，不是成人能教的。儿童的生命就像史诗一样伟大。

植物和种子

植物的种子各式各样，长相、形式、颜色各异。有的在地上，如花草的种子、树的种子；有的在地下，像毛芋、马铃薯、花生的种子。有的种

图 1-11　猫须草

子会飞，像蒲公英、柳絮、杨絮，飞到哪里都能安家；有的植物还会分家，像榕树，只要垂下来接触地面就能生新根“另起锅灶”。植物“想”尽一切办法，使自己的“后代”发展延续。

有什么种子就有什么样的植物。要说植物生命形式的多样性，还属热带或亚热带植物。在澳大利亚植物园里，我见到了一些长得特别让人喜爱的植物。这株洁白的花（图 1–11），像是落在枝头的白色蝴蝶，长着长长的针刺一样的花蕊。它的学名叫肾茶，又名猫须草，顾名思义，它长得还真像猫须。白花是那样温馨柔和，花蕊又是那样坚挺刚直。这一刚一柔、一曲一直、一动一静的形态，真让人觉得不可思议。没想到在这“没有彩色的色系里”有这么多的生命样式。看来花也不一定就是五彩缤纷和色彩艳丽的才好看!

还有一株花，远看像个吊着的“花葫芦”，近看像个“花布口袋”。在这“花布口袋”上布满了点状和条状花纹。“袋口”的翻边很像人上衣的领口，在“袋口”边上还有带锯齿毛刺的“边角线”。

在每个袋口上还有个像一片叶子的“口袋盖”，这简直就是大自然给人设计的天然的“花布袋子”，真是奇妙至极！当时，我并不知道这株花的花名，后来翻资料才知道它就是大名鼎鼎的猪笼草（图 1–12）。猪笼草主要生长于东南亚一带，野生的有 170 种，中国广东只产 1 种。为什么这么好看的花起了这么个名字呢？从达尔文的《植物的运动本领》一书里，我得知这是一种“食虫植物”，它形如圆筒，很像猪笼子，由此而得名。

图 1–12　食虫植物猪笼草

达尔文曾把猪笼草视为世界上神奇的植物。他在《食虫植物》里记录了他多次试验用多种方法去激活猪笼草。比如，投喂、吹气或用毛轻轻撩拨。我看到它时，引起我注意的是它的长相，真没想到它竟是世界上最神奇的“吃荤”植物。

猪笼草构造很复杂，有叶柄、叶身和卷须，卷须尾部扩展并反卷成瓶状，这就是它捕虫的工具。猪笼草具有总状花序，开的花也不大，有绿色，也有紫色。在“叶盖”的背面，还能专门分泌花香味，以吸引昆虫。当虫子闻见香味，来到瓶口时，因为“瓶口”特别滑，稍不留神就会跌落口内。在“瓶底”有它事先分泌好的液体，专等着昆虫到来后淹死它们。“袋子底”既是昆虫丧命的地方，又是一个化解、融掉虫子的“化工厂”。虫体会被猪笼草慢慢地消化吸收，并分解成猪笼草需要的营养物质。

比较稀奇的花和种子还有很多，形式多种多样。比如说，有向阳性、

图 1-13　洋葱向朝阳方向生长

向重力性的，还有感性运动的（如震感性的、感夜性的）。向阳性是植物对环境的影响所采取的定向运动措施，如向日葵的向阳性就是受光照移动的影响。

我为了了解植物的向阳性，对一个洋葱进行了十几天的观察，证实了植物的向阳性是存在的。

我把一个洋葱的根部对着窗外，有芽的部位对着屋内，长期放在有光照的阳台上。大概三五天，洋葱的新芽就开始拐向有阳光的方向生长。又过了几天，洋葱的所有芽几乎都是90度的大转弯，向阳生长（图1-13）。植物茎的本性原是向上生长的，由于环境发生了变化，植物为了适应新的环境就背离了重力的方向，这就是负向重力性生长。

在非洲，有一种名叫金合欢的树，它为了防备非洲象的啃噬，竟然在树干上进化出了长长的硬刺。在几百万年前的美洲，有一种叫皂荚的树，长着像人手一样长的硬刺，以抵御乳齿象的啃咬。乳齿象很喜欢吃这种树皮。后来没有乳齿象了，皂荚树照样还是长刺。就这样又过了13 000多年，长刺仍没变。看来，这是树的基因有记忆，基因是没那么容易被忘掉的。

读汪曾祺的散文《人间草木》，我知道还有一种花是那么神奇，它竟然知道自己的年龄。这种花叫山丹丹。以前光知道有首歌叫《山丹丹开花红艳艳》，不但歌词好，曲调也优美，是郭兰英唱的。真不知道这种花每年按着自己的年龄开，每年只多开一朵花。比如，这株花 8 年了，就开 8 朵。看这株花有几朵花，就知道花有几岁了。

这些现象都说明任何植物都是有“灵性”的，都是有生命活力的。再如牵牛花在夜间开花，白天闭合，就是为了适应有夜间觅食的昆虫给它们传粉。还有大家都知道的含羞草，只要有稍微触动草叶就立马合闭，含羞草不单是对触感有感觉，对方向、温度和湿度也十分敏感，是一种非常神奇多变且很有灵性的花草。

植物种子的神秘之处，还在于看似这么一个“不起眼”的东西，如果你对它不了解，它长大后是什么样、会开什么花是无从认知的。但不管是什么种子，只要种下去，它就会按种子的生长程序生长。什么时候破土，什么时候发芽，大自然早就给它定好了。植物没有“我一定要怎么长”的条件，这在遗传基因里都已定好，任何种子都不可能改变自己的生长基因。种子也不能挑选生长的地方，人把它放在哪儿或风把它吹到哪儿，它就得在哪儿生长，可能在厚土里，也可能在悬崖上或裂缝中。种子从不在意自己落在什么土层，也不计较土地是肥沃或是贫瘠。可能是块湿地，也可能是寸草不生的盐碱地，落在哪儿是哪儿，这由不得种子自己。不管大自然怎么安排自己的命运，种子无论在哪儿都使尽全力，想方设法地扎根、发芽、生长 ，还尽可能与周围“邻居”和睦相处，尽快融入植物环境。

其实，人与植物的种子是一样的，人来到这个世界上，就如同一颗成熟的种子，是“天赶地催”地没经过选择就慌忙地来到世界的某一地方、某一家落户的。叶圣陶说：“人是农业，不是工业。”我对这句话的理解是，人从小到大就像一颗植物的种子一样生长，生长特性与农业的植物近似，是自然的。不像工业，生产一件物品是人为的结果，是人根据需要选择材料制造而成的。

好多教育家把人的成长比作植物或植物的种子。苏联教育家苏霍姆林斯基认为，“小黑板”的力量也不如窗外的向日葵顺着太阳转的那股力量强大，那是自然的力量，是天性的力量。孩子是应得到尊重的。卢梭的教育思想也与植物的生长规律联系起来，把人的教育比作植物的生长。

捷克教育家夸美纽斯的教育观也是师法自然的，他说：“教师是自然的仆人，不是自然的主人；他的使命是培植，不是改变。”这已经是天性自然教育法了。

虽然我们不习惯称人的胚胎为“种”，但当人的精子和卵子结合，被称为受精卵的“种子 ”在子宫里找到着床的地方时，这颗“种子”就开始了它的生命旅程。只是这个旅程是“原地踏步”走，没有很大的空间可“移动”。这时的胎儿像播到地里等待发芽的种子一样，不需要自主呼吸，不需要吃喝拉撒，在妈妈的羊水包里享受着安静、舒适的生活。待胚胎发育成熟，也就是“这颗种子要发芽了”，将要开始自己的全新生活时，他就要“破土”而出了。

吴冠中曾经把“才”比作“种”，很形象地解释了“种子”的作用。他是这样说的：“怀才就像怀孕。只要怀孕了，不怕生不出孩子来，就怕怀不了孕。所以我天天在外边跑，就是希望怀孕。”[1] 吴冠中说得多好啊！怀才就像怀孕，怀不了孕当然就生不出“孩子”来。看来一个画家的“怀孕”是非常重要的！

人的这颗“种子”与植物的种子所不同的是，植物的种子在它的原发地发育生长，只不过是从地下转换到地上，还在原来的位置。而人类的这颗“种子”要离开那个“培育”他的地方，换了一个生活环境，来到了一个崭新的世界。

我不知道植物将要离开地表的那一刻是什么感受。婴儿因不知道外面的世界有多精彩，不愿意离开那个让他充分享受安静的地方。“羊水包”是个好地方，不用认字，不用上培训班，没作业，也没有成长的烦恼，更没有就业的压力，还能听到妈妈的呼唤。可一出生，日子就不好过了，这也许就是孩子都是哭着来的原因吧！但生命就是这样，有了种子就要发芽，有了生命就要成长，任何人和植物都要遵循这个规律。从这一点来说，人生命的初始，胚胎发育与植物的种子是相似的。

1 吴冠中．吴冠中日历［M］．长沙：湖南美术出版社，2019.

不过，哭着来的小朋友也不要害怕，在你没出生前，“大自然”就已经给你设计好了一出生能做什么，饿了怎么办，不舒服了怎么办。第一天会什么样，第二天会什么样，什么也不用学，更不用操心，到时候你就明白了。

你一出生，视觉很弱，你可先试试触觉，感觉一下嘴唇的敏感度。继而就是用皮肤感觉一下，有这两个“触觉神器”就可“抵挡”一阵子了。等再大一些，“大自然”埋在你体内的成长“软件”就会进一步根据你的需要慢慢地打开，助你成长。这时，你的视觉、感觉、嗅觉、知觉、听觉都会越来越灵敏。

这种充满精神智慧潜力的“种子”来到这个世界上不容易。几十万个精子中只有一两个有机会与卵子相遇而发育成胚胎，这颗“种子”已经是“幸运儿”了，这个胚胎已经是最健康、最有优势的“种子”了。

在这颗“种子”发育成婴儿出生后的一两年里，还算好，成人除了照顾吃喝，关注好孩子的健康生活，还没给孩子太多的制约和干扰，还算是自然成长。但一旦孩子到了两三岁时，成人就坐不住了，就想着不能眼巴巴地看着孩子“光吃不学”，什么都不会，于是教孩子识数、识字、认物、背诵经典。

一个两三岁的孩子，头脑简单得很，根本无从明白为什么成人会让自己去认那些从没想过、感觉过、自己还不需要的东西。这时孩子很小，虽然不情愿，但也抵挡不住家长的百般诱导和唠唠叨叨，只有接受，没别的办法。殊不知，这些认物、识字在孩子的生活里会慢慢地接触到，根本不用提前灌输。

卢梭对“人为”教育的现象和强行改变孩子天性的做法提出过这样的批评：“出自造物主之手的东西都是好的，而一到了人的手里就全变坏了。他要使一种土地滋生另一种土地上的东西，强使一种树木结出另一种树木的果实。”这种人为的方法打乱了儿童的自然生长，破坏了孩子的天性。

孩子认知事物是不能靠“教”解决的，要靠自我体验，例如，用嘴去吮，用手去触摸。大人只需把孩子能接触到的东西洗干净，随便让孩子“触摸”就可以，没有比不被干扰、自然生长再好的教育了。在天性和教育的问题上，呵护天性是首位，教育只能退居其次。

好多人觉得植物生长不需要知识，儿童成长需要知识。是的，那首先要看是多大的儿童。在幼儿期间，幼儿的“学”就是感知、直觉、体悟、触摸，不是我们成人认为的只有“教”才是学。幼儿的“学”与成人“认为的学”完全不是一回事。只有不懂教育的人，才去教孩子学这学那。对于幼儿，不教胜过教，不管胜过管。你看看一棵小树和一颗种子是怎么生长的，就知道孩子是多么需要自然成长了。如果一个孩子不能按照自然的本性成长，是长不好的。

寻根溯源

孩子天生就会画画是“大自然”赐给孩子的本事，这已经在实践中得到了证实。那为什么孩子不学就会画呢？这其中的原因是什么呢？不问这问那，拿笔就画，没有“画错了怎么办”的担心和顾虑，也不修改，落笔就算，笔笔肯定，没有败笔。在画的过程中，孩子从不请教老师怎么画，这究竟是一种什么力量呢？其实这种力量并不是技术，而是本能的力量、大自然的力量。只有大自然的力量才这么伟大，成就了千千万万喜欢画画的儿童。

对孩子画画的事，如果你只从技术上找原因，永远也找不到真相的“入口”。这件事已困惑我好多年了。

一次在书店里翻书，见到一套中小学生看的科普读物——《昆虫百科》《动物百科》和《植物百科》，这套书引领我走进了神秘的动植物和昆虫世界，让我了解了动植物、昆虫的出生、生活、成长、“谈婚论嫁”及生存的本事，使我非常震撼！比如，寄生蜂会“借腹生子”，杜鹃会“借窝生蛋”，骆驼虫设陷阱捕猎，蚂蚁会雇佣等。

从此，我对大自然有了敬畏之心，包括后来我对幼儿的画的崇拜都来自对大自然的敬畏。我养了一些昆虫，观察它们的生活，了解它们的喜好，受益匪浅。这些经历进一步促使我用生物学概念和物种进化的观点去看待幼儿美术，在动物和昆虫的本能中找到了幼儿为什么不学就会画的答案，为幼儿画画是“本能”而不是技巧的观点找到了依据。

人类的祖先就是动物，与鱼、蛙、昆虫是同族同根。蜜蜂能建造结构复杂且具有多功能的窝巢，幼儿拿笔就画的本事比蜜蜂建巢要简单得多。这个潜能在孩子还没出生前就已经被埋在了胚胎里。它像一颗种子遇到合适环境就会生根发芽一样，从一个受精卵着床到婴儿出生，直到孩子健康地成长，有一种神奇的力量，让孩子遵循规律成长，到了会说话的年龄会说话，到了能涂画的时候会涂画。这些看起来像是技巧的东西，其实质是天性和本能。

幼儿天生就会画画，不但能从生物学上解释，还能从幼儿的画中得到证明。无论是哪个国家，也不管是城市还是农村，无论是经济发达还是贫穷落后，孩子们的发育都遵循一个规律，只要是 3 ~ 5 岁孩子的作品，就像生物进化一样，图式竟出奇地一致，全世界的幼儿都这样画。如，画的人没脚，没手，没鼻子，没耳朵，没眉毛，有眼无珠，眼睛画在额骨上，嘴就画成一根横线或一个圆圈，不分上下嘴唇等。全世界的孩子都在同一个年龄段画一样的画，这是老师教的吗？天底下有这样神通广大的老师吗？这是不可能的。答案只有一个，幼儿的画不是通过教学会的，而是天性促使，靠本能力量完成的。这些都说明了一个事实：幼儿的画是直觉的，不是理智的。实际上，幼儿画的图式就是孩子在精神上的进化、思维上的进化，这与孩子身体上的进化是一样的。

幼儿的画不分国家、不分民族、不分贫富，图式都一样。这个事实就可以证明，幼儿的画是无师自通，不学就会。此外，随着年龄的增长，孩子对同一事物的造型描绘不断变换着，成长后同一年龄段的孩子描绘的造型高度相似，也就是不同国家的孩子 4 岁画得一样，到了 5 岁时画得还一样。这就说明了幼儿的画是自发性的、天性的、本能的。那什么是本能呢？如蜘蛛织网是本能，蜜蜂筑巢是本能，它们生来就会。

有家长说，要说幼儿画画不是“技巧”，那怎么有的画好，有的画不好呢？的确是这样。有的孩子一出手就与别人不一样，很有想象力，画画很是得心应手。这个现象只能说明这个孩子有天赋，感觉好，绘画体验得多，用心了，并不是他的绘画“技巧”有多高。好多事情就是这样，如果你不细心去研究它，只是草草地浏览一下，是不可能发现问题本质的。

动物的“用心”和“心机”已达到了一个让人难以置信的程度。达尔文在《物种起源》一书中对动物的“超级聪明”有详细的描绘：“昆虫为了更好地保护自己，所以让自己类似于许多物体，例如绿叶、枯叶、地衣、花朵、棘刺、鸟粪，甚至是其他活着的昆虫。这种相似的程度很高，不仅体色相同，而且形状、姿势也一样。食用灌木的尺蠖，常常翘起身子一动不动，看起来像是一根枯枝，这是模拟的最佳事例。”[1]

1 ［英］达尔文．物种起源［M］．北京：新世界出版社，2014：132.

昆虫很会模仿植物的形态，体色也会根据周围的环境或随着光线、温度的变化而变化。例如：螳螂的体色与它趴的树枝上的花纹、颜色完全一样，连“长相”都像，特别是它的尾巴像折断了的树枝（图 1–14）。

图 1–14　这只螳螂的体色、长相与周围环境完全一样

还有的昆虫，它不是把自己伪装成别的造型或用颜色迷惑天敌，而是“想尽一切办法”把自己隐藏在周围环境中。如：趴在树上，与树皮相似；趴在植物叶上，与植物叶相似。只有这样它们才“放心”。这样“缜密”的思维活动是智能还是本能呢？有一种叫滇叶䗛（图 1–15）的昆虫，长得很像薄薄的植物叶片，形状、颜色、大小都与周围的环境一样，要想发现它，极难。动物们为了保护自己的生命，都费尽了心机。

图 1–15　滇叶䗛

有一种绒鸭虽然个体较小，但北极狼对它很感兴趣。绒鸭为了保护它的孩子，竟然用假象迷惑北极狼。当北极狼向一群小绒鸭靠近时，老绒鸭在一旁假装翅膀折断了，飞不起来，在水边扑腾打转，把北极狼引向自己，以此来分散北极狼对小绒鸭的注意力，从而达到牵制北极狼的目的，为它

的孩子尽快躲进草滩争取了时间。

动物为了保护自己，抵御天敌，使尽了花招，这一招一式哪一点也不比孩子画画简单，但无论动物“使什么样的计谋”，说到底还是生存的本能，不是智能。

孩子画画就是有话要说，是一种心理需求，不是技术。这是不是只要是儿童学画就一定不能教呢？当然不是，只是 6 岁前的幼儿不能教，教与不教不是成人能决定的，而是孩子的年龄决定的。

人的野性

以前媒体报道过某个动物园的老虎伤人、鳄鱼把人拖下水等事件，但这在动物园里已很少见。人与动物长期相处，动物变得非常温顺。但什么事都不是绝对的，看着一向温顺的动物说不定什么时候就“发威”攻击人了，实际上这可以说是动物的野性复苏了。虽然有的动物经过很多代的人工饲养，性情比野生动物温顺多了，适合人们参观，但动物的野性基因并不是靠几代时间就能消除的，说不定在哪会儿就会突然复苏。

人是野性的，与自然界的其他生物没什么两样，也得吃饭睡觉，繁育后代。唯一的区别就是人有精神追求和思维活动。有些动物，如猴子、猩猩、狼、狗、象、马，很聪明，似乎富有人的智慧，但实际上只是本能。动物的聪明离人“一眼能看三步”的抽象思维或能预测未来的事情非常遥远。

动物一旦脱离了它原来的生存环境，生活依赖于人类，吃喝都不用想的时候，其野性也就慢慢减弱了，一代不如一代。有些从小在动物园里生长的动物，在重返大自然前得先在人工造的“仿自然”环境里生活一阵子，锻炼捕食的能力。不经过这个过程，它不会自己捕食，放到野地里也得饿死。

还有一个让动物野性退化的原因，就是为了适应生活环境，有些功能不需要了，就自然退化了。像鸭子、鸡，由于人的长期饲养，不用担心有什么危险，也用不着长距离飞行找食物，所以它们的翅膀就退化了，飞不起来了。虽然在有危险时偶尔还能飞，但飞的高度和时间都不行了。在农村，也见过鸡在傍晚夜宿树上的情景，但现在这种现象很少了。鸵鸟也是，一对大翅膀没那么有用了，好像是腿脚的作用有点增大，也很有力。这符合达尔文的“用进废退”的物种进化观点，动物的功能也是在不断进化发展的。

人类的生存与气候、风土也有很大关系，人类的繁衍生息也大多在气候不太恶劣且相对温暖的地方，这是一个很重要的因素。在适合人住的地方，还得有水源。也就是说，人类一开始与动物一样，也是生活在大自然的某个地方，或大山的树林里，或洞穴里。

有句话叫“一朝被蛇咬，十年怕井绳”，就算是没被蛇咬过，大多数人看见蛇也会害怕。我没被蛇咬过，我看见蛇也会吓得浑身起鸡皮疙瘩。这也许就是人有怕蛇的基因的缘故。再如，狼最怕火，只要见狼来了，点上一堆火，狼就不敢靠近。老鼠怕猫，老鼠出生后没见过猫，但只要听见猫的声音就吓得腿发抖，走不了路。这些现象都说明了“怕”的基因在起作用，这就是野性基因的残留。

除此之外，人还有与动物大致一样的消化系统，虽然有点区别，但也差不了多少。其实，人就是从野生种群里走出来的，人的好多性情、生理都具有野性。只是随着人类精神文明的发展、物质生活的丰富、饮食的精细、科技的进步，人的野性渐渐被现代生活给“吃掉了”。

从人类各个年龄段的发展来看，年龄越小，原生的本真就越多；教得越少，天性越多。这个天性就是人的精神，是没经过现代文明“污染”过的自然本性。人年纪越大，经历的事越多，天真、朴素、野性就越少，伪装、虚伪、“假惺惺”就占了上风。

作家贾平凹在评价他朋友的孩子时说，他说话，不管情势，不瞧脸色，不拐弯抹角，不斟文酌字，直奔主题。孩子的天真、单纯的品质实际上正是画家成熟时追求的目标，但很少人能达到这个境界。人要想自己的画达到孩子的纯真、朴素，首先要淡泊名利，少有杂念，超脱了，才可能拥有孩子般的单纯，但大多数人不成功。形似小孩而实为大人的虚画不少。

一次，我与美术学院的系主任、他 5 岁儿子，以及系主任的朋友一起吃饭。就餐没多长时间，系主任的儿子就问他爸爸的一个朋友："你怎么总是给我爸爸夹菜，不给其他叔叔夹菜啊？噢！我明白了，你是在拍我爸爸的马屁呢！"当时的气氛一下子就凝固了。过了一会儿，系主任对儿子说："别瞎说，这是你叔叔。"这个小家伙说："哼！什么叔叔，就会拍马屁！马屁精！马屁精！"大家看着他认真的模样都笑了。

人在儿时，在成人还没教之前，都是有野性的，都是很纯真的，都是有天性的。孩子出生都是按照自然成长的程序来的，好多事情都不需要教，比如说话、走路、自私、护东西、办事凭直感、不懂得伪装、说实话等都是天性。

我孙女一岁半时，护食护得很，只要东西进了家，想拿回去，连门儿也没有，非常抠！有一次，她姥爷来串门，临走时说："门口的垃圾，我捎下楼去吧。"她一听就急了，哭闹着说："那是俺家的垃圾，你不能拿。"

还有一次，经几个人说，她才勉强同意给她奶奶一个腰果，她挑了一个最小的拿着跑过去。临撒手时，她又把腰果放在嘴里吃了一大半，仅剩下一丁点给了她奶奶。你可能会觉得我孙女抠门吧！我却非常高兴，这说明我孙女的天性、野性还在。可惜，现在无论是孩子还是大人，野性大多被“文明”吃掉了。

现在的孩子一旦长到两三岁时，大多数成人就开始教，告诉孩子这是啥、那是啥。等成人告诉孩子的东西多了，孩子就成了一个只接收信息而不愿动脑的人了。这种记忆的习惯一旦形成，孩子的感觉、体验、探索、好奇心都会在成人的灌输下用不着了——什么事都被大人准备好了，用不着孩子想了。就像鸡的翅膀长期用不着飞，鸡就不会飞了一样，孩子的自然性、野性、天性会随着成人的干涉而消失。

自然的深奥

有时候，人类觉得自己能大规模地填海造地，在地上挖湖，把山头削平。人想怎样就怎样，大自然不会说话。表面上看人是很有力量的，但要比起大自然来，人的能量就显得非常渺小了。人破坏大自然，大自然就失去了平衡。大自然为了找回平衡，就会有大动作，像山洪、地震、海啸、龙卷风、强暴雨、极冷、极热等都是大自然对人类无节制开发的报复。

当你不了解大自然时，你会觉得人是地球的主宰；当你沉下心来对大自然有了些了解后，你就会知道大自然的力量是多么强大。你原来可能认为植物“没心眼”，动物“没脑子”，其实根本就不是那么回事。动植物的“思考”和应变能力远远超出了人的想象，仅蚂蚁、蜜蜂等昆虫的生活就足以让我们震撼！

图 1–16　蚂蚁建造的高楼

人能建一二百层的高楼，平常的居民楼也有 30 多层。但是你别忘了，除了人之外还有好多昆虫都能建很实用的多功能的“住房”。蚂蚁就是建造高楼的高手，它们建的高楼不仅能防风防雨，还很舒适。蚂蚁建的高楼有十几米高，要花数十年才能建成（图 1–16）。人在建高楼时，事前要设计、测量，还要用钢筋水泥加固。而蚂蚁建高楼就仅凭“一双手”，这是本能还是技术呢？

比蚂蚁建高楼更见“技巧”的还有蜜蜂。如果你了解蜜蜂筑巢的过程，就知道它们的建筑艺术多么高超。蜂房是个标准的六边形“户型”，每个蜂房都紧密相连，每个六边形的底部都由 3 个相同的菱形拼接而成，每个菱形的锐角都是 70° 2′，钝角都是 109° 28′。这种蜂房不仅结构巧妙，还非常符合实际需要。每个边都相连，可以最大限度地节约空间和材料。它不但漂亮美观，用途多，还符合数学原理。难道建房的蜜蜂都学过数学

图 1-17　蜜蜂建筑的蜂巢

吗？可以想象，即使在今天，让一批熟练的建房工手持测量工具和现代化建筑材料，要盖功能这么强大、外观这么好看、设计这么精巧的六边形房舍，也不是件容易的事。

这种蜂房用的是软硬适中的蜡质材料。这么复杂、科学、实用、温暖的房子，你能相信蜜蜂是仅凭本能建造的吗？没有整体设计，没有图纸，并且还是在黑暗中建造的，还能建造出有棱有角的六边形柱体，并由多个菱形户型蜂房组成大小基本一样的蜡质蜂巢（图 1-17）。

这些“房间”有的用来孵化小蜂，有的用来储藏蜂蜜。大家可以想想，这么多的蜜蜂一起施工，怎么判断各个房间的大小、角度，而且每个面都是斜的，还得和别的房间的斜面对接起来？蜜蜂建的房子既保温又有韧性，既抗震又不怕风吹。不仅如此，蜜蜂在建造中还有节约精神，用于建筑蜂房的蜡质材料源于花蜜，节省蜡质就节省了采花粉的时间。

此外，不可思议的是，这么多的房间，肯定不是先建一个，再建另一个，而是由很多蜜蜂同时建，它们又是怎样彼此保持联系、保持距离的呢？当它们分别建的蜂房需要合拢时，又是怎样保持相同的角度对应另一个蜜蜂建造的蜂房角度并如此一致呢？这时候肯定会有不合适的地方，它们又是怎样拆掉重建的呢？更让人惊奇的是，拆掉重建的与原来的竟然一样。这种高超的建造能力一点不逊色于人类。再说，人类还有先进的测量与建造技术，而蜜蜂仅凭感觉“徒手”建造，这究竟是一种什么样的神奇力量呢？

蜜蜂不但与人类一样会建造功能齐全的房子，也有像人类一样的生活。一只蜂王每天能产卵1500粒，而这些卵大多与蜂王一样是雌性的。这些卵孵化成幼虫，幼虫化蛹，蛹化成虫后就可以做工了。

最让人惊奇的是，蜂王知道这些蜂都与它是同样的性别，它会造一种“不育”的信息素，干扰雌蜂的卵巢发育，使它们不能受孕，这样它们就可以死心塌地地服务于蜂王了。蜂王只管生孩子。工蜂照顾蜂王的日常生活以及年幼的小蜂，还负责采花粉，工作非常辛苦。而雄蜂只管与蜂王交配，寿命不长，交配完就会死。蜂王带着孩子过日子，但有时工蜂也不完全受到“不育”信息素的攻击，偶尔也有几个“漏网”的。它们大多长大后“分家”单过，在外重建蜂王居室，选出新蜂王，另立门户。

蜜蜂既会建造多功能的房子，又会生活，就像人类一样分工细致，该干啥干啥，一点也不比人类差。难道它们建房子的智慧和生活的本领是“动脑子”的结果吗？

蜜蜂不用学习就可建造房舍，孩子为什么不能不学就会画呢？我在与老师们交流时说，孩子画画是本能，不需要学就能画。有老师问，这怎么可能？画画需要比例、结构、透视和对复杂造型关系的把握，绘画能力应是非常见功夫的技巧。我说，如用成人思维去理解，不了解孩子的本能，当然会觉得不可能。其实孩子与自然界的动植物是一样的，都有着先天的遗传基因。这个信息是经过了多少万年的不断演变，潜伏在孩子脑子里的，不需要去教，到年龄就会。

孩子画画时并没感到比例、造型、空间难画，就用“胎里”带来的“技术”，把这看似很“思维”的东西化作了一种囊括所有造型的“软件”，用天生的“以一当十”的“直觉”，解决了连美术学院毕业的老师也不觉得轻松的造型问题。既然蜜蜂都能建造功能齐全、构造复杂的房子，比蜜蜂更有灵性的婴幼儿怎么不可能有“拿笔就画”的“智慧”呢？

幼儿画画是智慧，还是本能？成人有时在看待这个问题时也不是很清晰的。问题是成人在好多时候不承认自己是糊涂的，还说孩子画得不对。实际上，孩子的糊涂与成人的糊涂是不一样的。孩子的糊涂是认知，孩子自己并不知道；成人的糊涂是无知，是不懂装懂，是有意的。这就不好办了，就像一个交警想叫醒一个装睡的司机没那么容易一样。

我们能相信婴幼儿吃奶、翻身、坐立、说话、走路不用人教，为什么就不能相信孩子画画也不用教呢？蜜蜂可以用本能建房，人有绘画天赋还奇怪吗？孩子画画就是靠直觉，并不知道有什么技法、画理，更不懂得比例、透视等造型要素。就像蜜蜂，它们不知道建的房子是六条边都相等且共用的，也像鱼，不知道在这个世界上还有陆地、高山、草原、天空，更不知道还有曾经与它们同族同根的人类存在。这与孩子画画不知道画理是一个道理，孩子画画与蜜蜂筑巢一样是本能，不是技术。

人的教育要想成功，一定要尊重自然，遵循人的天性。违背孩子天性的教育是不可能成功的 。尊重天性、敬畏自然这个提法并不是今天社会发展了才有的 。在《中庸》里就有这样的话：“天命之谓性，率性之谓道，修道之谓教。”天命和天性说的就是遵循自然。“孩子的事”只有遵循了自然教育法，才是顺应了天性。

人与动物一样，也是大自然的一员。从人是一个自然生命体来说，人也应像动植物那样自然地生长，自然地进步。也许正是人有了“智能”这个原因，把自己“看”得过高，竟然忘记了人也是地球上的一种生物这么一个事实。做事拔苗助长，不按自然规律行事，所以，才做出了这么多违背自然规律的事。

在非洲草原上有一种生长最旺盛的草，叫尖毛草，号称“草地之王”。这种草能长到两米多高，一眼望去，就像绿色的高墙。在春天到来时，别的草都争先恐后地往上“蹿个儿”，尖毛草却沉住气，不慌不忙。眼看着春天快过去了,尖毛草还是无动于衷,没有想长的意思,好像在等待着什么。终于在一场雨后，尖毛草就像冲锋战士，突然出击，迅猛疯长，几天的工夫就猛蹿到一两米高。尖毛草为什么不像其他草类那样匀速生长呢？原来这种草的习性与中国的竹子很相似，为了生长更有 “后劲”，它不是老早地先往上“蹿苗”，而是把“后劲”留在了根系，先把“地下工作”做实，再说地上的事。在长达几个月的时间里，尖毛草在地下向周围不断地扩张根系，深度和面积达 20 多平方米，牢牢地锁住了土壤里的水分和养料。当尖毛草觉得已完成了“地下工作”，积蓄的能量达到一定程度后，就开始发力，一天长二三十厘米。其实，儿童的成长与尖毛草的生性是一样的，幼儿由于理性没苏醒，不能适应复杂的社会环境，所以才慢慢储蓄能量，等待成长。等儿童过了 9 岁，理性苏醒了，就像尖毛草那样迅猛成长，这就是自然成长规律。无论是人类还是动植物，都要顺应天性生存、生活，按自然规律行事。

动物的灵性

我们经常听说，谁谁家的孩子有多么聪明，会背多少首唐诗，认识多少个汉字，演讲起来满腹经纶，滴水不漏，但一张口却是“成人腔”，且贫嘴连篇，一句实话没有，既假又空。大家还都认为这样的孩子聪明，是棵好苗子。

这种所谓的聪明并不发自孩子内心，不是孩子的思维，更不是儿童主动意识下的感悟。这不过是大家常说的“鹦鹉学舌”罢了。话是从他嘴里说出来的，但他并不理解。这不是聪明，更不是智慧。相比之下，动物的本能才更显“智慧”。

人类的初始并不比动物聪明多少。猿是人类的近亲，就像猫和老虎是同科一样。在进化中有好多聪明的动物不亚于人类，有着超敏感的感受器官。猿类的脑子与人的脑子差别非常小，生活习惯也有相同之处，就连它们喝醉酒的状态与人基本上也没什么区别，无论是神经系统还是味觉、嗅觉、知觉都与人相似。

当猴子想吃坚果，单靠手的力量掰不开时，就会像人类一样借用工具把坚果砸开。它会本能地找个带窝的石头，把坚果放进去，搬起一块经过挑选的形状有点凸的石头砸向坚果。人们常说，动物与人类的区别就是人有智慧，动物只有本能，我倒不这么认为。猴子要想完成用石头砸坚果这个动作，至少要“想”三件事，少了哪个也做不成。第一，要选个带窝的石头，这在山上很容易找到，但“要动脑子”。如果石头没窝，就不容易砸开坚果。第二，砸坚果的石头一定是圆头的，至少不是平的，平石头是不易砸开坚果的。第三，得认识到坚果是圆的，才能把坚果放在窝里。猴子砸坚果的本能难道比人差吗？如果人想做这件事，是否也会与猴子想的一样呢？猴子的本能与人的“动脑子”在效果上差别大吗？

有人曾亲眼看见一只熊用它的前掌拍打池塘里的水，造成水流，以便能够到漂浮在水面上的面包。你说这是智慧还是本能呢？人们普遍认为，动物比较大的本事是智慧，但这还是本能，只不过这个本能有点复杂。实际上，动物的生活本领就是从上一代遗传下来的，与智力没关系。

在脊椎动物中，聪明的动物很多。埃塞俄比亚有一种鹰叫髭兀鹰，它在啄食动物的骨头时，为吃到骨髓，竟然“想到”利用自己能飞高的本事，把大骨头带到一二百米的高度，从高空把骨头抛下，利用自然的力量把骨头摔断。在骨头落下的时刻，老鹰也会跟随骨头落下的速度一起俯冲，完成“摔骨取髓”的动作。

老鹰要完成这个动作也不容易，先得“考虑”飞行高度，低了肯定不行，达不到力度；高了费劲，需要的体力大。此外，它还要“考虑”地面石头不能是平的，平的石头“着力点”太大，不容易摔断骨头，还有风力的影响。这几个条件，老鹰要综合“考虑”才能成功 。有时，髭兀鹰为了吃到骨髓，要重复飞行 30 多次才能如愿。人要做到也不容易，而孩子更不会把几个条件放在一起“综合考虑”，因为孩子缺少整体观念，想不了这么复杂。

在北欧斯堪的纳维亚半岛南部海岸的沙滩，有一种小动物平常就藏在沙子里。在沙滩上经常会见到一个个像漏斗形状的坑窝，就是在这个不起眼的坑窝里，时刻都发生着生死搏斗。在每个坑窝的坑底都有个“守株待兔”的家伙，等待着“倒霉蛋”的降临。什么动物这么隐蔽，这么有心机地设计并挖掘出巧妙的捕猎陷阱呢？它就是蚁蛉的幼虫——蚁狮。

蚁狮的个头不大，却是蚂蚁的天敌。蚁狮会把自己隐藏在沙坑底部，

图 1-18　设计捕蚁陷阱的蚁狮

图 1-19　蚁狮正在吞噬蚂蚁

等候猎物上门。这种陷阱的高明之处在于坑窝周围有陡峭的角度，一只蚂蚁的重量足以使沙砾迅速滑落，蚂蚁越是想爬上去，沙砾越是往下滑。一旦蚂蚁误入这个陷阱，就很难逃生。

每当蚁狮感觉到有蚂蚁上门，就会主动出击，突然向蚂蚁抛撒沙砾，致使陷阱内壁崩塌，蚂蚁随之跌至沙坑底部，成为蚁狮的美餐（图 1-18、图 1-19）。蚁狮巧妙地利用了沙砾容易滑动、坍塌的特性“设计”了捕猎陷阱。蚂蚁越努力往上爬，跌得越深，蚁脚触碰沙砾就会引起整个窝的沙砾滑动。

假如，我们换一种材料，比如说沙土，虽然也易引起滑动，但远不如沙砾这么经不起一点重量。这蚁狮又是怎么“想”到利用沙砾易滑动这个特性来捕捉蚂蚁的呢？像这样环环相扣、一步一步地使蚂蚁走向绝境的设计又是谁教的呢？大自然真的很厉害！

还有一种猫科动物，它一个跳跃动作曾引起全世界的科学家争论了一

图 1–20　在空中翻滚的狞猫

个世纪。大家知道，无论猫怎么跳跃，怎么在空中翻滚，当它落地时，总是四脚着地。这一“经典”动作，它是怎么做到的呢？当我看了一段狞猫捕鸟的视频就明白了。狞猫在空中需要完成转身动作，但这个动作一般需要借助外力才能完成，也就是借助反作用力，在空中狞猫没有任何着力点，想借助外力是不可能的。

狞猫之所以能完成这么高难度的动作，主要是因为它有着灵巧的身体结构和灵活的脊椎，使它能在同一时间向不同方向扭转身体的前后部分。在空中翻滚的狞猫（图 1–20），身体很像一个“拧着的麻花”，不断地沿顺时针方向扭转，后半身会转向相反的方向，同时向两个方向扭转。

当我看到这一景象时，感到非常吃惊。狞猫接下来的动作更不可思议，当它快要落地的瞬间，它像一个出色的滑冰运动员做旋转动作一样，会收起前腿，把腿贴向身体，促使前半部身体用更快的速度旋转。这样就会造成脊椎的大幅度扭转，从而带动后腿朝地面方向扭动，为落地做好准备。

狞猫不但克服了重力，还能安全落地，而这一系列动作就像杂技演员那样在瞬间完成。需要说明的是，就是这么一个“很有技术”的高难度动作，每一只猫都能做到，并不需要专门培训。一句话，这是本能，不是技术。这个“技术”比起孩子画画容易吗？简单吗？

昆虫的智慧

昆虫的成长有两种形态：一种是“完全变态”，另一种是“不完全变态”。完全变态是说幼虫与成虫长得不一样，无论是形态或行为差距都非常大，比如蝴蝶。然而，有的昆虫一出卵壳，形状就与成虫的样子很相似，比如蝗虫。这些不完全变态的昆虫与人的生长很相像，新生儿与他父母一个模样，只是头略大，四肢短小，有些器官只是雏形，有待于以后的发育成长。

完全变态昆虫与不完全变态昆虫的发育成长的路子是不同的 。

完全变态昆虫的发育要经历四个阶段，而不完全变态昆虫经历三个阶段。虽然两者只差了一个阶段，但这个差别使它们变成了完全不同的种类。完全变态昆虫从幼虫到成虫的四个阶段是卵、幼虫、蛹、成虫，而不完全变态昆虫只有卵、幼虫、成虫三个阶段。

蝴蝶妈妈非常聪明，很有灵性，虽然不像人一样会“想着”怎么做，但它仅凭本能就为孩子准备好了“食粮”。蝴蝶的幼虫不是什么树叶都能吃，蝴蝶妈妈深知这一点，把卵产在幼虫最喜欢吃的树叶背面。这个做法有两个意义：一是为了保护孩子的安全，不让那些专以昆虫卵为食的鸟发现；二是等虫宝宝一出卵壳就有东西吃。即便是妈妈把卵下在了它们喜欢吃的树叶上，虫宝宝也因树叶太老吃不了，那怎么办呢？虫宝宝出生后就没有了妈妈的照顾，妈妈只做虫宝宝出生前的工作，出生后的一切生活只得靠虫宝宝自己。

其他动物，像牛、马、羊等都会跟着妈妈度过童年，而虫宝宝（毛毛虫）没这条件。刚出生吃不了老叶，但这不要紧，大自然在它们还没出生前，专门为它们“安装”了使它们能快速找到嫩叶的光敏感器，帮助它们找到枝条最前面的“第一口”嫩芽。虽然它们不知道嫩树叶在哪儿，但光敏感器会给毛毛虫自动“导航”，指引它爬向枝条的最前端，那里的叶子最嫩。

毛毛虫的爬行就像是我们人类的行走，人类学会爬要几个月的时间，而毛毛虫一出生就会了。为了能让毛毛虫在树上爬行不掉下来，大自然还专门为它设计了能夹住较细树枝的脚垫，再通过光敏感器的“导航”，顺利地找到嫩树叶。虫妈妈聪明吧？更让人惊奇的是，等毛毛虫长大，能吃老叶，大自然就去掉了它的光敏感器，使它找不到枝条上的嫩叶，也记不得原来的爬行路线。

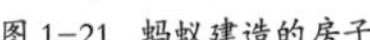

图 1-21　蚂蚁建造的房子

图 1-22　蚂蚁采集树叶种蘑菇

这些细节，大自然全“想”到了。大自然是多么伟大和有灵性啊！大自然不能光照顾毛毛虫只吃嫩叶，还得考虑树的成长。如果树的嫩芽都让毛毛虫吃光了，树就会死亡，毛毛虫能吃的树叶就没了。树叶没了，蝴蝶也没了。大自然还要照顾到地球上的所有动植物以及人类。大自然才是主宰地球上一切生物的“人”！

蝴蝶的聪明是把卵产在幼虫喜欢吃的树叶上，幼虫的智慧是凭借本能就能找到自己要吃的嫩树叶 。还有一种昆虫——蚂蚁，它们分工明确，各负其责，生活方式也很像人类。最让人惊奇的是，它们还会雇佣，长期工、短期工都有，有专门干活的工蚁，有负责打仗的兵蚁，有专门生孩子的蚁后，还有专给蚁后交配的雄蚁。

蚂蚁是世界上数量最多的昆虫，也是与人类生活最像的昆虫。它们不仅喜欢群居，还像人类一样，房子建得也好（图 1-21），设备齐全，有入口、出口，有街道，有通风设备，有排水装置，有各种功能不同的房间，如孵

图 1-23　锚阿波萤叶甲画圆圈

化室、育儿房、储藏室，最大的卧室里住着蚁后。

蚂蚁还会像人类一样喂养蚜虫、介壳虫、角蝉虫、灰蝶等幼虫。此外，蚂蚁还会种蘑菇（图 1-22）。我们都曾见过工蚁举着一片树叶奔跑，这是干什么呢？是蚂蚁吃树叶或铺窝吗？不是的，这是蚂蚁用树叶当发酵剂，就像我们做馒头的“菌头”。工蚁把大叶片的树叶运回蚁巢，然后由专管加工的工蚁把叶子切成碎片，磨成浆状，再在上面拉屎撒尿，增加点肥力，那些老工蚁把真菌种在了这些待发酵的碎片上，就长出了蘑菇，供蚂蚁食用。在此期间还有兵蚁看护，不让别人破坏。这些蚂蚁的聪明才智，哪一点比人类差呢？

还有一种昆虫，它的“心眼”超级多。猴子、鲑鱼、老鹰等都没法跟它比。它能“走一步，看三步”，“预料”以后将要发生的事，把自己从危险中解脱出来，并把事做得从容淡定。

它就是名叫锚阿波萤叶甲的昆虫，白天休息，夜间出去觅食，它不像其他昆虫那样找到食物就慌慌张张地忙着填饱肚子，而是在它将要吃的海芋叶子上先啃一个圆圈做记号，大小像一分钱的硬币（图 1-23）。把这些“工作”做完后，它才开始悠闲地进食，专吃圆圈里的叶肉，圈外的不碰。它的口器是昆虫最原始的口器——咀嚼式口器，由一对坚硬的上颚构成，它进食时沿着啃的线印切割叶肉并咀嚼（图 1–24）。当它吃完这个小圆圈的叶肉后就迅速转移“战场”，换个地方故伎重演，再画一个圆圈，只吃圈内的叶肉，被它吃掉的海芋叶就像一片片“蜂窝”（图 1–25）。

图 1–24 锚阿波萤叶甲只吃圆圈里的叶肉

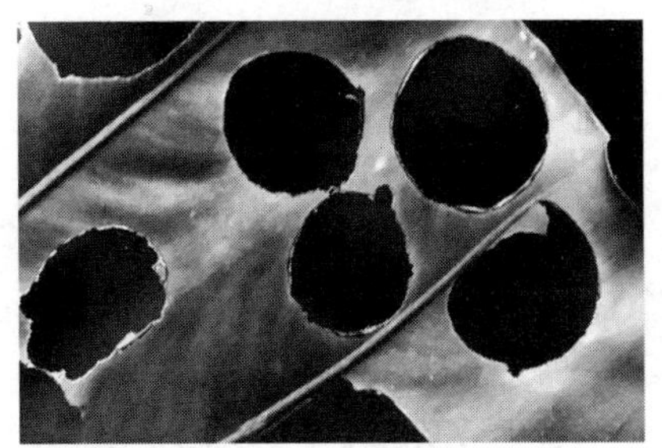

图 1–25 被锚阿波萤叶甲吃掉的海芋叶

这种昆虫进食与别的昆虫不一样，它为什么一定要先画个圈，专吃圈里的叶肉呢？为什么圈外的叶子它不吃呢？最后还是昆虫学家解开了这个谜，说出了原因。

锚阿波萤叶甲特别喜欢吃海芋叶，海芋叶长得有点像芭蕉叶，叶片宽大、厚实。为了防备昆虫啃噬，海芋叶的叶脉管束里都有毒液，这些毒液构成了海芋叶自身的防御系统。如果有昆虫敢来“用餐”，立马让它命归西天。锚阿波萤叶甲很聪明，它深知这一点，但它又是这么喜欢吃海芋叶的叶肉。关键是它管不住自己的嘴，千方百计地想吃，时间久了，它就“想”出来一个办法。

原来锚阿波萤叶甲先用嘴在海芋叶片上咬出个圆圈，就是想把圆圈里的叶脉与周围相连的叶脉全部切断。这样的话，毒液就不会在它进食时源源不断地通过叶脉输送过来，而被它咬下来的叶片所含的毒液又不至于使它中毒，所以，它把握着这个“吃”的分寸，不敢越雷池一步，只吃圆圈里被它咬下来的叶肉。

这个家伙够聪明。如果这个事换成人去做，能比锚阿波萤叶甲做得更好吗？除此之外，我还有一个细节不明白，它是怎样把这个圆圈啃得如此之圆的呢？难道它带着圆规去的吗？它在啃圆的时候又是怎么解决圆圈“啃线”的对应和准确的接口呢？

锚阿波萤叶甲啃的圆圈要比三四岁的幼儿画得还圆，三四岁的幼儿大多在圆圈接口处不能很好地完成，有时画到接口处，还得拐个弯才能接上。问题是，孩子在画这个圆圈的时候，是“眼”看着，用“手”画着，眼和手之间有三四十厘米的距离，是能清楚地看到笔的走向的。可锚阿波萤叶甲在啃这个圆圈的时候，嘴离眼太近了，它不可能做到嘴在啃圆圈的时候，眼睛还得盯着圆圈对面的边沿，它又是通过什么秘密测量工具来判断对面圆圈的弧度大小，进而完成圆圈的准确对接呢？这又是谁教的呢？对此昆虫学家没有定论。

锚阿波萤叶甲，昆虫里专画圆的“画家”。此刻，我就想说 8 个字：“大自然真的很伟大！”

蒙台梭利说："人的发展靠精神胚胎的潜力。"新生儿一出生就自己找奶头，就如同毛毛虫一出卵壳就去找树的嫩叶一样。新生儿找到奶头就会吸，为什么是吸而不是吹呢？这是孩子的本能，如同毛毛虫找到树的嫩叶是本能。

婴儿在以后的发展中，除了生活需要成人照顾外，精神需求还要靠孩子自我完善，自我发育，自我教育，而不是成人"教"。婴幼儿一开始接受的应是"自然教育"，不是"人为教育"。

幼儿画画的本能与毛毛虫找到嫩叶、蚂蚁种蘑菇及锚阿波萤叶甲啃圆圈进食一样，无师自通，不教就会。

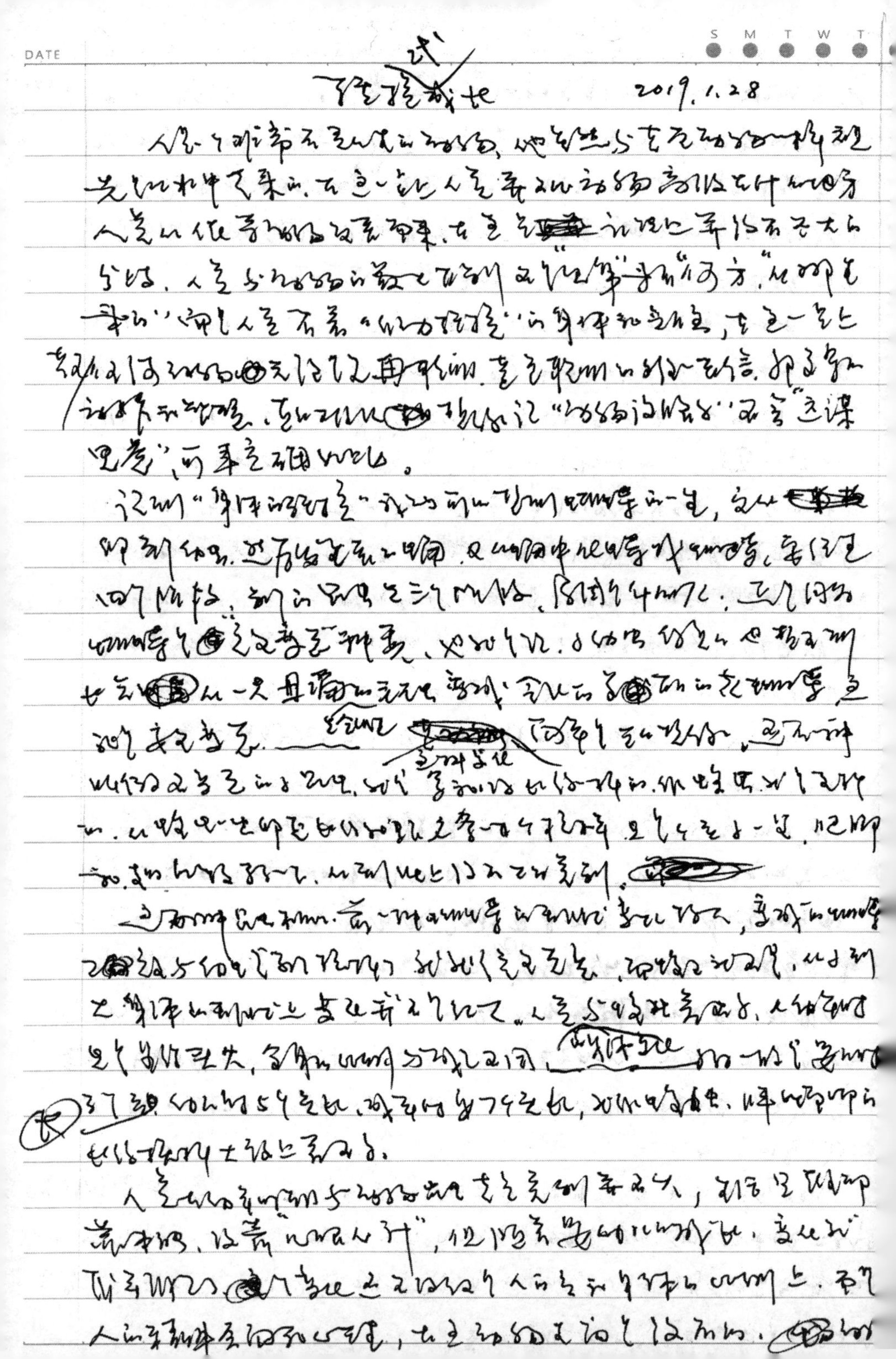

[illegible] 2019.1.28

[illegible]

[illegible]

[illegible]

[illegible]

[illegible]

第二篇

生命轨迹

“转换式”成长

人是非常有灵性的动物。人与动物的区别不是“出身”——来自哪儿，而是人有着“无形”自动“转换”的身体和智慧的头脑，在这点上其他动物是没法比的。

说到“转换”，我们会想到蝴蝶，它从一粒卵到幼虫，然后发育成蛹，又从蛹变成蝴蝶，整个过程就是毛毛虫的大变身“转换”，生物学上称其为“变态”。

人类在幼年时与动物差别不大，生活只靠本能，没有心眼、心计，但随着婴幼儿的成长，变化越来越大。这种变化不仅仅是身体上的，还有精神和心理的变化。

动物无论有多大的能耐，生存能力有多强，依靠的都是本能的力量，鲜有智力和精神的力量。人类就不同了，在还是婴儿时，一切行为都是本能的，包括绘画，不学就会，只要孩子对事物有感觉就能画，跟成人认为的“美术”一点儿关系也没有。但画着画着，儿童的身体和智能在精神上就有了“转换”，然而这个“转换”是悄然无声的，像变戏法一样把一个人变成另一个人，连孩子自己都浑然不知，这就是“无形转换”。

我孙女不到两岁的时候，说的话让我吃惊。傍晚，她爸爸下班回家，一进门就说：“宝贝，酸奶买来了。”我孙女立马就接了一句：“有管儿吗？”我听了，却不知道是什么意思。她爸爸跟我解释，有的酸奶没吸管，有的酸奶有。她问“有管儿吗？”就是想知道这次买来的酸奶是有吸管的还是没吸管的。孙女瞬间接上这句话，要是搁在此前两三个月都不可想象。那时候说话是一个字一个字地往外蹦，而且说的话都是“倒装”的。两三个月后，不但语句连贯，还有音调。

一次，她爸爸说：“我喝一口你的牛奶，行不？”我孙女说：“热啊！”她爸爸说：“我不怕热。”我孙女说：“太热了，要是烫着你，怎么办呢？”说一千，道一万，就是不让喝一口。孩子从小“抠门”，长大了就会分享了，这个思维“转换”的过程是因为孩子的成长，不是因为教育，更不是因为“学好了”。

虽然教育专家把 3 岁前的孩子称婴儿，7 岁前称幼儿，12 岁前称儿童，但要从精神及心理的发育来看，从感性“转换”成理性，从本能“转换”成智能，应是在 9 岁。也就是说，9 岁前是儿童自我中心期，虽然超过了幼儿期两年，但儿童的思维和身体并没有完成幼儿的阶段性“转换”，比如，7 岁的幼儿换牙就是生理成长的标志。也就是说，人类的身体与智能的重大改变（即“转换”）是在孩子 7 ~ 9 岁完成的。7 岁前完成了身体的“转换”，9 岁后完成了精神和心理的“转换”。9 ~ 12 岁三年的过渡期。虽然到了 12 岁仍称为儿童，但那只是个称呼，实际上已不是儿童了，其原因是，12 岁的孩子有了太多的成人理性思维和太多的逻辑，那些原本从胎里带来的天性和本能已经快用完了。这时对儿童画的评价也随之发生了变化。以前是有“孩子气”的画是好画，从 12 岁起改为有“味道”、有想法、有知识、能显示技巧的画才美。当然不会是到了这个年龄一下子就能做到，还有一个较长的往成熟路上发展的过渡期。

儿童身体、精神和心理的“转换”是无声无息的，在大人和孩子毫不觉察的情况下就让一个幼稚的人逐渐变成了一个有理智的人。这正是大自然的神奇之处、伟大之处。

“好雨知时节，当春乃发生”，孩子就是在 7 ~ 9 岁这个“节骨眼”上，在大人、孩子都觉察不到时就开始了“随风潜入夜，润物细无声”的内心精神转变。这场“好雨”是多么“知时节”啊！孩子在画画时不知不觉地就有了精神和心理的需求，这与小时候画画只凭感觉已经不是一回事了。

精神和心理随着孩子年龄的变化“偷偷地就来了”，而且无形、无声、无息，这就是“潜”的意义，使孩子没有一点感觉就完成了身体、心理上的“转换”，也就是孩子在不经意间就完成了理性的苏醒。

老师要细心琢磨孩子的成长，关注孩子在成长中遇到的问题，特别是本能向智能“转换”过程中出现的问题。人的智能成长要分两步：第一步是本能，第二步是由本能“转换”为智能。不像动物只有本能，没有智能，这也是人类能引领世界而动物却不能的原因。

孩子的身体在悄无声息变化的同时，头脑也在不停地“转换”成长。孩子在头脑“转换”过程中，干的每一件事不一定都是好事，“坏事”也常有。孩子干的“坏事”大多是某个情景下的好奇游戏，过后不会一而再、再而三地干这种事。

小时候我们几个小伙伴在供销社院后屋檐上掏麻雀窝，当我们搭着“人梯”爬上屋顶后，意外地发现在院内墙角里有很多用稻草绳包扎着的陶瓷茶水壶和茶碗，我们决定翻过墙去“偷”几个玩玩。正好，在墙的外边就是一个深水池塘，池塘里长满了荷花、水草，易于隐蔽。我们几个就把茶水壶和茶碗从院里扔到墙外池塘里，也摔不坏。我们干得热火朝天，兴奋得很，根本想不到这是在“偷东西”。

那时候孩子能吃的水果不多，谁也没见过像香蕉、菠萝、猕猴桃之类的水果，仅有些瓜果梨枣。我们知道当年生产队瓜园的老头睡觉爱打呼噜，天黑后就悄悄地潜伏在瓜园旁的干水沟里伺机“作案”。我们几个孩子还摸索了一套快速偷瓜的方法，那时候西瓜不多，只有些甜瓜、菜瓜。我们这个“特别行动小组”有专门放哨的，有专门偷瓜的，有专门掩护的，分工明确，责任清楚。偷瓜的排成一排，就势在瓜地里一滚，硌着腰的、碰着腿的，顺手就摘了，比黑灯瞎火地摸瓜快得多。我们还用了声东击西的办法，那时候看电影《南征北战》《小兵张嘎》，看得多了，就用上了。几个人在看瓜老头停止了鼾声引起警觉后，在偷瓜的相反方向制造点儿动静以吸引老头上当。等他反应过来，我们大功告成，迅速撤离了。

看瓜的老头知道我们是故意捣乱的，大多是睁一只眼闭一只眼。那时候谁也没想着是在干坏事，只是乐在其中。

有资料显示，好多成功人士在孩提时代都多多少少干过“坏事”。有这样经历的人反而比不会玩、胆小怕事、没生活情趣的人事业发展得更好。对于小孩子从小不干好事，印度一位哲人在《大智度论》里就说过“小大自休”，大体就是这个意思。老百姓说的“树大自直”通常说的是八九岁还没完成思维“转换”的孩子，如果是 12 岁以后还一而再、再而三地干这种事，就不是因为好玩、好奇了，就是教育缺失了。

孩子是“转换式”成长的。孩子在小时候干的“坏事”大多是因为好奇，并不知道是在干坏事。当孩子在成长中特别“能作”时，家长要顺应他们的自然本性。教育应有利于本能发育，而不是压抑孩子的本能和好奇，遇见这样的事要看做事的“动机”，不要只看结果。

家长认为的“不学好的恶习”，孩子心里可能并没觉得有什么不妥。他们可能只是为了释放学习压力，放松一下绷得很紧的心情，根本不是“不学好”。这都是孩子在“转换式”成长中很正常的事情。他们没有错，只是做的事不符合规矩。

我们的教育容不得孩子说一点“过头”的话或做“出格”的事，压抑孩子的情绪释放，反对与儿童年龄相适应的那种自发的、本能的、让成人看起来像“坏事”而孩子却觉得“很有意思”的举动。孩子的成长是“转换式”的，不要担心孩子会学坏。“说脏话”顺应了孩子的成长需要，也是孩子成长不可缺少的。也可以这样说，在孩子 11 岁之前有这样的行为大多是正常的。

儿童与成人处于两个完全不同的世界，想的、玩的、做的等兴趣点不同。儿童的精神和心理反复多次才能完成“结构性转换”，才可能逐渐接近成人的思维，也就是儿童世界发生的“故事”会慢慢地变为成人的故事。这个“转换”的过程是自然的，容不得成人丝毫的强加和助长。孩子的精神“转换”过程就像“蛹化蝶”的过程，当蛹自行蜕变时，能容得外力去帮助吗？你不帮它，它能正常地完成蜕变；你一插手，它就死定了，因为打破了规律。儿童教育不就是这样的吗？在幼儿“转换式”成长过程中，成人只要嫌孩子长得太慢，就想帮着孩子快快成长，尽快地脱离幼稚期，那结果就是儿童想象力和灵性的消失。

瑞士心理学家让·皮亚杰研究发现：“儿童的心理是在两架不同的织布机上编织出来的。”心理学家克莱巴柔德在解释“两架织布机”理论时说：“儿童的心理是在两架织布机上编织出来的，而这两架织布机好像是上下层安放的。儿童头几年最重要的工作是在下面一层完成，这种工作是儿童自己做的，这就是主观性、欲望、游戏和幻想层。相反，上面一层是一点一滴地在社会环境中形成的。儿童的年龄越大，这种社会环境的影响越大。

这就是客观性、言语、逻辑观念层。”[1]这个“两架织布机”的理论确实很形象地解释并印证了幼儿精神“转换式”成长的前后发生过程，也揭示出儿童的精神和心理由两部分构成。幼儿年龄越小，越靠前的这一段（也就是底层）是无意识和本能阶段，而上一层就是“转换”后的意识层理性阶段。这表现在绘画上就是，孩子小时候是凭感性认知世界的，喜欢自己画，画自己，不希望别人“教”，对“画得像”不感兴趣，而长大后变成了有意识地思考，也就是画画懂比例、大小、遮挡、空间了。

有幼教经历的老师都能感觉到，孩子在两三岁的时候是非常纯净的，眼睛是非常清澈的。但大多孩子进入四五岁以后，成人的干扰、催熟就来了。如果这个年龄没受成人的污染，孩子的画的游戏性、表现性还是很强的，孩子能主观地画自己的感觉，也就是让·皮亚杰说的“织布机的下面一层”。随着孩子年龄的增长，其内心悄悄地发生着变化，向客观、真实的方向慢慢靠近。孩子的理性慢慢地苏醒，由感性让位于理性、本能让位于智能的“转换”开始了，这时候他们的精神和心理已经完成了“转换”，也就是到了“织布机的上面一层”。

成人的错误就是，不懂教育，不了解孩子成长规律，无视孩子的童年与成人有本质的不同这个事实，不懂孩子的精神世界与成人精神世界的差异，更认识不到要对孩子进行“慢教育”，快不得！孩子的“转换式”成

1 ［瑞士］让·皮亚杰．儿童的语言与思维［M］．傅统先译．北京：文化教育出版社，1980：4.

长是自发的、内在的，不需要任何人的帮助，更不是“我已告诉你了，你怎么还这样”这么简单的事。

我们的现实是：有些做教育的不懂教育，教美术的没学过美术，甚至编写儿童美术教材的人也没学过美术。幼儿美术虽然在校外表面上是红红火火，师训班如火如荼，但真正有思想、有专业、有水平的研究型教师和愿意投身于儿童美术教育的“真专家”却不多，“儿童的事”还没真正进入教育专家的视野。儿童美术研究仍在教育的“圈子外”游走。基础理论研究以及美术本体知识研究比较滞后。一些美术教师只对实操、课例和“怎么上课”感兴趣，对思维观念、美术理论不“感冒”。

儿童的“转换式”成长，其实就是由生物本能“转换”为精神智能的一个过程，是将幼儿的朦朦胧胧的意念转变成成熟思维的过程。

“芽子”说

我们通常把植物初发的嫩叶称为“芽”，如树芽、豆芽、香椿芽等。“芽”意味着小和嫩，“芽”长大点就是叶。也有说孩子年龄小，把婴幼儿称为“芽”的。

把婴幼儿比作植物的“芽”很形象，也很妥帖，因为婴幼儿的成长确实像植物的芽子一样，是慢慢成长的。植物的“芽”是先露出一个小芽尖，再由小芽尖分化出叶尖。幼儿的这颗种子是隐形的成长密码，是不动声色地暗暗成长。你能看到的成长是在“种子”的“发芽”期，也就是0～6岁，发芽前是“胚胎”期，是看不见的，这如同植物的种子是在地下，孩子的“芽子”是在出生后。

孩子的“芽子”期与一颗种子的发芽是一个道理，说的都是生命的开始。比如，一棵刚发芽的小苗还用不着施肥，土里有点湿气就能生长了。我们不管，植物反而长得更好。如果我们今天摆弄摆弄，明天捣鼓捣鼓，最后都给“管”死了。孩子画画也一样，想象力不用培养。没想象力的孩子不是一出生就没想象力，很可能是因为大人给管没的。孩子画画不需要教；一教，孩子的感觉就没了，不知道怎么画了，就依赖成人教了。

最痛心的是，当孩子还是“芽子”时，把他当叶来对待，教的内容远远超出了孩子的生活。而实际上，芽就是芽，叶就是叶，芽与叶的“时令”不一样，虽然芽早晚要长成叶，但它还不是叶时，我们不能用对叶的方法去对待芽。那具体到孩子画画，几岁是芽，几岁是叶呢？6岁前的婴幼儿是黄色的新芽，6岁后的幼儿就是绿色的叶了。教育的错误就是错把芽子当老叶，在不该教的时候教。

有人说，知识早晚要教，倒不如早教，再让孩子慢慢地消化。这就是不懂儿童规律，不懂教育了。以这种观点，知了早晚会从土里爬出来，到树上生活，干脆把它们先从土里弄出来锻炼锻炼。结果，知了是成长还是死亡呢？主张教的人也觉得这样做不妥，但一具体到教学，他们用类似“让知了先上树”的态度来对待还在“芽子期”的孩子却不能自省。

好多美术教师在宣传的时候说美育是为了培养孩子的想象力，但授课却毁坏了孩子的想象力，因为毁坏孩子的想象力很省力，培养孩子的想象力太费劲，还可能费力不讨好 。教师非常敬业地教给孩子技巧，让孩子记住了图像，一旦需要就随手画出来了。但这样的授课没有孩子的认知，没有孩子的感悟，时间长了，孩子就不会用自己的思维去感受了。这种严重抹杀孩子天性的“教”太多了。

这样的教育就是把成人的知识直接灌输给孩子，就是无视孩子只是个“嫩芽”而不是老叶。植物的叶是从胚芽变来的，如胎儿在妈妈羊水包里成长是一样的，是一点一点地发育成长的。直到孩子呱呱坠地，也就是小芽的叶子已经展开，成了一棵有茎有叶的小苗。

小苗与胎儿的孕育和成长非常相像，比如说，小苗在没人关注的情况下就枝繁叶茂了，胚胎的营养足以支持胎儿发育。

从出生那天起，孩子就按胚胎的基因密码成长，“大自然”已经给他们安排好了出生后先干什么、后干什么，能干什么、不能干什么。比如，孩子出生后，没人教，就会自己“找饭吃”，一找一个准。那孩子是凭借什么力量能准确地找到乳头的呢？这就是本能的力量。

这种本能的能力是“大自然”早在孩子出生前就给“装好的程序”，孩子只需自然成长，用不着想自己怎么长，更用不着成人“操心”。如果不是这样，那孩子在不会想、不会问、没有教，也听不懂话的情况下，是怎样一下子就把乳头含在了嘴里的呢？这是种神奇的自然的力量，不是人为的力量，这也说明了人类胚胎中的精神潜能起到了决定作用，而不是成人的生活技巧起的作用。

还有一件事也可以证明我的说法，没有谁会告诉刚出生的孩子饿了就哭几声。刚出生的孩子都是经过了大自然的“培训”才来的，大自然给孩子装了一个能感知事物、帮助孩子成长的“芯片”，并告诉了他们用“哭”表示不满或哪儿不舒服，用“笑”表示精神的愉悦。例如，先用“哭”的办法引起妈妈的注意或解决肚子饿的问题，再用“笑”的办法表示自己的态度，让妈妈心里有数。“哭”和“笑”是孩子离开妈妈羊水包后“学”会的第一个生活“技巧”，只是这个老师不是成人，是自己。

“哭”的作用非常大，这么大点的孩子不会说话，肢体摆动都是无意识的，还不会“有表情”，甚至连眼睛也睁不开，除了“哭”还有什么办法可以让妈妈知道自己的需求呢？

“哭”是孩子与妈妈的交流和对话，是孩子给妈妈的一个信号，不同声调的哭就会让妈妈懂得孩子的不同需求。要说“教”也是婴儿先给妈妈上了一课，如何区分婴儿不同的哭声。

孩子出生后对他们影响最大的有两个“技巧”：一个是“感觉”，另一个是“哭”。这两个“技巧”对孩子的生活至关重要。但这两个“技巧”没有一个是成人教的，是孩子天生就会的。这说明一个道理，人类的初始就与一棵“芽子”一样，根本不需要教，而是自我感知、自我发育、自我成长、自我教育、自我完善。

也许有人会说，如果大人不帮忙，孩子自己能长大吗？那肯定不行，因为人的寿命比其他动物要长，尤其是幼稚期长。羊生下来就能生活，人需要两三岁才行。在孩子的生活和精神这两方面，精神方面暂时用不着成人的帮助，生活方面也是出生后两三年需要成人照顾得多。从这点上看，婴幼儿真正需要成人“帮忙”的时间并不长，再往后如果成人想帮忙，基本上就是“帮倒忙”了。

人类的幼稚期长与近 3 亿年的进化基因有很大关系。人类的婴儿在出生时不会受到动物的侵害，而野生动物就不行了。像草原上的羚羊，如果刚出生的羚羊不能很快站起来跟随母亲奔跑，就有生命危险。大自然为了保护刚生下来的羚羊，给了它快速反应的能力，让它在短时间内学会奔跑。其他野生动物也一样，都有着相同的生存法则，不像人可以在妈妈怀里安静地躺几个月。像羚羊生下来就会奔跑的本事，是胎里带来的。

在孩子的成长中，家长迷惑的是，孩子的吃喝拉撒都需要大人照顾，怎么能说他们自己会成长呢？这里需要强调的是，需要照顾的是生活，而不是精神。问题是大人分不清哪些是生活、哪些是精神，哪些该管、哪些不该管，哪些能教、哪些不能教，哪些只能靠自然发展。

生活常识是该教的，如上厕所、擦屁股、洗手、吃饭等，精神和心理是不能教的、不该管的，如感悟、想象、创造、个性、好奇心、认知、画画、探索等。很多大人把婴幼儿的生活和精神搅在了一起，把本能当“技巧”，把精神当生活，把认知当“知识”，把无意识当“会想了”，分不清两者之间的关系，更别说给予正确的教育了。

在一次师训会上，有老师对我说：“你说‘别给孩子讲道理，他是听不懂的’这句话，我不理解。孩子从小到大，哪一样不是大人一点一点教的呢？不讲道理，孩子永远也不懂。”这个老师的迷惑是他没搞清楚什么是孩子的生活、什么是孩子的精神，把这两者混淆了。

生活的道理是可以讲的，但讲的内容要适合孩子的年龄，不能超越年龄。本来是给 4 岁孩子讲的，你却给 2 岁孩子讲了，这就是超越年龄了。还有，讲的内容必须是“非学科”道理，像识字、数数、英语等就是学科教育，是不行的。学科知识、理性知识都是讲道理，孩子是听不懂的，讲也没多大用。

可教的生活道理也有区别，并不是所有的生活能力都要靠人教，有好多现象从表面上看像是生活技能，其实也是本能，这样的也不需要教。如孩子从小会坐、会站、会走、会跑，是生活能力吗？肯定是，但这个能力就不是教的，是人自己发育的。

还有两三岁的孩子自己拿着汤勺吃饭，吃一半洒一半，特别是喝粥，喝不到嘴里。大多数家长看到这种情况就教孩子怎么拿汤勺、怎么端碗，殊不知，孩子之所以吃不到嘴里，是因为孩子的年龄太小，手腕、手指的骨骼、肌肉和神经发育还不够有力，不足以支持孩子稳定地抓住手里的汤勺往嘴里送饭及控制手里的汤勺，这是教能解决的事吗？这与大多数一岁前的孩子有腿却不能走路是一个道理。

婴幼儿的绘画能力是本能，孩子画画属于精神层面，不是单纯的生活技能。孩子画画也不是什么知识技巧，想画就能画，天生就会。孩子画画需要教才会，是成人的误解。孩子画画没有方法——画就是方法，没有目的——画就是目的。之所以有很多老师认为孩子的生活和画画需要教，是因为没厘清“芽子”与“叶”的关系，错把“芽子”当叶了，不到教的年龄却教了。

成长的印记

幼儿美术与成人美术不一样，幼儿美术是幼儿心理迹象的流露。每个孩子只要到了两三岁，给他一支笔，他就能画出只有他自己知道是什么意思的符号。也正是幼儿美术没有美术这个特征，才不需要老师教。孩子的画是天性赋予的本能，就像鱼一出生就会游泳一样。

既然没有了“学”，也就没有了“教”。真正的好学生不是“学”的，真正的好老师只引导。“学画”不过是请老师点拨一下，怎么画还得靠自己。孩子的画与技巧没多大关系，却与孩子的年龄有很大关系。怎么画，画什么，孩子对什么感兴趣，这些“决定权”都来自孩子的年龄。孩子画的内容形式出自孩子年龄段的心理，有什么样的心理就有什么样的画。年龄就是“舵手”，心理就是方向。这些都不是教的。

比如，孩子用圆圈表达事物是在 2 ~ 3 岁，画不穿衣服的人是在 3 ~ 4 岁，偶尔也有 5 岁的。怪兽出现在画面上是孩子在三四岁以后，不可能出现六七岁还画蝌蚪人、八九岁才开始画怪兽的现象。所以，孩子画画是一种自发的行为，与教没关系。不是成人要教给孩子画什么，而是孩子想画什么就画什么，也就是孩子画画是按孩子的“心路”走的，自成规律，自成系统，不是按成人设定的“路线”走的。在自然状态下，没有一个儿童能超出从本能到智能、从感性到理性的发展规律。比如，不可能先出现物体的双线，再有单线，先出现衣帽整齐的人，再出现蝌蚪人这样“逆行”的事，这就是儿童发展规律。所谓的“教”也只能在这个规律内实施，绝不可能超出此规律或另有其他加速儿童成长的规律。

孩子有多少年的成长期，就有多少年不同的绘画样式。也就是说，从孩子两岁多画小圆圈，能表达自己的意思开始，到幼儿期结束，要四五年的时间，最好都不教给孩子画画的方法、步骤、技巧，也不做示范或拿幅画让孩子比着画。

六七岁的孩子虽然上小学了，但心理与生理并没转换成学龄的心态，从思想的“根”上还不适应学校的正规严谨的学习。所以，六七岁的孩子虽上小学了，但“脑心理”还在幼儿期里“玩呢”，这也是孩子到了 7 岁“精力仍不能集中”的原因，还需要一个过渡期。孩子到了 7 岁，只是说幼儿期结束了，并不意味着孩子已“长大”了，仍不能教“过深”的理性知识。9 岁是儿童的分水岭，9 ~ 12 岁这 3 年虽然还在儿童期，但孩子画的画不是儿童画了。这 3 年是儿童向“大孩子”转型的过渡期。实际上还要再有 3 年才能真正走出儿童期。孩子只有到了这个年龄才会有这个需求，才会从内心寻找他喜欢的东西。

孩子向我们展现的成长是阶梯式的，每一年龄段画的画都是成长的印记，一看就知道是哪个年龄段画的。比如，6 岁孩子画花叶就画在花茎或花秆两边（图 2–1）。9 岁后画的秫秸花的叶子向客观真实迈进了一步，秸秆有前后，叶子有遮挡了（图 2–2）。

孩子在画上的进步，随着年龄的增长和心理、生理的发育而变化，不是通过老师教才进步的。老师的职责是帮助孩子发展好某一年龄段的感悟、想象、创造，而不能超越这一阶段提前教下一阶段的内容。

9岁前后的儿童，本能逐渐过渡到智能，在身心没任何感觉时就完成了阶梯式“换防”。这个不动声色的变化，孩子自然是不知道，但当老师的如果不明白，那就坏了，这也是检验儿童美术老师是否合格的重要依据。

图 2-1　菊花　周子懿　6 岁

孩子的画根据年龄的变化而变化，整个儿童期的“进步”都像蜗牛一样是慢慢爬行的。所以，我提出了“儿童美术是慢教育，快了就不是儿童美术”的观点。我通过两个学生的成长脚步证明了儿童美术是“慢教育”，但我说的“慢教育”并不是真慢，而是正常速度的教育。教育如不按这个“慢”发展，成人想怎么发展就怎么发展，给“发展”定目标，那就不仅仅是“快”教育了，那是违背儿童成长规律的教育，其结果就是拔苗助长。

图 2-2　秋桔花　潘连政　10 岁

先说董千里，他 3 岁半入班，从他 4 岁时画的画里可看出，摩天轮是平面的，没有立体感，房子、楼房、汽车都是一个外形的大概括（图 2–3），这是符合 4 岁孩子对摩天轮认知的。5 岁画的也不比 4 岁画的有太多的发展，只是人物是双线了，舞台上的拉花比 4 岁画得要具体一些，样式也多了一些。这幅画（图 2–4）的一个细节很能说明幼儿画画是自我感觉，不是真实的。如头上扎着两个羊角辫、左手拿着麦克风在唱歌的女孩，大家注意一下拿麦克风的胳膊比不拿的胳膊要长两倍，这是因为孩子的感觉是“干活”的胳膊一定比不干活的要长。我们成人看一幅画是不是孩子所为，就看这个年龄段的心理认知，不是看孩子画得像不像；越像越不是，因为他们还没这个超前的认知能力。

5 岁时的画是这样，6 岁也不可能有多大的进步。董千里画的树仍是树叶顺着树干长，天空中的大鸟比左边干农活的人大好多倍，人的腿根本就没插到裤裆里（图 2–5）。

从这 3 幅画可以看出，孩子 4 ~ 6 岁这 3 年，画的变化并不大，自然发展就是这样，就是慢，这是从孩子内心流淌出来的笔触痕迹，不是教的结果。这也是我主张在 6 岁前一定不要教的原因。

董千里 7 岁画的树林，树叶仍顺着树干长，仍没有前后关系，实际上树林是有空间深度的。虽然 7 岁还不具备对空间认知的能力，但看他画的树与以前不一样了，树干还是那个树干，树干上有了枝条，叶子顺着枝条

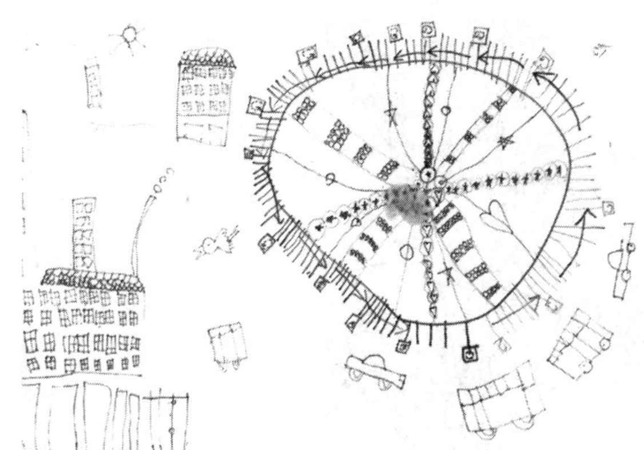

图 2–3　摩天轮
董千里　4 岁

图 2–4　唱歌
董千里　5 岁

图 2–5　菜园子
董千里　6 岁

图 2-6　花　董千里　9 岁

一簇一簇地长着，这就是认知的新发现。

我们再看董千里 9 岁时画的这幅图（图 2-6），很明显他对空间认识比一般孩子要早。花盆前边的一条线是平直的，花盆后边的线是半椭圆形的；花叶有遮挡，有疏密，有前后了。正常的情况是孩子在 9 岁半以后就能掌握这些空间透视的概念，有的孩子 8 岁多经过老师教也能画出这个效果，但这是违背孩子正常认知的。

这幅画明确地告诉我们，他已经知道了前后、遮挡及叶子的方向与大小，离真实不远了。也可以说，从这幅画开始就不能算作儿童画了，虽然他的年龄还在儿童期，但画已有成人的思维了。从画里还是能看出来他是从"孩提"时过来的。比如花盆的边沿，他先是凭感觉画了一个平直的花盆边，六七岁以下的孩子个个这样画，画不出椭圆形的花盆口。但在这幅画中，花盆后边的线已经带有弧度了，花也被插到花盆里去了。

9 岁以下的孩子通常把花盆画成一条直线，因为他们不能理解椭圆形是怎么回事，花根本就插不到花盆里去。

儿童的画"进步比较慢"是从三四岁到 9 岁之前，除了画的内容丰富和多了些绘画经验外，理性认知却没有多大的变化，真正的变化在 9 岁后。

图 2–7 是董千里 10 岁时画的一幅线条画写生。小溪、树、石头、石桥，无论是画面的布局和树干的穿插、呼应、主景、辅景、近景、远景都安排得有条有理，疏密有度，主题也很突出。近看有质，远看有势；有局部，有整体。这标志着从今往后，感性的慢慢地变成了理性的，本能的变成了理智的，感觉的变成了技巧的。这幅画已经脱离了儿童的思维，虽然他还不到 12 岁，但这已经不是儿童画了。

图 2–7　小石桥　董千里　10 岁

图 2–8　荷塘　董千里　11 岁

图 2–8 是又过了半年，董千里接近 11 岁时画的。画的是池塘边上的荷叶和木桥，其效果更趋于“成人化”了。在画中，他注意到了荷叶的黑白对比、线条的疏密对比。画既有整体又有细节，既严谨又生动。从左第一排荷叶就可看出他观察得很仔细，表现手法很自由，荷叶没有一枝是重样的。他用密集的深色线条托出浅色的荷叶，荷叶也画得“清风拂摇”，动感十足。

这种“画细节”的能力来自平常“找不同”的观察体验。找到的不同越多，事物的区别就越多，画面的变化也就越大。“意识”已能帮助他关注比例、透视、空间、造型、远近、大小、遮挡、疏密、黑白及整体与局部、柔和与坚挺、远景与近景、复杂与简单这些绘画对比要素了。这些“理解”，四五岁能做到吗？6岁的孩子能有这种认知吗？所以，儿童画是“等”出来的，不是“教”出来的。不会等、只会教的老师教不好孩子。

6岁前什么技巧也不教，大自然早已给这个年龄段的孩子准备好了一套自我教育系统。孩子一出生就带来了“不学就会画”的“程序”。我教了20多年幼儿画画，还真没遇到过只要不教就不会画的孩子。有个别孩子说“我不会”，但他不是天生不会、一次也没画过，而是会画，只是在画的过程中有人说他画得不像，他不敢画了，不自信了，心理上受挫了，才说“我不会”。6岁前的孩子就是靠天性和本能生存的。

要想让一个孩子有想象力，有自己的见解，有独立的思维，在他6～9岁时都不要过多地教，应充分发挥孩子的主观想象力，给予孩子最大的自由空间。过了9岁，孩子的认知就加快了，画出的画几乎是一天一个样。该这个年龄认知的都认知了，该这个年龄掌握的都掌握了；相反，小时候靠老师教，虽然一时也能画得像，但孩子的思维没得到锻炼，对造型没感觉，一旦到了该发挥主观作用，用得着整体、比例、透视、空间、细节时反而不会了。那些长大后画得最好的，大多是小时候有想象力，有个性，只为自己高兴，追求个人表现，对画面效果不在意，但又非常自信的孩子。

董千里就是一个明显的例证。

他 5 岁时画的唱歌的女孩是一个手臂长，一个手臂短，长手臂比短手臂长了 2 倍，这是他的心理感觉。这说明，他四五岁时的认知并不比其他小朋友强多少，为啥到了 10 ~ 11 岁在造型方面就非常突出了呢？这归因于只引导而“不教”带给孩子的充分自由，是以兴趣而不以技巧为主的结果，就像孩子在幼儿园一定不要学很多东西。小时教拼音、教汉字、教画画，就是在挖孩子的“慧根”，掰掉孩子的“慧芽”。

图 2–9 是董千里 11 岁时在沂蒙山大洼画的，以石头为主构成的画面。画上有十几块大石头，主要的有四五块，小点的有几十块，自然地散落在

图 2–9　沂蒙山大石头　董千里　11 岁

图 2-10　安徽查济民居　董千里　12 岁

草地上。石头的大小与形态各异，没有一块石头是重样的，以花、草的深色反衬石头的浅白色。最前面几块主要的大石头的造型、纹理也画得非常好，石头的实线、虚线、形的转折点非常清晰，表达充分。大石头后边，几株密集线条的树也是各具特色，笔法、造型不尽相同。左边石房的密线和大石头周围的草地密线“合围”，衬托出“大石头”这个主题，其他石头在一旁自然散落。从这幅画就可以看出董千里对生活的观察力和表现力。从小就被灌输各种画画技法的孩子到了这个年龄是没有这样的感觉的，也画不出这样的画。

图 2-10 是一幅安徽查济民居写生，是董千里 12 岁时画的，这幅画的透视空间关系相当复杂。我在现场也没深讲比例、透视、空间。我在孩子

年龄小时讲的“找不同”，囊括了一切造型方法，就像幼儿画画，直感容纳了所有的技巧。所以，用不着专门讲比例、透视、空间，只告诉他们一个基本透视的原理，剩下的问题让他们自行解决。

图 2-11　拿莲蓬的人　金大川　4 岁

这幅白墙黑瓦马头墙的画，是典型的皖南民居。密线条的黑瓦映衬着结构复杂、透视多、难度大的各个方向的白墙。单是有门环的门周围的墙就有 5 个方向——大门、门两旁、门后斜墙、斜墙后的院内房屋及门前的石板路。路前的水沟、石板路下的小草，衬出石板路，使路格外醒目。门左边小沟上的房子和木楼小桥连成一片。这么复杂的透视空间关系，如果没有很好的对造型的感受力、观察力是画不出来的。这幅画就是在有感觉有理性又有知识技巧的情况下完成的。

在我的学生中，有一个叫金大川的，是一个很普通的孩子。图 2-11 是大川 4 岁时画的一群人。人的胳膊和腿是单线，胳膊从肚子上出来。也就是说，他只知道人有胳膊，却不知道胳膊是从哪儿长出来的。女孩有辫子，男孩就用几根头发以示区别。左边的大头人没有肚子，腿从头下就出来了，还是个蝌蚪人。上排中间的人有 6 个手指，说明他只知道人有手指，

图 2–12　摩天轮　金大川　9 岁

并不知道人有几个手指，属于模糊性认知。下一排中间的人没画手，左边大头人的手就是一个小圆圈。仅这一幅画中人的“手”就有 3 种表示：没有手、鸟爪形的手和圆圈形的手。这说明“手”究竟是什么造型，他心里没谱。人的肚子造型也有 3 种：没肚子、长方形肚子和三角形肚子。这是对人形不认知的缘故。虽然女孩的三角形裙子及长方形有纽扣的男孩的造型有些简笔画的影子，但并不影响这幅画的确是 4 岁孩子的认知。

图 2–12 里的摩天轮是金大川 9 岁时画的，虽然树叶有不少雷同，但对摩天轮的观察还是比较仔细的，包括摩天轮的轮辐、板条、拉筋的细节都表现出来了。还有观光的小圆房子也很见细节，“细心”在这幅画里已经看出来了。

我在教学中把握孩子 10 岁后让孩子画想象素描，完成素描中的元素，对结构造型不作要求，像画想象画一样，只是工具由记号笔换成了碳素铅笔。记号笔只有线条的黑白疏密，没有素描中的层次、虚实、光影、渐变、色调，而这些又都融于造型中，在画中是自然展现的，没有像结构调子素描那样严谨。到了十一二岁懂得比例、结构、透视时再画基础素描。想象

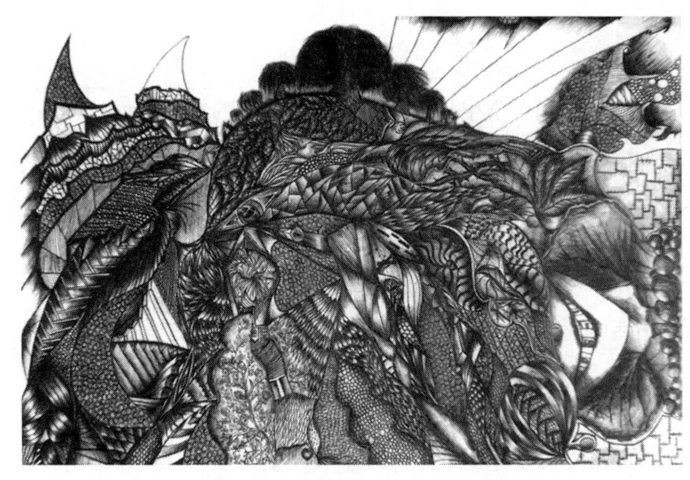

图 2-13　生命的赞歌　金大川　13 岁

素描的特征是，首先还是想象画，只是在想象画里有了素描元素。

图 2-13 是一幅想象素描，是金大川想象素描中最后一幅，是他在 13 岁时画的。可以看出，虽然他还不知道调子素描，但对素描中除了比例、透视以外的素描元素都已运用得很自如了。画面非常精致，有虚有实，有清晰也有朦胧，有粗犷也有精雕细琢，有主体也有陪衬，有立体也有平面，有想象也有实物，有挺拔也有柔和，有曲线也有直线，有黑白也有疏密。这幅名叫《生命的赞歌》的画，历时 3 个半月完成，画了 30 多个小时。从这幅画后就走向“正规”素描了，因为好多不属于理性的素描元素已在想象素描里得到了解决，到了画素描的年龄了，观察和理解分析能力也有了，这好比瓜熟蒂落一样，这就是什么年龄画什么画。

通过这两个学生从 4 ~ 13 岁这 10 年的绘画历程，我们可以看出，每一幅画都是孩子成长过程中的痕迹，都能找到与画相适应的年龄，进步成长的阶梯迹象清晰可见，也就是一看画就知道是什么年龄段画的，这才是正确的教学路子，这才是尊重儿童成长的规律。只有孩子处在与老师的要求相适应的阶段时，才能学得好，才能发挥得好，这不是硬教的。

孩子 9 岁前画的画以感性为主，技巧多以本能的形式出现，以形象思维、好奇心、个性追求来体现个人感受。孩子 9 岁后画的画以理性为主，以知识、技能、观察与分析为主。孩子十二三岁之前的画多是生活的印记，特别是 6 岁前的画更是无意识下画的痕迹。孩子健康快乐地成长就是目标，没有更多的要求。孩子 9 岁后，甚至十二三岁后画的画才能称得上美术，才有技巧的含量，这是一定要弄清的事。还有一条也是很重要的，更是家长和教师务必懂得的，儿童学画绝对不是为了从事艺术、为了当画家、为了将来能吃“这碗饭”，而是为了灵魂的成长！

模糊性认知

模糊是指人对事认识不清晰，看得不透彻，似乎懂点儿，但又说不出个一二三来，真让你很明确地说还真做不到。这种似与不似、模棱两可的感觉在幼儿的画里表现得最为充分。比如，幼儿对大小的认知，你说他不懂吧，给他几个梨让他挑，不管吃不吃他都挑大的，但画梨就分不清大小了。这就是模糊性认知。

从表面上看是儿童画得不像，没有画出事物的大小，或者说画得不对，而实际上这个“不对”就是对，儿童画梨如像挑梨那样反而错了。无论是挑梨还是画梨，虽都是梨，但事的性质不一样。挑梨是现实生活中的事，孩子对大与小看得非常准，差一点都能看出来。画梨就不同了，画梨主要是心理因素，不是客观实际。重要的当然就会画大，不重要的即便是大也得画小，因为自己不喜欢。这就出现了挑梨时对大小的认知是一个标准，而画梨时又是另一个标准，孩子认识事物的标准是双重性的。

如果孩子画草地上的蜗牛，他会把蜗牛画得非常大，场景里其他的东西就画得很小。比如画树，有可能蜗牛的身体比树要大得多。这比例明显不对的画，要是放在儿童画里还挺合适；相反，按实际比例画，反而一点趣味都没有。这也说明孩子对事物的表现有他自己的标准。其实，孩子的审美就是生性审美、本能审美，不像成人是意识审美。

孩子的不同需要或不同认知，是孩子成长路上的自然现象，是天性的力量，不是人为的结果，更不是教的。如果是教的，就不会出现不同的认知了。挑梨的时候孩子的“自私”是天生的；画梨时没了“自私”，用情感说话，仅凭感觉。这是不同思维路径必然出现的不同结果。等他挑完梨

图 2-14　吃饭的圆桌　张朵朵　5 岁
板凳腿都是趴在地上的。

让他画树时，他又搞不清楚是树大还是树下的蜗牛大了。孩子是一会儿明白，一会儿糊涂。对于“蜗牛比树大”的认识，如果从孩子的心理来看，也是对的。这不是孩子学东西不认真，画不像，脑子笨，更不是大人认为的既然孩子认梨这么有眼力，画起画来怎么就不行了呢！

在这个事上，看着不糊涂的都糊涂，看着糊涂的大多是脑子清晰的。还有，从小被成人教过的会对生活失去了感悟；画得大小符合比例的是错误的；成人没教过的，画画时弄不清大小的，是正常的认知。

幼儿不觉得自己对事情的认知是糊涂的，他的感觉是对的，因为他做事仅凭感受，并非大人教给的技巧。那些吃梨专挑大的，画画又能分清大小的“两样都不误”的思维，才是不正常的。

比如，四五岁的幼儿画小方凳如果是凭感觉画，个个都是四条板凳腿趴在那儿，是朝着左右或四面八方的，孩子是想告诉别人他知道小板凳有四条腿，这就是这个年龄的孩子最好的认知（图 2–14）。而成人觉得这样的画不符合事实，生硬地把人家的画修改成视觉中“正常”的板凳。成人是觉得把板凳腿“改邪归正”了，心里舒服了，可孩子的心里正七上八下呢！他更迷惑了，他怎么就看不见成人给他改过的那种情景呢！这就是成人破坏了孩子原本很正常的模糊性认知。成人的意思是想让孩子明白其中的道理，没想到适得其反，使孩子更糊涂，更不知道接下来怎么画了。这个板凳腿是被你改过来了，那还有其他的板凳呢？因为画的是场景，不可能只有一个板凳腿是趴着的。此外，圆桌周围的人都应东倒西歪，站没站相，坐没坐相，难道你都得给孩子一一“改正”吗？

在幼儿绘画中，教师要学会顺应孩子的表达，这是非常重要的。教师要明白什么是孩子的天性，什么是认知，什么是技巧，哪些可教，哪些还得过一段时间再教。教育不能光嘴上说说，要培养孩子的想象力，要有创意，要有学识，要有眼光和审美能力，才能教起来从容，真正把握教育的本质。

幼儿的模糊性认知是有时间段的，但是幼儿自己并不知道自己有“问题”，这是成人依据幼儿成长规律给孩子划分的，也是成人对幼儿成长规律的一个认识。幼儿的“模糊性”认知是从拿笔就能画的两三岁到五六岁，这个期间的模糊性认知最为明显。过了 7 岁，由于理性知识和文化课的渗入，孩子的想象力会有一定程度的下降，也就是幼稚状态逐步被理性改变，但这个改变是渐进的。

这个过渡期至少要两年，到 7 ~ 9 岁。9 岁后，孩子虽然能懂得大与小、事物的遮挡及空间关系，但还是模糊与清醒并存的年龄。不是说孩子一到 9 岁就没有模糊期了，这只是个多少问题，不是有没有的问题。

孩子的年龄越大，理性就越强；孩子的年龄越小，感性的、天性的就越强。明显地清醒并真正走过模糊期要在 10 岁后。10 岁后就能“吃梨吃大的”，画画也知道大小了，这也是我主张十一二岁后再画素描的原因。也有个别对理性偏爱、从小喜欢动脑筋、在思维上比较理性的孩子，也可能对素描的喜爱会提前一岁，也就是 11 岁前后，但真正能对素描比较感兴趣、有理解和分析能力、觉得画素描挺有意思应在 12 岁以后。

模糊性认知是孩子的正常发展，成人千万不要以自己的“小聪明”去做改变孩子“模糊性认知”的糊涂事。

天趣之美

天趣就是自然之痕。物体的形状，原本是什么样就什么样，上天打造，鬼斧神工。这就像一片树叶，从它由绿变黄、由黄变枯，到落叶归根，整个生命过程都是自然的。这是大自然的造化，不是人为的。这也像一只蝴蝶从一粒附在树叶背后的卵，到钻出了卵壳吃到母亲为它准备好的树叶、嫩芽，慢慢长大，变成一只毛毛虫。这时，它就知道拼命地吃，直吃到最后不想吃了，只想睡觉了，就找了个地方吐丝，缠了一个巢。睡足了，它才爬出“睡袋”，突然发现自己竟然有了两对能飞的翅膀。蝴蝶从一粒像黄米粒大小的卵到长成幼虫，又从幼虫变成会飞的蝴蝶，连它自己也不知道怎么会变成这样，这就是天趣。

图 2-15 池塘

天趣之美有时也不只指像蝴蝶一样完全天然的生物，还有常年受风化造成的年久“老味”，也是自然美。例如海上渔民常年捕鱼用的，将要“退役”的、“伤痕累累”的木船，经过常年的海风吹拂、雨水侵蚀、日晒风化而形成的痕迹要比新木船美得多，这种美就是自然造就的。

除此以外，还有一种现象也很有趣，当你走近一些河渠或池塘，里面生活着好多小鱼、小虾和水生物，水岸边长满了像荷莲、蒲草、浮萍等和叫不上名的水草。池塘的水和生物连接着岸上的泥土、荒草，构成了很美的自然景色（图 2-15）。此刻，你说不出来这究竟是一种什么样的感觉，但你喜欢待在这样的环境里。如在水里看见小鱼、小虫子或听见了芦苇丛里鸟叫的声音，好像一下子就找到了能安放心灵的地方，特别惬意自在。这时你会觉得你的心灵是多么需要这么一个地方，待一会儿，静一会儿，与待在钢筋水泥房子里完全不是一个感觉。这种让你安心的力量，就是大自然的力量。别看就这些花花草草、芦苇水鸟、湿地昆虫，它们有超强的安抚、滋养人心的作用。

假期里带学生到太行山写生，见山沟里常年散落在小溪旁的大小石头，有的有一间屋那么大，有的像个小草垛。在小溪里、水草旁，还有层层叠叠的、像鹅卵石大小的石头，哗哗的流水从青石板上穿过，还真有“清泉石上流”的那种感觉。

有的水流很缓，有的就是一大片水洼，在水边还生长着各种绿苔，虽然不是“青苔满街砌”，也是染绿了青石。这样的自然美景远胜于人工造景。看看公园里池塘边上的石头远不如山沟里自然散落的石头好看。这说明一个道理，无论是景还是物，只要人一参与，天趣就没了。而人在吃饱喝足后往往最需要的还真不是汽车洋房，而是野草小溪、清泉石上流。

有家长说：“我不懂美学，不会欣赏自然美。”我说：“您最好别懂，真懂美学，就不会欣赏了。”家长听了更迷惑了，说：“因为我不懂美学，才不会欣赏美，学点儿美学对欣赏美不好吗？”对美，懂有懂的审美，不懂有不懂的欣赏。实际上，“美”与“美学”也不是一个概念。美，随处可见。比如，山沟里的小溪，小溪里的石头、水草等自然景物都美。

“美学”是发现美的学问。美，只要让“美学”一发现，就是“人已插手”了，你要等着美学告诉你这个景物怎么美，很有可能会削弱你对美的感受。比如，你在美术馆里看画展，本来这画很美，但经“讲解员”一说，美感会大为逊色，甚至连当初你对画的一点“好感”也全让他给讲没了。每个人发现美的“点”不一样，讲解员解释的是他的“点”，与你感兴趣的“点”不一样，你们“不共振”，所以，你觉得他讲得没意思，还不如自己看。

美学就像一把剪刀，在讲如何美的时候，把美层层剖析的时候，美已经不存在了。“剪刀”把本来好看的美剪得支离破碎，并从里面抽出了很多知识点，你觉得好像是比以前更明白了，其实是更糊涂了，还不如不知道有美学前对美的认识来得直接，就像陕北农村老太太的剪纸，美得原始，美得纯粹。实际上，美是不能被解释的，真正的美是只可意会不可言传的。换句话说，用语言能解释“很透”的美，那就不是真美。

说到这儿，我有个体会，到现在也不知道我为什么会喜欢有悲怆意味的音乐，不喜欢轻松欢快的曲调。比如，我喜欢阿炳的《二泉映月》、吕思清的小提琴协奏曲《梁祝》、《红高粱》的主题曲《九儿》。当我第一次听到《如歌的行板》，也不知道怎么的，鼻子一酸，泪水直涌，好像这些眼泪早在眼眶里等着，当时我不知道这是柴可夫斯基的作品。这首俄罗斯民歌，旋律悲怆，非常感人！这时候，说什么都没用，你是用心听的，不是用耳朵听的。其实，美就是你感觉到的风鸣、你听见的鸟叫、你闻到的草香，美是从大自然那里“飘”来的，是情感之美、天趣之美。

音乐就是来自大自然的声音。像德彪西的《月光》，叮咚叮咚的琴音，更显月光夜色的宁静，再现了“明月皎夜光”的空灵景象。夜安静得让人沉醉，有句诗说的就是这个意境，“蝉噪林逾静，鸟鸣山更幽。”这时候你要用美学分析这月色怎么美，这个美就消失了。在欣赏美的时候只有心跳，没有美学。有人问过我：“人要是死了，最让人留恋的是什么？”我说：“听不见鸟叫（音乐），看不见大海了。”

最美的东西都是自然的，人为的美永远也不如自然美那般彻底而纯粹！我们有改造一切的习惯，对什么事都想着要规整，不想让生物自由地成长。我们立了很多规矩，不能这样，不能那样，就像池塘旁的树木、小草，本来长得挺好，我们却总想让树苗规则地种植在大路两旁，小草连成片，让它们统一“长相”，不能自由生长。我们对自己的孩子也立太多规矩，关心过头，只想着让孩子按自己的设计成长。

本来画画是天趣，是涂着玩，是一种成长的需要，不是要学什么本事。成人却习惯了安排，乐于指导。孩子的画就像山沟里自然流淌的小溪，成人为了让水流得更快，就把沟底的石头挪了地方，整平了沟底，在沟旁还垒砌了石头墙，这样是整齐了，而那些千百万年自然形成的景象也被破坏了，“自然性”不复返了。

成人觉得是帮助孩子成长，实际上极大地破坏了孩子的自然性，而往往这些都是在家长不知情中完成的。这就像幼儿画人，是对人有了了解才想去表现的，画的是认知，并不是知识，也不想学什么技法，就是有个表达的冲动，有个想画的意念。孩子对人的结构特征无从了解，更不想知道人体有多少块骨骼和肌肉，以及隐藏在衣服里边支持人生命运转的消化系统、使骨骼不散架的肌肉韧带系统和让人感知的神经系统。孩子想画就画，一出手就画出了他们认为的人。

这样画出的形象，原本就像大山里水沟旁随意散落的石头，自然有趣，虽然画的人不符合人的比例。他们认为的人的组织器官，头、胳膊、腿都有，一个都不缺，那就是一幅很有趣、很奇妙的画了。这样的画就是自然天成的，与成人的教没关系。

图 2-16　专吃植物幼嫩茎的茎蜂

有一种茎蜂，它不吃植物的叶子，专吃植物的嫩茎。茎蜂一生都不离开植物的茎。成虫知道它的孩子也和它一样专门吃茎，就为孩子留下好吃的，在产卵时，专找幼嫩的茎节下卵。

最让人惊奇的是，为了让茎蜂有力量“破茎”，“大自然”还给它安装了一个专门像锯条一样的工具。茎蜂用带锯齿的脚把植物的茎壁割开一个小口，把产卵器插进割开的小口里，把卵产在植物茎的内壁上。幼虫孵化后，一出生就能吃到幼嫩的茎（图 2–16）。稍大一点后，就是这个看上去很软弱的昆虫，竟然能把茎壁吃穿掏空，真是难以想象。这种本事又是谁教给茎蜂的呢？这是不是与幼儿画画不学就会是一个道理呢？

然而，成人偏偏不管这些，用自己的无知去对待孩子的有趣，总想改变孩子，教育孩子。成人把孩子的“天趣”当技术，把画画的本能当知识。实际上，成人要做的是保护好孩子的“天趣”，呵护好童真，让孩子自己去琢磨，满足自己的好奇心，允许他们任意折腾，必要时给他们一个点拨或大方向的指引就足够了。在具体画法上，成人不干涉，因为画本身就是目标，孩子高兴就是结果。

在婴幼儿阶段，孩子的一切做法都是天趣，都是自然的美。无论孩子画得像不像，都是有趣的。

打好腹稿的人

打腹稿是指文字没落笔前“想”的过程，也就是写前“计划”，看看怎么写好，至少“肚子里有谱”，也就是我们常说的“胸有成竹”。打好腹稿这样的事不会发生在孩子身上，因为这是预先想好的过程。孩子办事可不是“先想好了”再干，而是边干边想。如果事先孩子能像下棋那样“想到后边的几步”，那就不是孩子了。既然孩子不会先想好了再干，那打好腹稿说的又是什么呢？

我说的打好腹稿是比喻，不是孩子自己打好了腹稿，而是“大自然”给孩子打好了腹稿，这个腹稿就是孩子的精神潜力。每个婴儿发育的各个阶段都会自发地显示出本能力量，今天不会，明天就会了，其间不需要教，这种能力是孩子自然发育的结果，是精神潜力。

人的这种天性的本能力量，如同一颗植物的种子，只要把它播到地里，待温度、湿度达到种子发育的条件时，它就出来了，用不着谁告诉它怎样生长。生长“密码”早已深潜在种子里，时间一到，结果就会出现。

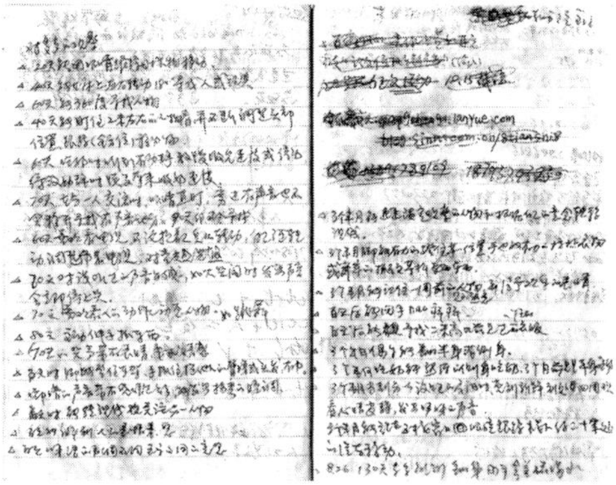

图 2-17 成长记录

植物与婴儿都有遗传基因。不同的基因有不同的相貌，播什么种子就开什么花、结什么果。这个基因就是“大自然”打好的“腹稿”。人的基因与动物一样，即便是在外形上不像，也在精神上或神态上像，甚至连说话的站姿、腔调、神态、语气都像得出奇。一个人的音容面貌在他前后几代里都有踪迹可寻。

冬天刚过，初春来临，在广袤的大地上，大片的泥土静静地等候着什么。各样的花草树木争先恐后地发芽、长叶，迅速地绿了大地。这些植物都是打好腹稿来的。来之前，“大自然”对每种植物都做了成长的安排。

为孩子和植物来到世界上“打好腹稿”的不是人类，而是万物神灵的自然，孩子和植物不过是具体执行或体验成长的过程罢了，这就是自然的力量。比如，在我外孙小时候，我曾长时间地观察他每天的变化，还做了9页的成长记录（图 2–17）。他在20天大时，眼睛就能自动跟踪活动的目标。他 40 天大时就能在床上扭动，180° 寻找人或吊在床顶上的玩具，并能盯住 2 米外的实物看，还能不断地调整头部位置，跟踪移动的目标。几乎是每天都有新的动作让你惊喜。这种到时候了才出现的功能就是孩子打好的“腹稿”。

时间就是一切，有时间就有发展。特别让我惊奇的是，他在两个月龄吃奶时听到一种声音，就停止了吸吮，专心地听声音来自哪个方向，等声音没有了，他又恢复了原来的吸吮速度。这种神情和专注又是谁教的呢？孩子的各种能力不是教的，而是在生活中慢慢体悟的。随着孩子认知能力越来越强，经验越来越多，更复杂的动作、更复杂的语言也越来越熟练。

好多动物也有人类的聪明才智，像蚂蚁雇工、蜜蜂筑巢、鱼洄游。它们在出生前就打好了腹稿，这个聪明的基因，大自然早就给它们提前埋下了。

孩子出生前，大自然也给每个孩子装上了“不学就会”的“自会”系统。孩子不学就会画的本事是大自然给孩子埋下的伏笔，让他们“打好腹稿”再出生，给他们老早地准备好“技术”了。

遗憾的是，成人偏偏是不懂儿童的，总以为成人的绘画是一种技能，小孩也一定是。就是这样的认识，让千千万万的学画儿童走向了错误的教育之路。教、示范、模仿占了教育的主流。

教，本来是孩子 6 岁或 9 岁以后的事，结果却提前到三四岁就开始了，这是因为成人不懂或不知道每个孩子都是“打好了腹稿”来到这世上的，到什么时候就会什么的“预案”一直在幕后指导着孩子的成长。这如同一棵小树苗的发育，该生芽的时候生芽，该展叶的时候展叶，人就应该像园丁一样去看着它成长就行了。芽儿的叶不张开，说明不到时候，如强行掰开，就会破坏植物的正常生长。

图 2-18 鸟妈妈喂小鸟

教育要尊重儿童，要按儿童的规律办事。

鸟妈妈哺育小鸟的本能，也是大自然为它埋下的伏笔。图 2–18 中，鸟妈妈嘴里衔着虫子正在喂张开小黄嘴的小鸟。小鸟的嘴还不够有力，叼不住鸟妈妈喂的食物，送到小鸟嘴边的虫子不时地掉下来。鸟妈妈非常有耐心，一次次地把小鸟掉下的虫子重新衔起来送到小鸟嘴里。遇见比较大的虫子，小鸟难以吞咽时，鸟妈妈就啄开大虫子，分成多段，继续喂小鸟。

有的动物在生命遭到威胁的紧急关头，不是“考虑”自身的安全，而是奋力保护孩子。见一视频，一只老母鸡本不是狐狸的对手，但当它的孩子有危险时它就挺身而出，几次主动出击，扑向狐狸。当野牛遇到老虎，本应是逃跑的，可是因为有小牛，就都不跑了，主动把小牛围在中间，保护起来，面对老虎的尖牙利齿毫不畏惧，这就是母性的力量。像动物们的这种对幼小生命的保护意识又是谁教的呢？这同样是打好了腹稿来的，是从小在基因里就存在的。当小动物长大了，有了自己的孩子也会像它们的妈妈一样，遇到危险时会不惜自己的性命来保护孩子的。

呵护幼小生命，不只是动物，连植物也会，每棵植物也是打好了腹稿出世的。一开始一颗种子发芽时，最先拱破地皮的不是芽子，而是芽子的保护皮。这个皮把要发的嫩芽结结实实地给“捆绑”起来，使芽子尖很坚挺。等它拱破地皮后给芽子留下了一个小空间，才让小芽露出来。如果是小芽先出来，就有可能在拱破地皮时伤了嫩芽。植物也是很聪明的。

天花板婴儿

“天花板婴儿”是个心理学名词，说的是失去父母的、被送往孤儿院的孩子。如果孩子从小跟随父母生活，父母的抚摸、亲吻、拥抱，特别是妈妈与孩子咿咿呀呀的交流对话，能让孩子从内心感到安静、坦然和有安全感。虽然孩子听不懂妈妈在说什么，但孩子却能感受到妈妈亲切话语的气息。在这里，母子交流的不是思想，是情感，起到的是安定情绪的作用。一旦孩子被送往孤儿院，孩子的情绪就糟糕了。为什么不说吃饱穿暖而单说孩子的心理呢？一般来说，进了孤儿院，孩子缺的不是食物，而是精神和情感的抚慰。因为孤儿院的阿姨少，孩子多，阿姨只能是在孩子饿时给他喂奶，照顾孩子的吃穿等基本生活需求，不可能像妈妈那样长时间地只照看一个孩子。这样的孩子也只能长时间地盯着天花板看，所以叫“天花板婴儿”。

“天花板婴儿”的问题很多，不仅仅是缺少爱的问题，更多的是，这样的孩子失去了大人的抚摸和躺在妈妈怀里的那种安全感。时间长了，孩子就会感到孤独、失望、灰心，情绪低落，造成心理上的压抑和忧郁，导致孩子性格怪僻、暴躁，甚至往极端上发展。

妈妈的精神抚慰对孩子的心理健康起决定作用，这个作用不只是妈妈疼爱孩子，给孩子更好的生活照顾，而是精神上的慰藉。妈妈的抚慰最大限度地发展了孩子的触觉、味觉、知觉。在婴儿很小时，他们还没有照顾自己的能力，“大自然”能给予他们的只有感觉。孩子的皮肤就是一支温度计，什么都能感觉到。如尿了、拉了，孩子不会说却会哭，会用情绪告诉妈妈哪儿不舒服，能了解这些信息，靠的就是知觉。知觉的另一点也很重要，妈妈的亲吻、抚摸都要靠知觉感知，知觉是孩子感受生活的唯一方法。“天花板婴儿”没有妈妈的抚摸和爱，有感觉也没用，在初始就缺少了爱，缺少了情感这一过程，这种缺乏有时是致命的，这个创伤也难以弥补。

1959 年，有个动物心理学家做了个举世闻名的“恒河猴实验”，实验主持者是美国威斯康星大学哈里·哈洛，他将刚出生的小婴猴和猴妈妈相互隔离，不让它们母子见面。小婴猴和猴妈妈隔离后，虽然吃喝不愁，表面上好像没什么事，身体也没什么毛病。但这样时间长了，问题就出现了，小婴猴在行为上有好多不正常的表现。比如，小婴猴吃饱后喜欢玩地板上的绒布，抱住就不松手，如果这时有人想拿走绒布，它就会感到不安。这个发现又促使哈里·哈洛做了一个叫“代母养育”的实验。他把一个刚出生的婴猴放进一个大笼子里隔离养育，并做了两个假猴“妈妈”。一个是“铁丝母猴”（就是一个钢铁架子，没有形），在“铁丝母猴”胸前安放奶瓶和橡胶奶头；另一个是“绒布妈妈”，按照猴妈妈的形体打造并缝合，身上裹满了柔软的绒布，颜色也与猴妈妈相似，但没有奶瓶。这样，小婴猴在失去亲生母亲后，却多了两个“假妈妈”。因为“铁丝母猴”有奶，一开始，小婴猴大多时间围着它，但很快，没过几天，令人惊奇的事就发生了。小婴猴只有在饿的时候才去“铁丝母猴”那儿吃奶，吃饱后，它就和“绒布妈妈”黏在一起。如果它感到不安全，会跑向“绒布妈妈”并紧紧抱住它，好像“绒布妈妈”能给它安全感。后来，这个实验又进行了一步，实验者放出了一个玩具大蜘蛛，把小婴猴吓得不得了，在这个最紧急关头，它毫不犹豫地直接奔向“绒布妈妈”寻求保护，没有去找有奶的“铁丝妈妈”。实验者非常残酷，知道小婴猴可能会在关键时刻来找“绒布妈妈”，就事前在“绒布妈妈”身上布满铁钉。此时，小婴猴因为害怕，比平常搂得更紧。结果小婴猴被“绒布妈妈”身上的铁钉扎得遍体鳞伤，鲜血直流，但小婴猴丝毫也没有要放弃“绒布妈妈”而去找“铁丝妈妈”的迹象，仍紧紧地抱着“绒布妈妈”不撒手。它从内心就认为只有“绒布妈妈”能给它安全，即便是把它扎伤，也从不怀疑“绒布妈妈”不能给它爱。这个实验说明了灵长类动物对妈妈的爱是唯一的，是充满情感与希望的。

生活中，有些妈妈生了孩子，但不懂养孩子，不懂得爱，不知道与孩子的情感沟通有多么重要，动不动就对孩子发脾气，拿孩子出气。即便是这样，大多数孩子依然搂住妈妈，怕失去妈妈。这也反映了孩子在小时候对妈妈是多么依恋。情感的力量、爱的力量远远大于物质的力量。妈妈的一张脸就是孩子感受情绪的温度计，妈妈的表情就是孩子情感的全部。如果孩子在婴幼儿期间没得到妈妈的长期陪伴和爱，没得到妈妈的体温、情感、抚摸、亲吻和长期相处，孩子的身心健康一生都会受到影响，这是孩子长大后再也无法弥补的。

哈洛做过实验的猴子由于小时候极度缺乏母爱，其命运非常糟糕。后来它们虽然重返了猴群，但不会玩，不会交往，也不被同伴接受，备受欺凌，大都心理孤僻，得了精神疾病，还有几个母猴连生育功能都丧失了。

这个实验虽然很残酷，但给了我们很多有意义的启示，它对改变传统的育儿观念产生了积极影响。生活中虽然吃好也很重要，但一旦吃饱后，人需要更多的是精神安慰。父母要时常让孩子感受到爸妈的存在，让他们始终都有安全感，并不是我们以前认为的只要孩子不缺吃喝就行了。对孩子的成长来说，情感、安全感是第一位的，就像“天花板婴儿”，吃再好的食物，也满足不了孩子的安全感，疏解不了孩子心灵上的空虚。

这时我不由得想起我在幼儿园培训美术教师时看见的一幕。一个中班的教师为了惩罚一个“不听话”的孩子，手里拿着一块指甲盖大小的饼干，让十几个孩子站好队，说要发好吃的。教师掐给每个孩子的饼干只有绿豆粒大小。到了教师认为“不听话”的那个孩子面前，教师说，“你不听话，不配吃”，并号召其他孩子都不要和他玩。孩子还有比谁都不和他玩感觉更糟的事吗？之后，这个无助的孩子扑到老师怀里大哭，连声说：“对不起，我错了。”这时老师仍不消气，竟不接受孩子的亲近，向外狠狠地推搡、掐拽孩子，继续训斥。这个教师的“软暴力”行为对孩子精神和情感上的伤害远远大于肉体上的伤害。孩子在情感上的依恋，在家是妈妈，在幼儿园只有教师。孩子的这种知道老师不喜欢自己还扑向老师的“无助”行为，与小婴猴知道“绒布妈妈”身上有铁钉还照样紧紧地抱住“绒布妈妈”的“感情”是一样的。

人类与灵长类动物一样，从小对大人的依恋是其本能，父母不能把对孩子的爱只限于不缺吃或不缺喝上，要给他们足够的爱，缺什么也不能缺情感。缺吃的仅是身体上的，缺情感就是心灵上的。妈妈对孩子的抚摸、亲吻相当重要，“天花板婴儿”就是缺抚摸，缺精神上的慰藉。这个事例也说明了抚养孩子最重要的是情感，不是物质。

南京师范大学有位书籍设计师设计的“虫子书”在国际上获“世界最美的书”称号。这本书一个字也没有，都是些虫子爬行的痕迹。这位老师叫朱赢椿，他设计书的灵感来自昆虫、植物，他对昆虫的爱简直到了不可思议的程度。他养的一只苍蝇死了，他给它举行了葬礼，写了挽联，立了碑。他胸前佩戴的也是一只绿头苍蝇胸针。他说，苍蝇从小就是他的好朋友，他对苍蝇有很深的感情。在他三四岁时，父母要到农田干活，不能带他去，只好把他用被子裹紧，放在一个摇篮里，就留个脑袋在外边，屋门一关，一片漆黑，听着父母的脚步声渐渐走远，他只有拼命地哭，哭累了就睡，睡醒了再哭，整个屋子里没有任何声音。在一片寂静中，有一只苍蝇飞到他的脸上，用它的前肢抚摸他，他这时觉得很欢喜，总算有个朋友来陪他玩了。他的童年就是这样过来的。这也是他为死去的一只苍蝇办葬礼的原因，苍蝇是他的朋友和玩伴。他做的事也是在补偿小时候极度缺乏的情感。中国的古话"有奶就是娘"不太符合当下的育儿观。养育孩子在情感上的滋养远远胜过哺乳的作用。如果没有妈妈的爱，孩子就不能健康快乐地成长。

被催逼的孩子

植物的种子从落地那一刻起，就注定了它要怎样成长。只要环境适合，它就破土而出。如果不到发芽的条件，急也没用。种子的发芽就像趴在湿漉漉草地上的蜗牛，每当雨后，不知道它们就从什么地方钻出来了，拖着白白的肉身慢慢地爬行。这个湿漉漉的草地，就是它们出来的条件，没有想在被炎炎烈日晒得滚烫的地上爬行的蜗牛。

种子和蜗牛都有一个温度和湿度的感受器，能帮它们比较准确地检测到气候环境是否适合它们出来活动。它们就是凭着感觉发育成长的，其间并不需要别人的帮助，而是自己发展，自己成长，自己生活。也就是说，植物和动物都是一样的，不是说人想让它们怎样就怎样，而是大自然早就为这些生命设计了成长的模式。

大多成人能理解，一颗种子在土里不要人多管，适当地浇点水就等着它发芽了，却不能理解孩子也是一颗种子，整个幼儿期都是“芽子期”，芽子期的幼苗是不能浇灌很多“肥水”的。成人在新生儿出生后就进行教育，如果两三岁的孩子能说几句英语，家长就觉得不得了了。

成人觉得“你不长，我就催你长”，总说孩子“乳臭未干”，不承认孩子有独立的思维，觉得孩子早晚都要长大，从骨子里就想让孩子赶快脱离“幼稚期”，能像大人那样干事，梳成人的发型，穿成人款的衣服，读成人读的书，说成人说的话，用成人的要求去规范孩子的行为。把成人阅读的、孩子做一百个梦也想不到的《三字经》、“四书”“五经”早早地灌输给孩子。教晚了，就觉得吃亏。这些人就一个目标，期盼孩子赶快长大。而孩子的精神生活、孩子的兴趣、孩子的想法，很少有人去想。这些催逼孩子长大、藐视孩子精神人格的做法，对孩子的身心健康损害很大。

儿童有自己的精神世界和处事方法，不是说儿童的一切都是靠成人教授的。成人有世俗眼光，很难从孩子的角度想问题。就孩子的精神发育来说，孩子天生有探索精神，对一个新的世界有强烈的好奇心。但是成人不顾这些，认为还是文化课管用，甚至否定孩子的奇思妙想。

成人的错误就是觉得任何事情都是以知识为重，以技艺为主，认定没有知识和技巧的教育最后注定是“竹篮子打水一场空”。而实际上，孩子有自己对知识和技巧的学习方法，这种方法不是成人教的，而是娘胎里带来的。孩子的“学”与成人理解的学也不一样。成人理解的学，就是“我教你”“你跟我学”，记住老师的话，会背会用。而孩子认为的学，是“我觉得”，是参与，是体验，没有什么知识可学习。

孩子的一个“感觉”就囊括了成人所有的技法，这里面包括了绘画的比例、结构、空间、透视等所有的美术要素，这要是成人学起来就复杂了。成人总觉得是技巧，其实不是。

本来孩子有自己的感觉，成人偏教给他们“这是什么，那是什么”；本来孩子有眼睛，能看清事物的本相，成人却告诉他“这不好，那好”；本来孩子“不擅长”记忆，成人却灌输一堆不需要的东西。这个做法就像把小蝌蚪提前弄上岸，让蛹提前剥丝抽茧，是违背大自然规律的。

其实，孩子就应该按自己的方法去学习。成人催逼他赶快学习成人的东西，反而毁坏了他的感觉。三四岁孩子会认字，会背诗，会算术，写一手好“书法”，成人觉得是“进步”，干了同龄孩子干不了的事，实际上，

图 2-19　三个人　冯淳逸　3 岁

那不过是表面的假象。靠提前教、毁掉孩子慧根的“成长”，都不是真正的成长。这样的孩子，发展潜力和“后劲”会远远低于按儿童规律正常成长和没被提前教的孩子。

有的幼儿园中班的孩子画的人，衣帽整齐，包括领口、袖口、扣子、花纹应有尽有，甚至连人的双眼皮、小辫子这样的细节都清晰可见，这都是成人造的假儿童画。中班孩子画的画应是不穿衣服的人，一个圆圈，从圆圈下画两条竖线表示腿，在头上或腿上画出两根斜横线表示胳膊，腿和胳膊没关节，胳膊上没有手或没有手形，胳膊、腿还是单线。这样的造型才是这个年龄段孩子应有的认知、正常的发展（图 2-19），因为这个年龄段的孩子无从知道复杂人体是由 206 块骨头和 639 块肌肉构成。他们不可能画出让人穿上漂亮衣服且有正常视觉的人体。

也许成人认为，这样显技巧的儿童画就“高”，那些“没技巧”的画一看就没受过教育，是乱画的。实际上，“没受过教育”的画才是真正的幼儿的画，才是自然发展，才反映了孩子的纯真朴实。

有成人认为，别管成人、小孩，总得有点技巧才是画，才像画。这个观点也是错误的。关键要清楚什么是好、什么是不好，什么是美、什么是丑。

4岁孩子画的穿着漂亮衣服，能显示衣服领口、袖口、款式花纹的画就是丑；一个圆圈下两条腿造型的“畸形”人就是美。为什么呢？孩子的画是天然的就美，因为符合幼儿的认知。那些拔高的，画里显示出知识技巧的，再漂亮也是丑。

幼儿的画就是这样，越是有技巧的、拔高孩子思维的、催逼孩子画的画越丑，越是天然的、有感而发的、自由画的、能反映孩子主见的画越美。比如，有时孩子自发性唱歌，什么音乐规则都不懂，随意哼哼的几句一定胜过老师精心排练的歌曲，因为哼哼几句的是天性，排练的歌曲是技巧。由此可见，孩子的纯真、天性只有在“没技术”时才会显现出来。

生命的奥秘

人类起源于低等动物，这一结论在达尔文《物种起源》一书中就可确认，但提出这个观点的并不是达尔文的《物种起源》，而是在《物种起源》（1859年11月24日出版）出版12年后的《人类的由来及性选择》（1871年出版）。本来《物种起源》就能证明的问题，达尔文为什么不在《物种起源》公布他的发现，而在12年后《人类的由来及性选择》里才公布其研究成果呢？

那究竟是为什么本来说的就是物种起源的事，反而没有“人类”的问

图 2-20 讽刺达尔文的漫画

题呢？这不是达尔文的疏忽，也不是他不想公布自己的研究成果，而是当时所处的政治环境不允许他公开发布“人是猿猴变的”这个消息。达尔文清醒地认识到这一点。他的“人是猿猴变的”这一说法与当时基督教的“神是造物主”的思想是相悖的。如果他当时公布这一爆炸性新闻，虽然他很有自信，但有可能遭到大部分相信“神创造一切”的人的攻击，或宗教势力的强烈反对。

其实，在他写《物种起源》时，已经具备了所有能证实“人类与猿同族”的资料，只是他没这个胆量提出来。那时候，好多科学家的观点被认为是“邪说”而会被教会处死。他为了身体不受伤害，也因为自己还有很多事情要做，不能轻易冒这个险，只好先不说人与猿同根，先说动物。其实只要是科学界接受了动物是进化来的，也就早晚会接受人类与动物同族同祖的观点，因为早已经有了事实。这就是为什么早在 12 年前就已经研究出来的结果，却在 12 年后才在《人类的由来及性选择》中公布。所以说，《人类的由来及性选择》是《物种起源》“继续说”。

即便是这样，当达尔文公布了“人是猿猴变的”这一爆炸性新闻后，社会上立即掀起了讨伐的浪潮，污蔑达尔文“胡说八道”。英国几份保守的报纸都登载过讽刺达尔文的漫画，把他画成猿、猴子和大猩猩，说达尔文和猴子是兄弟（图 2-20）。

达尔文的《物种起源》最重要的观点是：生物的器官、生长部位及结构特点都基本相似。如鸟的翅膀和兽的前肢在胚胎时基本一致，也就是高等动物与低等动物的胚胎相似度非常高，只是在出生后才慢慢地演变成自己的模样。动物的胚胎与生出来以后长大的形态差距特别大，简直不可想象。那胚胎和出生后的成长形态，为什么会出现这么大的变化呢？

在《物种起源》中还有一个特征就是人类进化后有些器官废弃了，有些生理现象没有了，比如人开始是全身长着毛发的，是有尾巴的，只是后来不需要了。这个现象足以能证明人类与动物是生物进化的结果，生物学家把这一现象称为“残留痕迹”。

从《人类的由来及性选择》一书可以清晰地看到，人类和低于人类的动物的构造是基本同源的。从人类发育到退化，“残迹结构”和感觉器官、骨骼、肌肉、生殖系统都与动物基本相同，如人的骨骼与猴、蝙蝠、海豹的骨骼一样，甚至连肌肉、神经、血管都一样。人的脑裂纹与猩猩相似，人脑与猿脑没大的差别。

达尔文在谈到胚胎发育时说，人类胚胎在最早时期同脊椎动物界其他成员的胚胎几乎无法区分。蜥蜴类和哺乳动物的卵，鸟类的翅膀、爪子与人的手、脚在四肢发育时都是在同一个基本形式上发生的。这些现象足以证明人类是从低等动物进化而来的。

达尔文用事实证明了人类与动物在形态上同根同系，还对人类与动物的心理做了比较，认为人类不只是在胚胎上很像动物，在心理能力上也是由此进化而来的。动物有什么“心理”需求，人类就会有什么需求，人类与动物有着极为相似的生理和心理本能，只是动物的“心理”不是理性的，是与感觉融合在一起的，动物并不知道自己有“心理”活动。而人类的心理是抽象的，是专有的，是从生理中分离出来的。在心理表现上，有情绪、好奇心、记忆、注意力、想象、自我意识、语言、美感，这些动物都有，并不是只有人类才有。只是我们对这一现象不了解，缺乏知识性认知罢了。

按达尔文的生物学进化论观点，动物只是完成了体态、形态上的成熟。如羊生下来十几分钟就能站起来，一小时内就能奔跑，而人不行，人需要一个更长的发育和成长时间，并且这个成长只是会走、会跑，还不包括人类精神层面与心理层面的。

我们从达尔文的《物种起源》进化论中不难看出，人与动物的祖先没有什么区别，从外形到心理都极为相似。这就不难看出人完全有拿笔就画的本能，动物靠本能可以解决很多难题，孩子拿笔就画比动物的生存要容易得多。孩子画画不学就会，是孩子的本能。成人错在认为孩子不教就不会画，不承认孩子有这个本能。事实上，教只会破坏孩子的本能，毁了孩子的想象力和好奇心，干扰孩子的正常生命发育，让孩子过早地接受理性知识，使本来幼稚、可爱、单纯的孩子老早地变成了小大人，违背了孩子自然成长的规律，抽掉了孩子正常成长的过程，把本来幼儿阶段要分形态和精神两步走合成了一步走。“教”对自然成长的幼儿来说是最大的破坏。

画为心迹

有人评论：艺术不是技艺，而是情感的真切传达。我觉得这说得对。现在有好多青年画家对艺术的理解不够正确，认为画得好不好主要看作者的基本功是否扎实，技法是否熟练。只要是勤学苦练，数量上去了，就会有质量。这个说法好像有些道理，大多数人也这么认为。既然是画，肯定画得多比画得少要好，熟能生巧，这是共识。我倒觉得这是对艺术的误解，多画没错，但认为多画就一定能成功，就有问题了。

艺术是有思想，有境界，有品位的。不是说技高就有品，画得多与画得好不是一个概念，品位与技巧没多大关系。

对一个画家来说，最重要的不是技巧，而是画家的素养、审美、眼界，能指导人往哪个方向走的往往不是技巧，而是审美意识。如果一个画家不懂审美或审美水平差，不注意提高文化素养和扩展视野，是画不出高水平的画的。

具有高素养、高境界的画家往往不太重视绘画题材，而是看题材是否合乎自己的表现，是否适合自己画画的习惯，与自己的“画性”是否合拍。文化素养不高，审美眼界太低，就算题材再好，能画好吗？一把椅子、一盆花、一个人物、一个建筑，照样能体现画家的水平。画家追求的是表现形式和“心迹”，且往往对审美有独特的见解。

美，绝对不是好看。好看的有美的，但并不是只要是好看的就一定是美的。美或不美与好看或不好看没什么关系。

艺术上的大家，首先在审美上都是些有“偏见”的人，也就是“情人眼里出西施”。大众都觉得不好看，画家却“一见钟情”的事常有。这就是画家的独特风格，不是一个平常人能理解的。

“偏见”源于“独识”，更源于一般人发现不了的“独见”。我们的教师在评价孩子的画时，经常用构图饱满、内容丰富、色彩漂亮来说画是如何如何好。这样的画确实“不错”，但以我的理解，只要有这样的评价，是好画的可能性就不大了，就像一个人五官端正并不等于美，白肤色的人也不一定就比黑肤色的人美。究竟什么是美，难以说清，但美的东西让人一眼便知。“美”是个看似好懂却又不好懂、看似清楚却又模糊的东西。

从一幅画中能看出一个画家的进步史、发展史、演化史，能看出画家的艺术、思想、审美观、绘画语言、画风及读过谁的书，受谁的影响，是“中”还是“西”，还是中西合璧。

一幅画就能给一个画家的审美素养在什么高度定位。有人说文如其人，原因是有感而发，写的就是一个人的心境。画也一样，画也如其人。虽然表面上画的是物，其实，画的是自己，画的是自己对艺术的感悟和理解。无论是写还是画，都是表达作者的心迹，其过程与技艺关系并不大，重要的是文化素养和“怎么想的”。

好的画家是以“形”写“神”，并不太在意“形”是否画得很准、很像，有点意思就够了。有时候“形”画得过于像，反而影响了艺术精神，弱化了艺术内涵。他们把精力用在了以“形”写“神”和直追内心感觉上，并不对物体的具象下多大功夫。他们注重的是精神价值和精神感觉，但这些精神方面的东西也要靠题材的内容和“形”来体现，这是最迷惑人的地方。

实际上，画就是一个画家的情感心迹，只有画家的感官、题材、材料与画家的精神气质、喜好、追求和“想的事”及文化素养“合拍”了，才有可能形成“心迹的表现”。其实，这才是艺术的本质。画并不是只画故事，只有故事的大多不是好画。有“品头”、有“说头”的才是好画。故事中的情节，就是“干啥来”只能说明是什么事，而艺术品位和画的精神并不能在故事中体现。

大街上的宣传栏里“安全生产”“防火防盗”的宣传画也有故事，但那里面有多少艺术精神？有多少艺术“含量”呢？好的画家千方百计在内容中找到适合自己的表现形式，创造自己的个性语言和独立的审美价值，

“讲故事”给不了他们这些。

儿童画何尝不是呢？儿童画由于思想性和理性的东西不多，画画只凭感觉，他们还不会“想想”再画。也正是这个原因，使用的“情感笔触”比成人还多。成人有“画实物”还是“画感情”的选择，而儿童只有“画感情”这一条路子。

儿童画的技法就是情感，“基础”就是喜欢，没有基本功这个说法。所以，儿童画的是“心迹”，画的就是自己。画就是情感的倾泻、抒发，与像不像无关。就儿童这种天生的童趣画法，吸引了好多名家效仿学习儿童画。名家对儿童的纯真、朴素、不会作假而心生敬佩，为画的淳朴、自然、不做作而点赞。在感情的真诚、画风的朴实方面，孩子永远是成人的老师。

成人即便有很高的思想境界，有谦虚好学的人品，要想学儿童画的精神也是非常难的，比学绘画技巧要难得多，这不是一般人能干的事。能领会到儿童的感觉，体悟到儿童的纯真，得是学识、素养、审美上的高手。从这个意义上说，儿童画更是情感的“心迹”。这“心迹”不是学来的，是天生的、自然流露的，是孩子“什么都不懂”的时候造就的，是孩子在理性苏醒前干的事。一旦孩子到了八九岁后，这种天性就会消失，孩子再也画不出这么幼稚、可爱的画了。

成人画不出儿童的纯真，最大的障碍不是技巧，不是知识，是懂得人情世故太多，脑子太复杂，想得太多，“画外之音”太多，如职称、职位、晋级、荣誉、头衔、参展、房子、汽车，怎么可能会有孩子“什么都没想”的心境纯净呢？！成人唯一能通达孩子单纯、朴实的路子是放下智谋、学识、年龄、辈分、架子，这些东西在孩子眼里没有。成人只有懂得了这个道理，才能找到通向孩子内心的道路。“这个路”就是那颗与孩子一样纯净、天真的心灵。

无论是成人还是小孩，艺术技巧永远在情感之下、思想之下，艺术绝对不是技艺。如果画家一直只想着画技而不能被自己创造的艺术感动，感动别人的可能性就不大。画家忘了技巧，忘了画法，只想画出自己的感觉，才是真正找到了“技法”，才可能创造出感人的、有品位的作品来。

孩子画画有自己的路子，这路子不是“学”来的，是一出生就形成的“天路”。这条路不是求来的，是自己画出来的。没思想、没技巧、只有感情的画，才是儿童真正的“心迹”。只有没路的“路子”，完全跟着感觉走的“天路”，才是孩子画画的真正技法。

孩子的画简单，说明孩子脑子简单，想画什么直奔主题，根本就不想怎样才能画好，更不想用什么技巧画好。孩子画画从不考虑有什么结果，画完了就是画完了，没什么“以后”。想画就画，拿笔就画，画时用的是哪一路招式连他自己也不知道，怎么可能会有画意不纯呢？孩子的画就是最纯洁的“心迹”表达。

儿童画美在个性，美在“没路”，美在“心迹”。

借居的猜想　2019.7.8

[illegible]

[illegible]

[illegible]

第三篇

心灵唤醒

“畸形”之美

有个说法，就是“和谐了才美”。无论怎么折腾，只要不和谐，就不美。比如说服装，无论衣料多么昂贵，只要在款式上不和谐，就不美，就像上衣是中式布衫，下衣是牛仔裤，再怎么搭配也好看不了。这就是我们常说的“不搭”。服装是这样，建筑也是，在一片现代建筑中围着一个像庙一样的“大屋顶”式房子，怎么看也不舒服。

生活是这样，艺术也一样。对艺术的评价不单是大众认为和谐是美，不和谐就不美，很多画家、艺术家也这样认为。美，一定是和谐的，与主题“离心离骨”的“不搭”，无论作者想得多好，作品也不会美。

法国雕塑家罗丹在为大文豪巴尔扎克造像时，他除了把握巴尔扎克的形体和个性精神外，还着重刻画了巴尔扎克的那双富有表情的手。当罗丹的学生们见到这尊雕塑时，都惊呼“那双手”是多么深刻有力、生动传神，多么具有表现力。罗丹听到后，一句话没说，拿起斧头就把这双手砍掉了。当时，学生们都被罗丹“神经质”似的举动惊呆了，过后很不解地问罗丹：“为什么这样？这可是您费尽心血创造的作品啊！”罗丹平静地说：“‘这双手’已经有生命了，不属于这尊雕塑了。”学生们这才明白他们的老师为什么会把这双富有表情的手砍掉。

罗丹说的“这双手”已不属于这尊雕塑了的意思是，这双手的精神已脱离了雕塑，与雕塑在审美上不是一体的了，也就是我们说的“不和谐”。的确，艺术离开了和谐，很难产生美。只有和谐才美。

有个孩子读美术高考班，拿来一张人物素描头像让我看。我一看，人的鼻子就刻画过头了，这个“鼻子”已不属于这张脸了。不但是素描，彩画也一样。如一幅油画，首先要色调统一，是冷色调还是暖色调，是明色调还是暗色调，是灰色调还是鲜色调，画家在画前大多有色彩小稿或“打好腹稿”，心里有数了才画。一般在冷色调中，暖色的色块不能太大，色彩的纯度也不能太高，反过来也一样。在暖色调中，使用冷色也要慎重，稍微不慎，就会破坏和谐的画面。苏联的油画为了和谐，大多采用了清一色的“酱油调子”。油画的精髓就是和谐，不和谐难成美。可见，和谐在美术中有多重要。

和谐产生美，我是赞成这个观点的，但不是说只要是美的，一定是和谐的。我想说的是，那些不和谐的、与和谐“唱反调”的画也不一定就不美。

美，是一种感觉，是人对艺术作品的一个评价。当一件事物出现在你面前时，你在第一时间就可以做出美或不美的判断。很多时候，当一种和谐被打破的瞬间，也产生了另一种美。比如说，幼儿的画就是一种“不和谐”音符，巨大的人头配短单线的胳膊，四肢像树枝，手指像“鸡爪”，而恰恰就是这些不和谐的东西画到一起，才透露了美。这种不和谐的自然之美就是儿童画（图 3–1）。

图 3-1　一个人　宋俊筱　4 岁

这种“畸形”之美多见于 3 ~ 6 岁的幼儿，很少见 9 岁后或 3 岁前有这种“不和谐”因素生出“畸形”美的。3 岁前的婴儿还没有稳定的形状概念，2 岁才能完成一个圆圈的接口，会用圆圈和横线也得 3 岁后，7 岁后也可能有，但不多见。因为 7 岁后随着理性思维和文化的输入，孩子对形的感觉也发生了变化，就算是没有理性的支持，也画不出四五岁那个年龄的画了。

幼儿的这种“不和谐”产生的美还有个特点，人的比例越不和谐越美。换句话说，幼儿的画越“畸形”越美。孩子的画美不美就是通过“畸形”来体现的。“畸形”透出了孩子的纯真，显出了孩子的幼稚，反映了孩子的年龄段认知，不畸形就不可爱了。“畸形”的作品里包含着孩子的天性、天真、纯朴、纯真。所以，孩子的画美在“畸形”，美在“画不像”，美在“无知”，美在“不知道怎么画”。

画的线条随感觉而生，感觉随线条而动，与技巧一点关系也没有。这种“畸形”美与成人画的美完全不是一码事。

有的老师认为漂亮就应是“美”。如果不“美”，怎么会漂亮呢？其实，审美是一种素养，不是每个人都有审美能力。漂亮只是感官上的愉悦，与“美”不同。有的事物一点也不漂亮，但很美，比如山石、树根、树皮、干花、野草、人体等。也可以这样说，只要符合自然规律原始状态的即使不漂亮也美；如果打破了自然，人为的东西太多，即使漂亮也不美，比如假儿童画、假景观、假“古城”、假“遗址”等。

对幼儿美术欣赏与评价的准绳就是一个人的审美力。每个教师审美水平的差异造就了幼儿美术教育的千差万别。

幼儿的画是一种特殊的艺术形式，不是学科形式。至今，儿童画也归不到哪个画种里去。当下，只能把儿童画的各种思维、各种材料的画，统称为“儿童画”。但究竟是什么材料和什么思维下的画才是真正的儿童画，又有谁能说清楚呢？这种“畸形”画难以得到普遍认可，对幼儿的画不屑一顾的成人也太多了，包括好多艺术家和画家，更别说对艺术毫不了解的普通人了。

欧洲的一家专业收藏艺术品的博物馆馆长就曾说过：只要他在馆长的位子上待一天，就不可能在他的博物馆里展出儿童艺术。他坚持认为：“儿童的画作没有一件是一流的艺术品。”[1]

这位馆长说的话有一定道理，因为能称得上艺术品的应是有思想的作品，孩子的画大多是即兴的，很少有思想性，达不到“有思想”这个要求。但你要说这样的画没有艺术性，那为什么会有那么多艺术家、美学家、教

1 ［美］加雷斯·B. 马修斯. 童年与哲学［M］. 北京：生活·读书·新知三联书店，2015：210.

育家又都认为儿童画是艺术，而且还是不可模仿、不可再生的“高品位”艺术呢？大人的画还有复制品，孩子的画是断然没有的，因为那是绝对不可能的。连世界上艺术成就最高、影响力最大的凡·高、毕加索和国内名家齐白石、吴冠中这样的大师都崇拜、敬畏孩子的作品，这又是为什么呢？这就是我说的，儿童艺术很难说清楚“是什么”的原因。也许吴冠中老先生的一句话能解开大师崇拜孩子画的谜团：“儿童画的动人之处正是淋漓尽致地表达了天真的直觉感知。”

这不是学科的艺术，却比学科的艺术更美。这样的画来自直觉，不来自理智。直觉是“体悟”出来的，不是训练出来的。直觉不需要任何知识，只需要一双感觉事物的眼睛和一颗“有感知”的心就足够了。

幼儿“畸形”画的美，是天然的美，是没有任何修饰的美。如果幼儿美术教师感觉不到这种“畸形”美，说明教师的审美不够。

有老师问：“幼儿画的‘畸形’画美，成人画成畸形的也美吗？”只要是幼儿画的“畸形”画都美，也不对。如果画是幼儿有感而发的，画的是幼儿自己的感悟，肯定是美的。如果画是老师安排孩子画的，即使造型是畸形的，也不美。成人画不像一般是技法不够，不可能产生美。但成人要是追求一种味道，故意让形象“变形”，呈现的是另一种思维方式，有品位了，这个“畸形”就变成美的了，而且是一种很高的美，不是一般人能达到的美。

图 3-2　动画片《西游记的故事》

有一部动画片《西游记的故事》，人物的动态、景物的造型都很“畸形”，白龙马的腿像乌龟，短得出奇，粗得离谱，脖子像长颈鹿，其粗细与马肚子相当，孙悟空、沙僧、猪八戒造型憨态可掬，各有各的味道，非常可爱。像这样“畸形”的画就是成人创作的，照样很美（图 3–2）。有意思的是，“丑”是美学，要想知道究竟有多“丑”，在美学书里才能找到。

幼儿画的“畸形”之美，就是符合了画是自然天成的，是合乎天性的，是在没有任何说教和规矩下自主完成的。只有这样由天性引领的、自由的、没有技法侵入的、体现幼儿个性差异的儿童画，才可能是美的。

“畸形”之美还有个特点是，它符合自然规律，但并不合理。合理的就能存在，在这里说不通，因为幼儿不懂“理”，只有不懂教育的人才会想方设法让孩子的画“有道理”。比如，四五岁的孩子画的画有遮挡，有前后，这就是“合理”，但不“合美”。“合理”是心智，“合美”是“性智”。“性智”说的就是孩子的天性。孩子的画是“性智”，不是“心智”。

一些美术教师不知道什么是美，一些幼儿教师不懂什么是教育，是我们当下艺术教育普遍存在的问题。吴冠中说：“美盲要比文盲多。文盲与美盲不是一回事，二者之间不能画等号，识字的非文盲中倒往往有不少不分美丑的美盲！”

没有美术、教育、心理、美学、美术史、艺术史素养的人是当不好幼儿美术教师的，因为没学过美术的教师是“美盲”，看不出“畸形”画好在哪儿。这样的教师拿出来的画个个都是构图饱满、内容丰富、比例合适、看上去光鲜漂亮的简笔画。同时，她觉得这样的画能展示她的辅导水平。

意大利教育家蒙台梭利是全世界公认的、推动社会进步的、有重大影响的教育家，她创造了幼儿教育领域中很多新概念，比如，“敏感期”“内部教师”“精神胚胎”和“吸收性心智”。然而，她对幼儿的画却一点也不懂，说了很多违背幼儿教育规律的话。她说，“幼儿的画可怕”“畸形发展”“没受过训练”和“难看死了”等。我当时想不通，这么伟大的教育家，并且还是以儿童心理学见长的教育家，竟然看不懂能展现幼儿心理活动的画！

经进一步查看她的生平和从业经历后，我得知，她是一个从没接触过艺术也没学过美术的医学博士，她是通过指导教育智障儿童而走向教育的。她在审美上也是个完美主义者，看不惯不符合比例的画。关于蒙台梭利看不懂幼儿的画这一点，在拙著《寻找天性》里有专门著述，在这里不再赘言。[1]

无论是你看懂或看不懂幼儿画的“畸形”美，美就在那儿，不会因为你看不懂，它就不美，更不会因为像蒙台梭利这样的大家看不懂，它就不美。这也说明了一个道理，要想审美，先要自己懂美，做一个在审美上有修养的人。有的美就是因为“不和谐”到了极致，才出现了正是由于“畸形”才产生的美。美有好多形式，不只有和谐这一种。

怎么才美，美学上没说，美却确实存在。能说清楚的美，说明美得“还不够劲”；能感觉到的美，只可意会不可言传的美，才是真正的美。“畸形”的有美的，“不畸形”的也有美的。美，就是这样迷惑人！

失落的童心

一般认为，童心只有孩子才有，成人哪还有什么童心？其实，成人也有，只是成人天天忙得跟“狗撵的”似的，哪有闲工夫看屋檐下的蜘蛛捕虫子？如果你偶尔有时间陪孩子看看动画片，就会发现，其实自己也喜欢

1 李凌．寻找天性［M］．石家庄：河北美术出版社，2019：191.

看《猫和老鼠》和《西游记的故事》。

看这类片子不需要动脑子，跟着感觉走就行了，心态轻松，好像自己也年轻了许多。在这个时段，成人的童心可能又回来了。如果成人能像孩子那样投入，就会意识到在成人世界里没有“童话”，只有竞争，只有忙，没有“闲”。成人的脑子太复杂了，没法与孩子的心境比；成人太势利了，没法与孩子的天真比。但非常遗憾的是，现在好多孩子和大人一样也渐渐失去了童心，很难见到灿烂的笑脸，很难看见幼稚的图画和不给大人面子的“直言不讳”。

有的孩子一张口就是成人腔，说话净是些大道理，就像宣传栏上的话，一套一套的。乍一听，这个孩子懂得不少，会来事。但同时你也感觉到在这个孩子身上已经没有纯真，没有童趣了。这是成人缩短了孩子的幼稚期，刻意地让孩子快速成长导致的。

孩子们的童心究竟是从什么时候失落的，是从哪一天丢失的，一时难以说清，但失落是事实，孩子没有“孩子气”了。社会上的古诗班、国学班、汉字班、拼音班、算术班、英语班、幼小衔接班、演讲班、口才班、作文班等大多是以学“知识”为目标，违背幼儿发展规律的，使孩子快速失去了天性，就像过早被摘掉的“不成熟”的果子。

古诗班、国学班里的“空气”远离了孩子的生活感悟，抽掉了国学、古诗背后的文化背景、社会秩序，本身就失去了“育人”的作用。

幼儿学汉字是摧毁幼儿想象力的“神器”，“玩命”地死记硬背，毁坏了孩子的想象力，把想象提前拉到了现实。

孩子是吸收性心智，学英语不应过早地使用灌输的方法，把孩子放在英语环境里，不用教就会了。而幼小衔接班会让孩子对学习过早地就失去了好奇心。

老早地就把孩子的童心给毁坏掉的行为还有在孩子还是“小屁孩”时就开始了“被教育”。家里有个小黑板，每天学、练几个字，背诵几首古诗，刚刚才露一点的“慧芽”就被“掐掉”了。而实际上，孩子认知世界的方式不是通过像成人一样地学习，而是靠感觉、直觉。

学文化课是这样，学画也好不到哪里去，孩子才 3 岁，就教他们画房子、画太阳、画树。而这些造型又大多不来自孩子的世界。成人手把手地硬教给孩子这些东西，让孩子记住了形象，一旦需要，就像从电脑里调图片一样拿来即用。这里没有孩子的认知、观察、感悟，只有记忆。时间长了，孩子就不会感受事物了。

大家知道，当一个婴儿对一个陌生的玩具感到新奇时，不是一拿到手里就去玩，而是先放在嘴里。懂教育的家长一般要把玩具提前洗干净，让孩子用舌头舔，只要没危险就行。明白这是孩子正在用自己的认知方式感知这个物体。这个感知的过程就是认知的过程、体验的过程、学习的过程，而这个过程最不需要的就是家长教孩子“怎么玩”。

不懂教育的家长看到孩子用嘴去舔玩具时，首先想到的是不卫生，赶快从孩子嘴里把玩具抢下来。这样的家长对孩子做了一件最不应该做的事，看似很简单，却对孩子的影响很大。这种做法剥夺了孩子感知外界事物的权利，掐断了孩子用感觉了解世界的体验，击垮了孩子探索未知的好奇心。如果家长不从教育的角度去想、去做，不让孩子亲身去体验，孩子的感觉和灵性就会慢慢枯萎，越来越不灵。

孩子上幼儿园后，各种评比活动就没停止过，看看谁作业写得好，评评谁最听话，看看谁最讲卫生，名目繁多，几乎是整个幼儿园的全部活动。而实际上，儿童是最不适宜参加评比活动的人。在儿童竞争里没有真正的赢家，大多是赢得了证书，毁掉了想象力。

社会心理学认为，现在孩子的不自信、挫折感太多来自竞争及打着兴趣班名义的“培训班”。这些“培训班”实质是以学知识技巧为主，以训练技艺为目标，很少有从孩子的成长和发展上考虑教学的。这样做就像是小鸟的羽毛还没长丰满，就督促它们赶快飞翔，蛹还没变成蝴蝶，就让它赶快起舞，其结果是加快了孩子失去童心、失去本真、失去儿童世界的步伐。

最要命的是，家长在做“拔苗助长”的事的时候，都是在“爱心”的名义下完成的。实际上，家长的这种“爱”是披着“爱”的外衣的“管控”。“管控”加“包办”是家长所谓的“爱”的一切。一个孩子 6 个人管，一个比一个严。孩子在这种“爱”的环境里生活，根本尝不到“自由”是什么滋味。在家长对孩子的“爱”的问题上，很多时候，并不与教育有直接的关系，而是由“人性”及家长的强权意识造成的。

造成错误教育的原因是，家长不能理解孩子 6 岁前是“未完成人”，是“精神和心理”没“长成”的人。因为“精神和心理”在外观上是看不见的，家长看到的只有孩子的身体，怎么也不会明白：他们看到的孩子，在动物界里会是另一种生命样式。比如，6 岁前的孩子就像是毛毛虫，七八岁后才变成蝴蝶，家长却认为孩子一出生就是蝴蝶，根本看不到或不能理解孩子的“精神和心理”需要转换。所以，才有了“再小的人也是人，是人就得从小学习，不学就是浪费光阴”的看法。

实际上，6 岁前的孩子还是“胎人”，其“心理”发育还在“毛毛虫阶段”，是不能受教的。大多数家长是想不到这一层的。其实，人小时候的生命转换是一种升华，也是一种修行，是说不清的，就像你问一个成年人，你小时候为什么那么幼稚，他是不知道的。同样，一只飞舞的蝴蝶也不知道为什么小时候是毛毛虫。

错误的认知，必定带来错误的教育。这种不知道是错误的“爱”，对孩子的自由和独立精神有很大的破坏力。很多时候，童心被无知的家长和老师磨灭了。

对于儿童成长影响最大的是梦想、幻想、想象，它们是孩子健康成长的营养品和精神食粮。这些本能的、无意识的想象是以后有意识发展的基础。离开了感性，理性就无法建立。我们能做的、要做的，也仅仅是在生活上给予孩子一定的帮助，而精神和心理上孩子自己会成长。

在孩子的感性还没转换成理性前，孩子最需要的不是深厚的知识和技巧，而是充分发展孩子的想象、梦想、幻想，满足儿童在精神上的需求，为他们提供符合他们“口味”的精神食粮。而我们现在是逮住小孩就给他讲意大利文艺复兴的三杰，参观博物馆就给他讲“新石器文化”，这样“得空就插针”的教育，非但不能很好地学习这些知识，反而会破坏孩子的想象力和梦想。你给孩子讲人类登上月球，就毁掉了月亮上有个玉兔的想象；把科学的知识提前讲给智能还没启动的幼儿，就等于扼杀了孩子的幻想。

孩子因过多的教而失去了童心，丧失了童真，失去了自主学习探索、触摸感知的机会，而这些正好是生他爱他的父母干的，别人想破坏还真没那个条件，只有父母才有机会大规模地挖掘孩子的“慧根”。偶尔侥幸，剩下的那一点还没被挖掘完的“慧芽”，等上了幼儿园了，也得由幼儿园的老师接着挖，以确保到上小学前把孩子的想象力彻底地消灭。也可以这样说，失落的童年是家长一手造成的，从生命的开始就是错误的。

好奇心

自然界有一种昆虫叫虎甲虫，长得结实强壮，复眼突出，甲壳乌亮艳丽，像抹了油似的。这家伙特别贪吃，一天到晚就寻摸着填饱肚子。它最喜欢吃小虫，一旦小虫进入它的视线，逃走的可能就很小了。虎甲虫的速度非常快，别说小虫了，就是飞得不高的昆虫照样是它的口中餐。

成年虎甲虫这么厉害，幼虫也不弱。虎甲虫的幼虫叫骆驼虫，也是捕食高手。它在地上挖掘一个垂直向下的像个土坑的洞，把自己藏在里面。在一切都准备好之后，它就开始"耍花招"迷惑小虫了。它伸出触角，在洞口来回晃悠，像是两根"胡须"在风中摇摆，有的小虫不知道是什么，就想过来看个究竟，等小虫爬到洞口边沿，骆驼虫的上颚一下子就把小虫夹住了。这个小虫丧命的原因就是好奇心（图 3–3 ）。

图 3–3　会挖陷阱捕虫的骆驼虫

很多动物都有好奇心。自己搞不清楚时，就想过去看看是什么，往往那就是陷阱。很多动物利用"好奇"进行捕猎，像海里的龙虾先把自己用沙埋多半个身子，把头和长长的须露出来，使须随水左右晃动。这时就有好奇的小鱼想过来看看是什么，当小鱼游到龙虾跟前时，还没弄明白怎么回事，就成了龙虾的美餐了。

在好奇心这一点上，人类与动物没什么区别，尤其是婴幼儿天生就有好奇心，这是天性。

当一个小朋友第一次看见另一个小朋友的玩具时，就会想过去看看，能摸摸或摆弄一下最好，这就是好奇心。有的孩子的好奇心还很强，不只是想摸摸、玩玩，还想一把抢过去慢慢地“研究研究”。这时的孩子还不懂“物主”是什么概念呢！

如果一个儿童对事物没了好奇心，对什么都不感兴趣，说明他的“日子”过得也不怎么精彩。

幼儿喜欢画画，也多是因为好奇。大约一岁两个月后，幼儿就能“把抓”着笔画线了。这时候的画只有些乱线条，幼儿还画不出有意识的线条，只感受到能“控制”笔的喜悦，没有好奇心是无法完成这个动作的。

孩子画画的动力就是好奇，不是想学东西和画出像样的画。每个孩子画画时都没有目标可设定，不会想着能画出什么样的效果。比如，幼儿画水粉画，你给他们讲颜色的干湿、浓淡、冷暖，他们根本就不感兴趣。他们就想按自己的意思画，涂涂、抹抹、调调、搅搅，体验“过程”的快乐，特别是把几种颜色搅在一起“和泥”玩的时候，将颜色的一条条色丝抹在画纸上，也不洗笔，画一笔之后蘸点颜色再画。当画面上出现的笔触和“不可控制”的厚涂厚抹时，这种从没见过的好奇心就占了上风，这时候你不让他们画，他们会很不高兴。画的结果对他们来说一点也不重要，因为他们就不想要结果。

孩子的这种涂抹心情来自好奇，与“学”美术一点关系也没有，没有几个孩子愿意跟着老师“学”怎么画画。其实，“学”与“画”是完全不同的两个概念。学，是跟着老师学知识、学技巧，而“画”靠热情和好奇心。孩子不喜欢“学”，只喜欢“画”。

好奇心适应的温床就是自由、心情放松，与贫富没多大关系。农村的孩子虽然在物质生活上差一些，但可接触到野草、庄稼、昆虫、动物、小鸟、泥土，了解并体验自然的机会多，反而比城里的孩子更有好奇心。

如果家里的规矩太多，管得太严，孩子的行为不自由，孩子的好奇心就会被抑制，甚至难有好奇心。好奇心没了，想象力就成了无源之水，早晚会干枯。

孩子画画是玩耍，是好奇心，是想象的萌动，是想试一把，是野性的冲动。大家可看看身边三四岁的孩子，从没摸过画笔的孩子不会说他不会画，拿起画笔就开始画。再大一点，到四五岁时，如果这个孩子常画着玩，那么，画复杂的比例、空间、透视关系不在话下。孩子自然不懂这些，也不怕这些，但有自己的招数。

孩子不懂比例、透视，但仅凭感觉在二三十分钟内就能画出一家人围着圆桌吃饭的情景，这又是谁教的呢？又是谁告诉他们这样处理复杂的比例、透视关系呢？正因为孩子不懂，才敢这样画。

孩子画画靠的是好奇心、画着玩的心、不把画画当回事的心，如果成人想改变他，让他画得像一点，教给他画像的“本事”，孩子画画的感觉就会遭到破坏，不能完成自己想画的了。这也是孩子的画只能画却不能教的原因。

保护好孩子的好奇心，就是保护了孩子的天性，保住了发展的慧根。孩子的画只有好奇，没有技巧；只有画，没有学。违背了这个规律，孩子的想象力、自然性、本能都会受到破坏。

心灵保鲜

“心灵”和“保鲜”这两个词好像联系不到一块去，“心灵”说的是人的“精气神”和内心，“保鲜”说的是食物的保存。比如，让新鲜的蔬菜保持新鲜度，留住水分。但我觉得这两个词用在孩子的教育上再合适不过了。

孩子一出生，心灵是纯净的。但在成人的照顾过程中，成人的好多毛病和错误的育儿方法影响了孩子。时间长了，婴幼儿“稀里糊涂”地进了“大染缸”，心灵也就变得没那么纯了。

我给 4 岁的孩子们上课，我问孩子们：“人家都喊我‘帅’老头儿，大家说我帅不帅呀？”当时班上十几个孩子都异口同声地说：“不帅。”他们之前从没交流过，这是很突然的事。只有两个小朋友没说，我走过去问他们两个：“也说说呀，老师到底是帅还是不帅？”他俩笑了笑，又互相看了看，还是没说。我说：“要不这样，觉得老师不帅，就摇摇头，觉得老师帅，就点点头。”他俩就直摇头了。

像这样的孩子，不顾老师的面子，不看老师的脸色，不拐弯抹角，帅就是帅，不帅就是不帅，就是心灵的纯净。

我这辈子因“不说好话”得罪了好多人，我说的不说好话其实就是说实话，有时也想说点人家愿意听的，可到时就说不出来了。一次，有家幼儿园请我看画展，希望我能给点指导。当我走进幼儿园大厅时，就被墙上琳琅满目、五彩缤纷的简笔画给震住了！天哪！个个都画得这么漂亮、逼真。园长满心欢喜地问：“怎么样？我们孩子的画还行吧！”我说：“不行！这些画都不是孩子画的。”园长怎么也没想到我会这么说，当时就蒙了，两手一摊问：“何以见得？”我说：“这画里有遮挡，有前后，还有莲花瓣画得这么尖，这在 6 岁前是做不到的。”从那以后，人家再也不理我了。看来，说实话有时不招人待见。没办法，我处事的原则就是：要么不说，要么说真话。

记得好像在《读者》上看到作家贾平凹写他认孩子为师的文章，感觉贾平凹与孩子相处体会深刻。他认的这位老师 3 岁半，叫孙涵泊，他这样描绘他的小老师："孙涵泊不管情势，不斟句酌字，不拐弯抹角，直奔事物根本，真该做我的老师。"贾平凹还说："孙涵泊没有世俗，他不认作是神就敬花，烧香磕头，他也不认作是裸体就产生非念。"贾平凹认了这位小老师，检查了自己的行为，与小老师对比后的感悟是："发现了我的卑劣，知道了羞耻，我相信有许许多多的人接触了我的老师都要羞耻的。"

我很认同作家贾平凹认孩子为师的举动。在我与孩子交往的过程中，孩子们也教给我好多，诸如，什么是诚实，什么是无私，什么是纯净。在真诚面前每个孩子都是成人的老师。

也许成人将孩子的单纯、无知看作"没心眼"。然而这种"无知"令多少大师佩服得五体投地。当代著名画家朱屺瞻先生在儿童画里看到了孩子的真诚，就说，老来想学儿童画。看看儿童画，看看齐白石老人的画，就明白朱屺瞻先生说的意思了。白石老人的画就有儿童趣味。如果一个画家"修不来"儿童的趣味、儿童的直率、儿童的简单、儿童的朴素，是永远成不了大师的。也就是说，大师要有儿童的单纯，少有私心杂念，像孩子一样看待事物。从这个意义上说，贾平凹认孩子为师还是很有道理的。

成人在辅导婴幼儿时犯的错是，觉得自己比婴幼儿强，认为没有成人的照顾，孩子就无法生存。其实，成人负责的只是孩子的生活，而在精神方面和心理方面成人是照顾不了什么的。孩子在出生前，大自然已告诉他们怎么来应对这个世界，不需要刻意地教。他们能用着“脑子”至少要六七岁以后。孩子觉得只凭感觉学东西吃力时，就有想学的念头了，成人到时候再教也不晚。

很多教师干的是辅导孩子的活，却不懂孩子，不了解孩子，使孩子过早失去了纯净的东西。在这个时兴速成的时代，能保住孩子的纯净心灵不受污染太难了。实际上，教师不应把工作重点放在怎么教孩子知识上，而是怎么能保住孩子的心灵不受污染，保护孩子的慧根不被挖掘。

感性回归

感性是婴幼儿认知事物的唯一方法。对于婴幼儿来说，没有比直感对事物认定再准确的了。也许成人在接触新事物时，要从多角度想想眼前这个陌生的事物是怎么回事，只凭感觉很难把握事物的本质。而婴幼儿感受新事物只靠感觉这一个“武器”，他们头脑还不会想，这是婴幼儿唯一认知社会的方法。

大多数成人不承认儿童自有精神、自有规律、自有能力，迫不及待地、过早地对孩子进行了文化教育。从小看大，从3岁看一生。在这种想法下，好多家长过早地对孩子进行识字、算术、背诗的教育，认为人的智慧就是“先下手为强”，还要像运动场上的赛跑一样步步紧追，否则，一步跟不上就会步步跟不上。当别人家的孩子还不知道学的时候，自己的孩子已经掌握好多东西了。如果早学，孩子这一辈子可能就会处在领先位置。家长的这种错误认识，导致在孩子还很小时就把大量的汉字、算术、英语灌输给孩子了。

而实际上，两三岁是一个感性的年龄、做梦的年龄。两三岁的孩子在生理上还处在对事物认知的朦胧状态，根本听不懂大人在说什么，更无从感知大人为什么会这样做，只能被迫接受成人塞给的知识。当家长听到“孩子学知识还太早”的声音时，就说是孩子自愿学的。

实际上，家长说的孩子愿意学，并不是孩子从心里就想学知识，而是对汉字、算术或英语可能有点好奇。玩是孩子的天性，学习也是天性，家长不能把孩子对知识的好奇看作是孩子自己要求学的。

孩子的喜欢是好奇，是想了解、想体验一下，不是真正想学习，更不是家长认为的学就应正儿八经地学。孩子是不会对自己不感兴趣的东西认真学的，因为年龄还没到，就像牛、羊生下来只会吃奶，还不会用牙齿咀嚼。一只动物落地，需要一个成长过程 。“大自然”一开始就没想着让它们能吃东西，所以不会让它们过早地长牙。它们还在妈妈肚子里的时候，就知道它们生下来“会用餐 ”。它们一出生“饭”也“做”好了，这就是“奶饭”。直到它们长了牙齿，有了切碎、咀嚼等能力后，才让它们“真正开始”吃饭。

蝴蝶妈妈把卵产在虫宝宝从卵里出来就能吃到的嫩树叶上，因为虫宝宝的牙齿还很弱，这与孩子长大后要换掉乳牙长恒牙，才能正儿八经地吃饭是一个道理。这种尊重生命发育的规律、连昆虫妈妈都懂的道理，反而更有灵性的孩子的妈妈却大多不懂，在孩子还没长到能学知识的年龄时，就强行灌输孩子不懂的知识。这样做就如同羊羔、乳牛还在吃奶时却偏不让它吃，非得提前让它们吃草一样，还说：“早晚都得吃草，你早练好吃草的‘功夫’，以后别的牛就不如你吃得快、吃得多了。”

感性是孩子认识事物的唯一通道。成人随意改变孩子的认知渠道，强行灌入不能用感觉辨别的事情，就是对孩子感性的破坏。让孩子过早地由感性改为理性，由认知改为记忆，违背了发育成长规律。

现在的早教就是“提前教”。无论是在家还是在幼儿园、亲子园，教知识、教技巧的教育非常普遍，好像不教知识就不是教育，不教知识的幼儿园办得就不好。让孩子以玩耍为主、感性为主、体验为主、充分享受童年自由的教育好像让孩子什么都没学着，特别是当幼儿从幼儿园毕业还不会写自己的名字时，更觉得这幼儿园办得不行。

家长认为的“学”与孩子认为的 “学”意思悬殊。家长以为的学就是老师手把手地教，例如：这是天，这是地，这是苹果，这是房子；而孩子认为的“学”就是认知、感悟 、直觉，是“觉得”是什么，不是“教”的是什么。就像绘画，家长认为的“教”就是今天画个大熊猫，明天画只大公鸡，一年下来会画不少东西，这就是学而有成。

现在的幼教环境是，从学字到学画磨灭了孩子的感性，不到教的时候就提前教了，大多不要感觉，只要接受，不要体验，只要记忆。不管孩子懂不懂，听不听，都用强制的方式。在这种教育方法下，孩子哪有选择的机会、选择的余地，哪有什么感性，哪还有什么好奇，哪还有什么天性，哪还有什么想象，哪还有兴趣爱好呢？

教，毁掉了孩子的好奇心，毁掉了孩子的感觉 。教，挤占了孩子的想象空间。大量的作业挤得孩子没有玩耍的时间。正是在这种情况下，我才提出孩子需回归自然 ，回归原始，回归本能。

成人是学而知之，孩子是不学而知之。认知不是教的，而是自我教育的。孩子的精神潜力暗暗地支持着孩子的认知，根本不需要像成人那样等着老师去教，大自然早在孩子出生前就为他安排好了以后将“怎样成长”。

成人在孩子的学习上费了这么大的劲去管教，却不懂孩子是不需要教的。在儿童成长规律上，成人远不如孩子做得好。很多成人用最愚蠢的“教”毁掉了孩子的“悟”，用“理性”毁掉了孩子的“感觉”。是时候让孩子的感性回归到大自然，让教育回归本质了。没有感性的回归，就没有正确的幼儿教育。

借居的精灵

人与动物不同，一个具体的人由两部分组成：一部分是肉体，另一部分是精神。精神依附肉体而存在，而动物只有肉体，没“谋略”或“深思”，这也是动物的一生都是为了身体的需求奔波，每天从早到晚都在琢磨着怎么填饱肚子。

而人除了知道填饱肚子，还把怎么吃、怎么享受吃提到精神层面。就是吃，人的吃与动物的吃也不一样，人会换着法子吃，绞尽脑汁地吃，这是动物无法比的。动物只在现实生活中找吃的，不会再加工。

人与动物最主要的差别是精神力量，比如想象、思考、谋划的能力。人与动物的不同还表现在动物只有本能，一直到老也没能超越这一能力。

即便动物看似很聪明，好像有人类深度思维的迹象，但那的确是本能，不是智能，且在达尔文的《物种起源》中也得到了证实。

人类在孩提时代确实与动物没什么区别，没有智能，没有理性，没有思考，做事、反应只靠本能，只靠感觉，借助天性的力量。但人一旦长到六七岁后，人的生命特征和智能就超越了动物的本能，并很快凸显出来。精神、智慧、计谋、远虑，人类有，但再聪明的动物也没有。

从这个事实可以看出，人的精神不过是借居在肉体上的“精灵”，人能感觉到它的存在但又摸不着它。就像达·芬奇在做了人的尸体解剖后说，精神在哪儿呢？没找到。人的肉体如果没精神了是没用的，肉身是承载人精神的载体。没了肉身，再聪明、再有智慧也没有用途。从这个意义上说，“精灵”有了这个肉体的承载，其能量才得以发展。先不说这个精灵最后能发育到什么程度，就肉体来说能有一个“精灵”住在里面已经是个伟大的奇迹了。

人一出生就与现代人一模一样，就像昆虫的“不完全变态”，什么都不少，形态与成人差不多，这是第一个伟大——肉体的诞生。那什么是第二个伟大呢？人总想扩大人的作用，觉得婴儿离开了成人寸步难行。人不能像动物一样，生下来就会自主生存，动物有那个本事，而人没有。孩子需要成人照顾才能走出幼儿期。成人总觉得孩子什么都不懂，孩子的任何需求都需要成人去满足，实际上不是。孩子只要肉体正常发育，生活在社会环境中，就能自主成长，这个力量可不是大人能给的。孩子从出生到会坐，从会爬到站立，直到会走路，都有一个助力，这就是第二个伟大——“精神”。

婴幼儿的本能在慢慢等待了五六年后，智能和理性在孩子不觉察时就来了，然后又经历了十几年的学习，这个孩子已经成为有知识、有智慧的人了。我们的祖先从水中走向大陆，经历了3亿年的历程才使我们长成现在这个模样。而孩子一出生，仅仅用了十几年的时间就“铸成”了。这其中翻天覆地地、惊心动魄地、脱胎换骨地、不停地转换的力量，难道都是成人给的吗？孩子在十七八岁后的聪明才智、精神和心理难道都是成人教的吗？绝对不是。

在画室里，我听见一个只有两岁的小女孩跟她妈妈说：“妈妈，你的眼睛为什么是粉红色的呀？”这一复杂句型不太可能是成人一个字一个字教的，而是孩子在生活中学会的。“生活即教育”（陶行知语），一点也不假。这就是婴幼儿的自我发育、自主成长。即便是生活在农村或偏远山区的孩子，只要到了这个年龄，照样能说出一口流利的口语，表达较完整的意思。

这些事实都证明了孩子的发育是自我式发育。孩子到了三四岁摸笔就画，想画就画，不需要先学再画，这就是自然发育。

幼儿绘画是本能，是潜伏在孩子肉体上的小精灵，这个小精灵到了年龄就会发挥作用。孩子画画的能力与成人的教没有关系。成人需做的是保护好这个小精灵不被侵犯，使孩子的天性得到正常的发育成长，就是最好的“教”了。

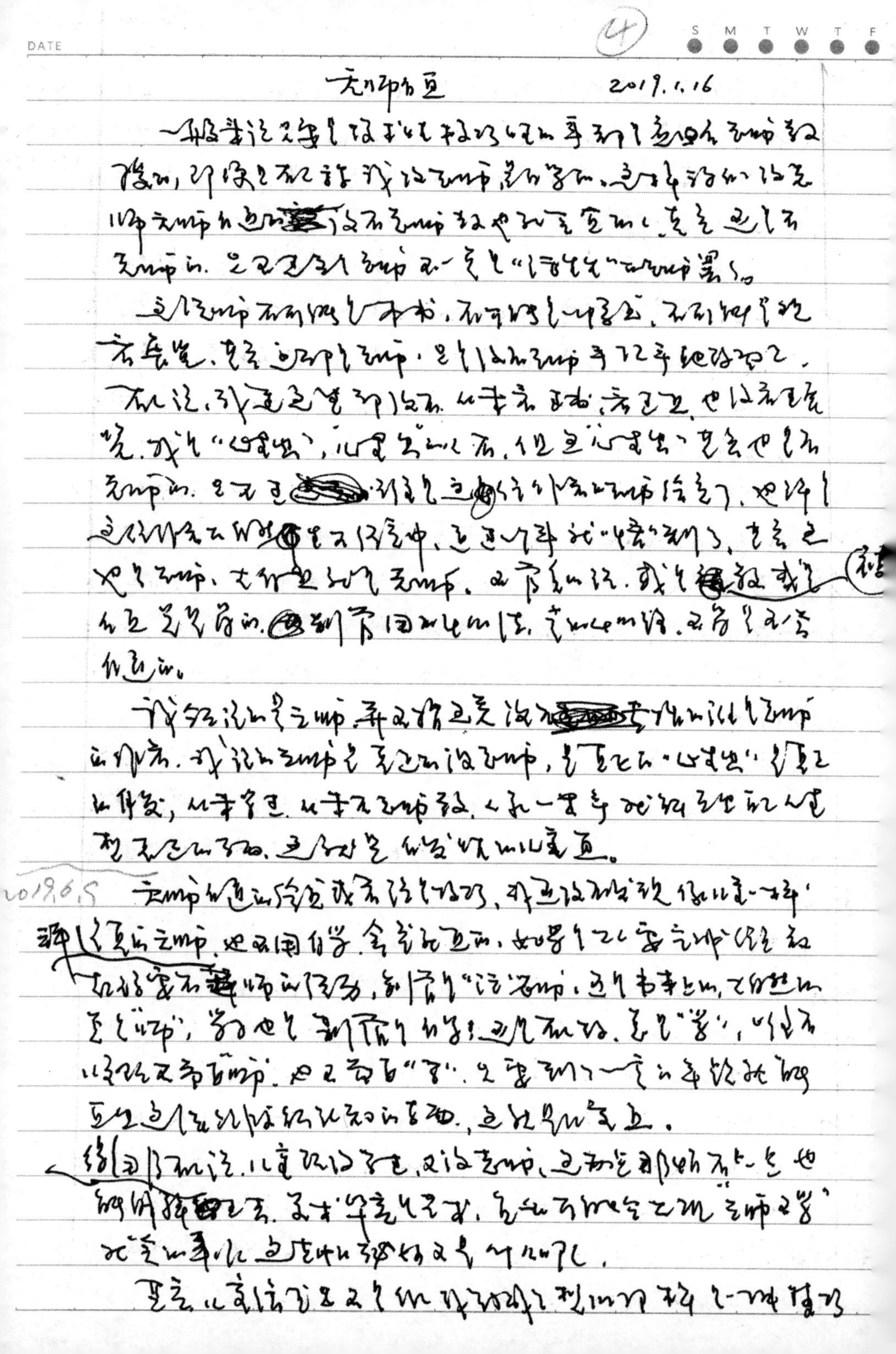

DATE (4) S M T W T F

[illegible] 2019.1.16

[illegible]

2019.6.5 [illegible]

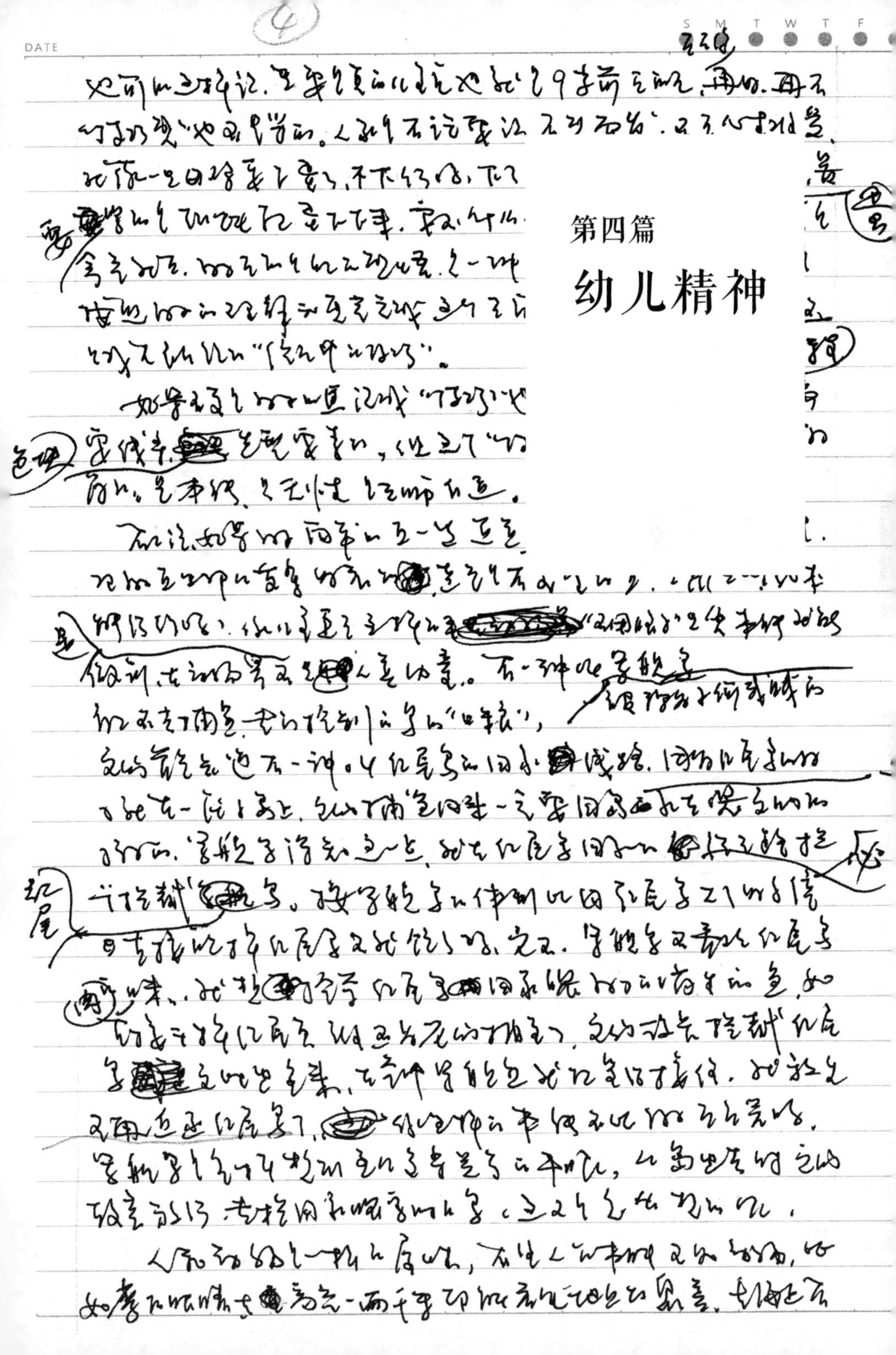

第四篇

幼儿精神

精神潜能

精神潜能是幼儿的一个奇异的能力。这种力量的“后劲”特别大，大得难以想象。如果在幼儿人生的初始，成人保护了孩子的天性，保护了孩子的原生态，在这种环境下成长的孩子，后期发展的潜力要远远高于从小就被灌输了许多知识的孩子。这种没经过成人意识污染的、以天性为动力的、自然引发出来的能力就叫“潜能”。那怎么才能做到在孩子的“人之初”时“潜能”不受到破坏呢？

孩子从出生到长大，在生活上需要人照顾和保护。在这方面人类已有足够的能力去保护孩子的生命安全。人类的寿命高于其他动物的前提就是婴幼儿的幼稚期比较长，不像猪、羊只需一年就长成了。这是人类的进化适应现代生活的需要。孩子也和成人一样有自己的精神，但好多成人不认同这个说法，孩子能有什么精神，你叫他干啥他就得干啥！他们懂什么？成人对孩子的精神往往是藐视的态度。

实际上，孩子不但有自己的精神，还有完整的发展体系。也就是说，孩子生来就有精神，这个精神并不是成人教育的结果。比如，多长时间眼睛能看多远，几个月会笑，几个月会咿咿呀呀地说话，一定程度上是孩子的精神在起作用，不是成人教的。可成人在这一方面对孩子了解不多，认为孩子小，什么事都应让孩子慢慢学，把这个生来就会的力量误认为是生活的技巧，不学就不会。希望孩子快速成才的家长老早地就给孩子绘制了宏伟的发展蓝图。特别是硕士、博士等高学历的家长可能下手更早，怕自己的孩子输在起跑线上。他们也认定了自己有知识，孩子也要高人一等，接下来就是怎么做早教计划和执行计划了。

早教不是早“学”，而是合适的教育。不是孩子 3 岁学了就一定比 4 岁才学就好。其实，这么小的孩子没必要老早地学习知识，孩子的能力不是靠学习得到的，而是自我成长。到了时间，孩子的“潜能”就会启动，该会什么不教就会。

孩子的精神力量就像一颗种子，我们成人只要准备好湿润的土壤、符合种子发芽的条件就够了，剩下的就看种子自身发育了。孩子的成长也像一颗种子，时时都在变化、发育、生长。孩子的精神状态与成长会在某个时段被发现，让人突然感到“懂事了”或“长高了”。

孩子身上散发的那种无穷无尽的智慧和力量，就是大自然的力量、精神的力量。成人在婴幼儿的成长期要做自然的助手，听“自然力量”的话，而不是按自己的意愿去改变他。

知识是有形的，而精神是无形的。精神并没一个“实体”让你觉得它存在。人的精神涵盖两个层面：一是心理，二是心灵。婴幼儿这两方面的成长都不需要成人帮忙，因为心理和心灵是发自孩子内心的力量，它的特点就是自发性、自主性、内发性，孩子的老师就是自己。能引领孩子发育成长的是孩子自己的“内部老师”，不是孩子身体以外的什么人。成人这时的作用，仅仅只限在保护孩子“渴不着、饿不着、碰不着”。凡是有心理活动和展现孩子心灵的事，你就可以“任其发展”，甚至让他们折腾、胡闹，这方面不用大人“操心”。只要成人有想“帮孩子”的念头，就意味着“狼就要来了！”。

成人这时候的角色非常明确，是“保育”，不是“教育”。人们常说教给婴儿知识很难，因为婴儿听不懂，而实际上，“保育”比“教育”更难。“保育”是在“教育前”发生的事。“保育”不仅仅是保护孩子的“肉身”，更重要的是保护孩子的精神。这种只呵护孩子内心精神的“保育”比起单纯的知识教育难得多。“精神保育”比“技法传递”的知识教育一点也不容易。这种“无形的精神心灵”的“保育”，更让人难以把握分寸。

一个胎儿的出生，只是完成了人生的初始，这个能看得见的“肉胎”只有在妈妈的子宫里才能发育成长，换个地方就难以成活。但“精神的胚胎”在婴儿还没离开妈妈的子宫之前还没开始。“精神胚胎”的发育成长需要的环境与“肉胎”不一样，它需要人和社会环境的“养育”和保护。婴幼儿的成长由两部分组成，“肉胎”除了有时与妈妈有情感或心灵的感应外，是在没有交流的封闭环境下自我发育的。而“精神胚胎”却是在人和物的复杂关系中成长发育的。0 ~ 6 岁仍是一个没有完成人的心理发育的“精神胚胎”，家人和社会环境就像“肉胎”的子宫。

婴幼儿用的是“天性”应对人和社会，他们的理性还在“睡大觉”，还没苏醒，还不会像成人一样遇事会“动脑子”。幼儿只能完成来自体验的“形象”想象，而不能完成从未接触过的“抽象”想象。这也是幼儿为什么不能学知识，为什么不能直接接受“教”的原因。

幼儿行为的促成来自孩子的生活环境及自身经验，幼儿绘画语言的生成更是“精神”和“心理”共同作用下的产物。幼儿绘画有了“精神”的支持，有了对事物的感悟，有了“心理”反应，就具备了绘画条件。

我的老师

从教孩子画画起，这些孩子就是我的老师。虽然没举行拜师仪式，但这是“板上钉钉”的事。我认我的学生为师，不是矫情，是我内心所动，因为事实确是这样。从我踏上教孩子画画这条路，第一个“教我”不能“那样教”的就是我的学生。无论是读是写，还是我的“成长”，都与我的学生有关。我的知识和思维方式也来自我的学生，学生教会我怎么想，教会我怎么做。

二十年前，一次带幼儿到树林里写生。我那时根本就不懂儿童教育，就给他们讲树的比例、结构、遮挡关系及前后大小。孩子都说听懂了，但画出的画却不是我讲的那样。树没前后，没遮挡，没远近。看到这个现状，我想可能是我还不会教，孩子没听明白，我又讲了一遍。结果还是在画面上就只有一排树，没第二排，也没有遮挡。我看到后又强调说：“大家看见了吗？这个树挡住了后边的树，把这个状态画下来呀！”孩子们都说好，结果还是没有画出来。这时，我就知道不是那么简单的事了（图 4–1）。后来我才明白之所以出现这样的事是因为孩子年龄太小，对空间现象认识不够。本来是我给孩子上课，结果是孩子给我上了一课，使我明白了这个道理。

图 4–1 花树 崔潇洋 5 岁

还有一次，我出了个画画的题目，一个 4 岁的男孩很明确地告诉我，那个题目他不愿意画。我说：“行，你就画你自己的吧！”如果孩子太听话，老师怎么说就怎么画，心里不想画也不跟我说，我怎么知道他不愿意画我出的题目呢？是的，我出的题目，他不一定感兴趣。后来我就改变了老师出主题的上课习惯，让孩子自己去找画的主题。是孩子教会我怎么教他们，怎么和他们相处。

从这件事上我学会了无论画什么，只讲大方向，不说小细节；只说想法，不说方法；只提要求，不要求做到；只引导，不纠错，让孩子按自己的想法去做。孩子觉得怎么好，就怎么画。这样孩子的想法也出来了，个性也出来了，画的画也不雷同了，画的主题也不“撞车”了。如果老师在引导中“过头”，讲得太具体，孩子就会按老师说的去画，没有孩子的主意了。

孩子对画题的反应使我懂得了每个孩子都有自己的主题，老师没必要一定要说画什么，让孩子学会在生活中找自己喜爱的东西画。一开始孩子会感到有些困难，因为他们已习惯了老师说啥就画啥，对自己画还不适应。如果老师能注意引导，帮孩子过这一关，促使孩子去发现自己、寻找自己。时间久了，每个孩子都能找到自己兴趣点的突破口，并形成习惯。

这样，孩子越画越有兴趣，越画越愿意画。孩子的天性保住了，热情留住了，灵性也有了。老师也因每堂课不用出画画的题目而感到轻松了。一开始会很难，但如果老师坚持做，时间长了就会有些启发，有些思路。一旦孩子养成习惯了，老师就算是引导成功了。这个做法正好与陶行知说的“生活即教育”的观念不谋而合。

有时老师说得越具体，越影响学生的想象力和主观意识。为了让孩子能画出自己的想法，我多次说：“如果老师讲的与你的想法不一样，就不要听老师的，按自己的思路走。”

一次画藤子架写生，我说：“木架上的多枝藤叶条如果能从方木架子的横梁缝隙里垂下来，把木架子夹在中间，会形成很好看的疏密关系，显得画面有层次，有变化。”有个男孩就说：“我觉得藤叶垂下来不好看，

图 4–2 藤子架 薛宇辰 5 岁

藤叶在木架子上能遮阳，像个帽子盖在木架上，多好玩。”后来我就意识到我不应该把自己的喜好塞给孩子，让孩子接受我的建议。即便真的是藤叶垂下来比在藤架上好看，至少现在这个孩子还没意识到，老师得允许他按他当下的想法画，耐心等待他在认知上的苏醒。

这件事给我的提醒是，一个幼儿美术教师，可以喜欢你认为的画法，但你一定要接受不符合你思路的画法，甚至是与你“唱反调”的画法（图 4–2）。

画的主题明确后，学生有想法是最好的事了。难道与老师想的不一样就错吗？老师应允许学生有自己的想法，还有比学生有自己的感受，不受老师的语言约束再好的事吗？这些学生的举动让我学会了尊重他们的意见，听从他们的看法，注意他们的感受。学生是我的老师。

其实老师在教课中越主观，孩子越被动。老师说得越多，越影响孩子的思维。老师教得越多，越干扰孩子的自主表达。教育不应以教师为主体，应以孩子为中心，多听听孩子是怎么想的，不要发号施令让孩子去执行。实际上，一堂好课是教师和学生密切合作的结果。教育更多的是充分发挥孩子“内在”的指引作用，孩子才有可能最大限度地表现自己，孩子的成长之路才不会有太大的偏离。对孩子，如果是以“教”为主，不是以感悟为主，整体教育水平就会下降。

以前我在给 4 岁多的孩子上美术课时，经常在课前放些孩子喜欢看的动画片，有时上课时间到了片子还没放完，孩子的眼睛都直盯着屏幕看。我乘机跟孩子们说：“我看大家都喜欢看动画片，咱们今天不画画了，只看动画片行不行？”没想到，十几个 4 岁多的孩子竟没有一个人说行。

都说孩子“没主意”，根本不是那么回事，孩子是非常知道自己来干什么的 。即便动画片再好看，对自己也有约束力。虽然他们不一定能从道理上懂，但从感觉上认为不能那样做，不会因为动画片好看，耽误了自己的正事。这是孩子没“脑子”吗？实际上孩子“很有脑子”，很有想法。不是说我对儿童佩服，对儿童精神崇拜，他们干的事太让我吃惊了，让我进一步理解了他们有着很高的精神层面，并不是我们传统认为的“小孩三天两头就得敲打敲打”。成人千万不要小看他们，这是孩子给我的启发。

我的算术很差，比如，一棵白菜三斤二两，1.3 元一斤，就够我折腾半天的了。一次，我带学生去蒙山写生，当家长交写生费用时，我说我不识数，让家长帮我算一下。这时一个 5 岁的女孩说：“老师，你说你不识数，你收学费的时候咋没见你算错一回呀！”在场的家长和学生都笑得前仰后合。我笑着说：“我平常错就错了，收学费时可不能错，少收了，那就赔了。”

学生说话不顾老师的脸面，不管老师愿意不愿意听，单刀直入，直奔主题，坦率真诚。仅这一点，学生就是我的老师。我做不到这么直截了当地说事，我有时会掩饰自己。孩子的这种真诚、单纯是我一辈子要学习的。

幼儿的画法很简单，他们是“以一当十”应对所有的技法。一个“直觉”就囊括了观察、分析、理解和比例、结构、空间、遮挡等多方面的问题，这种高度的概括能力我一辈子也做不到。这种以少胜多、以简代繁的“战略战术”不应是我向他们好好学习的吗？

有的老师看了我的教学后说：“也没见你上课讲什么，怎么就‘稀里哗啦’地一气下来，课就上完了？”我说：“你想看什么呢？”“那上课总得有个‘知识点’什么的吧！比如，教学过程、教学重点、教学难点等，怎么什么都没看见，课就上完了？”我笑着说：“你说的这样的课给初高中的学生上还差不多，因为他们处于理性阶段，而我的学生都是‘理性在睡觉’的幼儿园的孩子，怎么可能跟他们‘讲道理’呢？既然是教幼儿，方法就应该与他们的年龄同步。你看到的表面好像是一堂课‘稀里哗啦’地一气呵成，没捋出‘知识点’来，而实际上囊括了所有的教学过程，却不见教学痕迹，适合孩子的心理还不够成熟的特点。一个引导应对了万变。”孩子是有这么好的教学法的人，还不是我的老师吗？虽然是我教他们，他们仍是我的老师。孩子天性率真、直接、朴素，不像我们成人画画还要考虑主题、职称、名利等。孩子想画就画，从不想画完以后的事，而怎么评价是大人的事。难道这一点成人不应该好好地向孩子学习吗？

无论是精神还是绘画，孩子都是我的老师。我的这点“本事”都是向他们学到的。如果我不是在教学第一线，与孩子们相处，我怎么可能会有这么多的感想、感悟呢？没有我和孩子的教与“学”，我什么也发现不了，什么也写不出来。孩子们的智慧给了我很多的启迪和思考，也决定了我一生的工作方向。对我影响这么大的人，我怎敢视而不见呢？谢谢我的老师，谢谢我的学生。

谁是前辈？

在西方文化中有“儿童是成人之父”的说法，比如诗人华兹华斯、人类学家泰勒、心理学家霍尔、教育家蒙台梭利等都曾说过。以前我不怎么理解，也许是自己的“文化水平”不够或是文化差异，但随着年龄、阅历的增长，我越来越明白为什么这些大师都说“儿童是成人之父”了，也很赞同这个说法。

“儿童是成人之父”，我理解就像大师说“儿童个个都是艺术家”一样迷惑人，有诗意。大师很清楚，儿童并不是艺术家。艺术家是有思想，有个性的，是审美的、创造的，而这些都是理性和感性交融的产物，显然儿童没有。儿童不是我们通常所说的艺术家。真正的艺术家是靠多年的修炼而成的，并不是儿童不用学就会画，一画就成了艺术家。“儿童是成人之父”与“儿童个个都是艺术家”一样，显露的是成人不及的地方。成人经过几十年的努力也做不到儿童的纯真、虔诚，儿童是不是因此才被这些大师称为“成人之父”呢？

有人说，是成人培养了儿童，造就了儿童，我觉得是“说反了”。大家想想看，一个成人如果不经过婴幼儿的生活，不经过幼儿的东看西望，没有求知的欲望以及对生活的热情和好奇心，怎么可能以后会变成成人？是儿童主动吸收了社会上一切对他成长有用的东西，在“大自然”这个老师的指引下长大成人的，就像一只蝴蝶的卵，从卵壳到幼虫，从幼虫到蛹，由蛹变成蝴蝶。也可以这样说，没有幼虫，就没有蝴蝶，蝴蝶的一切天性都来自幼虫培育。那幼虫是不是蝴蝶的“前辈”？昆虫是这样，我们人类何尝不是呢？

成人之所以成为成人，有好多习惯、习性、喜好来自幼年。谁再有本事也不能跨越幼年而直接长成成人，幼儿是成人的“前辈”，这一点是不容置疑的。没有一个成人的“前身”不是儿童，没有一个成人没经历过童年。童年的一切“灿烂”都会在成人那儿得到体现。

这个成人思维主体的构成，就是在儿童时期接受过什么教育，遇到过什么事，过什么样的日子，家庭遭遇过什么变故，受到什么挫折，小时候玩过什么游戏，看过什么小画书，有几个要好的朋友，在哪儿偷过瓜、摘过枣、摸过鱼、捞过虾、掏过鸟窝，搞过什么恶作剧，说过谁的坏话，跟谁闹过别扭，和谁打过架……你揭过我的疮疤，我揭过你的短；今天好得跟一个人似的，明天就恶语相加，什么话最恶毒就说什么，什么话最解气就说什么；说谁好，好得一点毛病没有；说谁坏，坏得出奇，一肚子坏水。没有这样或那样“极为精彩”的与众不同的经历、这么多的“好事”“坏事”和“不靠谱的事”做“底子”，儿童不可能成为成人。

长大是好人还是坏人，那就看做事的“底子”了。可以肯定地说，成人有什么习惯，儿时就有什么爱好。成人是什么品性，儿童就是什么德行。成人与儿童有着密不可分的精神传承关系。既然是这样，说“儿童是成人之父”又有什么不妥呢?

从幼儿画画上解释“幼儿是成人之父”，也能解释得通。从没学过画却拿笔就画的 4 岁幼儿，画的画就像大师的作品。而画家要好好地学习孩子的画，学得好的才能成为大师。如果画家修行不好，德行太差，“学不会”孩子的真诚、单纯、朴实，无疑是当不了大师的。从这个意义上说，孩子就是大师的老师。中国有句古话说得好，叫“一日为师，终身为父”。要是从这个道理上讲，可以说“画童是画家之父”。

我现在也觉得儿童的伟大之处越来越多。成人除了“心眼”比孩子多，还更会掩盖自己的真实想法。每个成人都会在儿童天真纯洁的“眼前”败下阵来。

有时真为孩子的那种神奇的能力所钦佩。每当我看到孩子的那寥寥几笔，都感到非常震撼，自愧不如，佩服得五体投地。我是孩子的老师，有时候我也特别迷惑。像这样大气率真的画我是无论如何也画不出来的，但孩子的画确实又是我引导出来的。孩子能领悟到我的信息，我能感受到孩子的灵气，作品是我和孩子在非常默契的相处下才有的结果，这种关系实在是太微妙了。

更让我惊奇的是，一个婴儿出生后经过两个 7 年就基本长成成人。第一个 7 年是幼儿阶段，第二个 7 年是学龄阶段，特别是第一个 7 年，幼儿没文化，不识字，竟然学会了这么多东西。从一个月大就有光感，能感知到眼前的手动，到眼睛会跟随目标看，到自己能翻身、会爬、会走、会说话，都不需要教，在大人还没觉察时自己就会了。第二个 7 年是从小学到初高中，在这个过程中，儿童长成了一个有现代人思维和适应当今社会的人。

每个儿童都有父母，每个成人都有童年，每个人的生命都有着很长很长的历史渊源。如果说每一代人是个“小珠子”，那么串起这千万代“小珠子”的这根线就会直通到 3 亿年前的某个动物身上。今天的这个人，必定与 3 亿年前的某个动物有着基因的遗传关系。其间，去掉这千万代中的哪一颗“珠子”，都不可能有今天这个“人”的存在。今天的儿童就是千万代人类生命延续发展的浓缩，是人类所经历过的历史重演。实际上，每个人都是大自然的孩子，都是幸运之星，都是生命的奇迹。孩子的一切能量都是生物学潜能，是自己成长自己。

幼儿天生有一种吸收各种信息的能力，靠自己内部的力量发育成长。孩子的生命就像植物的种子，初始并不需要太多养料，而是靠自己“本能”发育自己，教育自己。

我们成人就是一个关注者，眼看着一个人从小到大的过程。没有儿童就没有成人，哪个成人都是经历了童年才长大的。成人可能根本就不知道从什么时候起，儿童的身体和头脑就转换成了成人的身体和头脑，儿童的精神和心理转换成了成人的精神和心理，在自己都没感觉的情况下就完成了从儿童到成人的接力“换防”。这也正是大自然的奇妙之处、伟大之处。也可以这样说，儿童吸收了这么多的能量，收集了这么多的信息，体验了这么多的事情，储备了这么多的本领，学会了这么多东西，给成人“铺了”这么好的“底子”，成人才会有这样或那样的才干。

实际上，儿童 12 岁前就在琢磨着怎么长成成人。儿童就是生活在两边都是成人的“中间色”位置，与色系中的“绿”“橙”“紫”扮演的是一个角色。前面是父母，后面是长大了的自己。儿童就是为了造就成人才有的这种生命的存在样式。如果不是这样，谁又能解释当儿童长成成人后，儿童的声音、儿童的形体特征、儿童的精神特征怎么没有了，跑到哪里去了?

一个儿童经历了幼年的发育成长和社会的洗礼，长成了一个成熟的有本事的成年人。成人难道不应该好好地感谢他童年时的经历吗？就上面的事实，难道儿童不是成人之父吗？蒙台梭利也认为，儿童的工作和任务就是造就成人。蒙氏观点是否与我前面说的成人是因为童年“铺了这么多的底子”才可能成为成人有相似之处呢？

无论成人是否想通，是否承认，儿童是成人的“前辈”是不容置疑的。然而，很多成人看不起儿童，不尊重儿童，常说“乳臭未干”“毛孩子”等。说这话的人难道不明白自己就曾是从一个“乳臭未干”的“毛孩子”蜕变过来的？

如果成人知道自己的想象力、独立精神是自己的“前身”留下的“财富”，还有什么理由不去感谢自己的“前辈”？如果我们成人都能认可“前身就是前辈”这个说法，对自己的“前辈”怀有感恩之心，全社会不单是“尊师重教”，还会“尊‘童’重教”，重视儿童成长，关注儿童发展，以儿童为中心，会重新认识儿童，从内心尊重儿童。

一个儿童的成长在短短的十几年里就完成了人类 3 亿年的生物进化全过程，成为一个能适应当代生活的人。这个结果就够神奇的了，这不是人的教育能做成的事，成人没这个能力。儿童靠自然的教育和天生的精神能量完成了这一奇迹。

无数事实证明，成人从儿童“进化”转变而来。儿童是成人的“前辈”，是成人之父。儿童有儿童的世界。

儿童是整个人类发展进化的浓缩版，这个生命的奇迹难道不值得成人敬畏吗？难道成人不应好好地感谢我们的“前辈”，不应赞叹大自然的神奇力量吗？

无师自通

一般来说，只要是技巧的事，都是由老师传授的。即便有人称“我就没老师”，其实，还是有老师的，只不过这个老师可能是本书，可能是幅画，只是老师没有手把手地教自己而已。有人说自己连这些都没有，从未看过书，也没看过画，是“心里出”，但“心里出”也是有老师的。例如，也许这位作者在大自然中领悟了，有了灵感，那大自然就是老师。不管是被教或是自画，总是“学”的，别管用什么方法，走什么路，不学是不会自通的，这就是成人的学画之路。

无师自通的绘画用不着学，拿笔就画。如果是大人学画，最起码要有“择”师的经历。不管是“活”老师，还是书本上的、“大自然”的，总是“师”。不管是自学，还是有人教，总是“学”。唯有幼儿画画不需要老师，也不需要“学”，是真正的“心里出”，是真正的自发。只要到了一定的年龄，就能画出这个年龄的认知，这就是儿童画。

儿童画是有话要说，有感而发，不画心里难受，就像鸡要下蛋了，不下不行。孩子画画是冲动，从心里就想画。他们画的是感悟，是情绪，但这个过程并不是成人所说的绘画技巧。孩子的画完成的不是技巧，也不是孩子学的，是孩子的本能、天性，是无师自通。

有人说，如果孩子简单地画一些道道，乱涂乱抹也许是天性，那孩子画出比较复杂的画，好像是“动脑子”才能完成的，只靠天性和本能能行吗？当一个人还不了解儿童，没有尊重儿童、没有敬畏儿童天性的想法时，当然不会相信儿童画画是“不用脑子”而只靠本能就能完成。

在动物界，从表面上看好像有很复杂的思维，其实还是本能。有种鸟叫军舰鸟，在“鸟界”名声可不好，被同类认为是贼。这种鸟的习性是，它自己不捕鱼，专在半路上劫持“鸟食”。它们知道红尾鸟的回家路线，因为红尾鸟的孩子就在附近的一座岛上。军舰鸟就在红尾鸟回家的必经之空设卡拦截红尾鸟，向它们要“过路费”。军舰鸟的体形要比红尾鸟大好多倍，直接吃掉红尾鸟不就饱了吗？它不，军舰鸟精明着呢，只抢红尾鸟口中的鱼食。军舰鸟清楚地知道，如果它们饿了就去劫杀红尾鸟填饱肚子，时间长了，把红尾鸟都捕食完了，谁还给它们捕鱼呢？红尾鸟也知道军舰鸟只要它的鱼食，只图财，不害命，所以不怕军舰鸟，也不躲避，只跟它比飞行技巧，能躲过就躲过。当知道肯定是躲不过了，就把鱼吐出来，也不用担心军舰鸟要是接不住，鱼食会掉到大海里。军舰鸟灵着呢！在红尾鸟吐食的瞬间，军舰鸟在空中就完成接的动作了。当吃着了红尾鸟嘴里的鱼食，军舰鸟就不再追逐红尾鸟了，好让它再去捕鱼，等它捕鱼后回家路过此“空”时再去抢食。像军舰鸟能瞻前顾后，“考虑”前因后果的思维，难道比孩子画画容易吗？

人和动物有同样的属性。人的知觉敏感度有时还不如动物。有一种鸟在海面上空飞行就能发现鱼群，也不知是谁一声令下，所有的鸟都垂直朝下，箭一般地冲向大海，准确无误地啄住正在游动的小鱼。这种超快速反应和协作能力又是谁教的呢？

孩子画画需要教，这是一个被灌输的错误概念。这个概念来源于传统意识，传统认为一切技艺通过学才能获得。这是把传统的习惯性思维套在儿童画上的一种说法。现在好多家长也都这样认为，学总比不学强，学习的技术说不定以后能派上用场，还有个最通俗的解释叫艺不压身。

其实，孩子在幼童时画画，就是一个成长过程，培养了一个兴趣。在儿童期画得很好，长大了能从事这个专业的人很少。“学画就是学本事”的认识与中国的传统文化有很大关系。中国传统意识忽略了儿童的独立精神和思想，把儿童看作任何事情都需要大人管的“毛孩子”。在这种思维下，怎么可能会出现尊重孩子、呵护天性、认可孩子“无意识”的画呢？孩子画画的动力是好奇，是兴趣，其特点是主动，大自然就是老师。只有大自然有这个能量，在孩子还是胚胎时就种上了出生后就会画的种子。

自由的思想

自由的思想，就是儿童怎么想就怎么画。传统教育是不认可孩子有自己想法的，而是认为既然是画，就要有章法，有步骤，要有章可依，需老师手把手地教才能学好，乱画就是胡来。传统教育认为儿童画与成人的画除了年龄不同，其他没什么两样，小孩乱画是因为缺乏教育，需要通过“教”提高技巧。孩子没有比例概念，不可能画像。时间长了，孩子画画的兴趣就没了。孩子在这种教育下，画得能让成人满意的不多，只有那些靠死记硬背，听话的孩子才有可能做到让成人满意。没有法则的自由思想在这种教育环境里难以生存。 即便是在思想比较活跃的欧洲，儿童自由的思想也不是很早。

古希腊的亚里士多德在公元前 300 多年就说过，儿童在 5 岁前，应当通过玩耍学习，但这种思想观念并没得到发扬和延续。古希腊人也与中国古人认识一样，孩子除了个头小于成人，在思想上没什么区别。如果古人的认识只是针对儿童没有独立精神这点，儿童的日子还好过些，在欧洲最有权势的教会甚至认为儿童一出生就有罪，只有通过“畏神”教育才能消罪。在这种背景下，儿童不可能有自由。不被社会认可，儿童怎么可能有自由思想呢?

能把儿童精神单独看，或者说承认儿童有独立思维，是在 15 世纪欧洲文艺复兴时期。当时，人性、人道、人权思想蓬勃发展，儿童观也有了重大改变，文艺复兴的光芒也照射到这一小块土地上了。新的儿童观不断问世。夸美纽斯提出的“教师是自然的仆人，不是自然的主人；教育的使命是培植，不是改变……”足以表明他的教育观。

17 世纪，英国哲学家洛克提出“白板说”。“白板说”意为人类在没有经验之前，其心理就是一张白纸。这个观点马上得到社会的认同。“白板说”的意义在于它否定了教会说儿童生来“就有罪”的说法。真正认为儿童有独立思维的是 18 世纪法国启蒙思想家卢梭。他在著作《爱弥儿》里写出了对当今影响最大的观点：大自然希望儿童在成人以前就要像儿童的样子。卢梭的“教育即自然发展”这一观点基本上成了持自然教育的教育家共同的观念和信仰。

四五百年来，使儿童走向自由的这一条线的人有夸美纽斯、卢梭、裴斯泰洛齐、福禄贝尔、杜威、蒙台梭利、皮亚杰、陈鹤琴、马拉古奇、陶行知等，他们不约而同地“走”在了一起，他们都是儿童自由思想的倡导者、主持者、践行者。

19 世纪，瑞士人裴斯泰洛齐和德国的赫尔巴特、福禄贝尔又把卢梭的思想推向高峰。儿童教育要心理学化就是裴斯泰洛齐最早提出的。普赖尔《儿童精神》一书的问世，标志着儿童观已经被社会认可。19 世纪到 20 世纪的过渡期间，出现了好多认为儿童有独立思想的教育家。

其中，瑞典人爱伦·凯在他的著作《儿童的世纪》中预言，20世纪将是儿童的世纪。

20世纪出现的著名教育家，如杜威、蒙台梭利，他们都主张儿童有自己的思想和规律。比如要尊重儿童，儿童要按自然本性去生活。其中杜威的“儿童中心论”对当今世界影响最大，他提醒人们要尊重儿童的世界，尊重儿童的发展规律。夸美纽斯还把儿童的成长比作“种子”的发育，开创了尊重儿童发展的新理念。我们今天提出的儿童自由的思想是多么不易，是经过了四五百年很多人的努力才达成的共识。在中国，直到1919年杜威来做巡回演讲，播撒自由的种子，中国才有了以“儿童为中心”的教育思想。这样说来，“儿童教育观”这个概念在中国也有100年了。

杜威在100年前到中国演讲是有原因的。当时杜威正在日本讲学，并没有到中国讲学的计划。这时北京大学的陶孟和、南京高等师范学校校长郭秉文正去欧洲考察，途经日本。在拜访杜威时，他们以江苏省教育会和北京大学等五个教育团体的名义，向杜威发出正式邀请，希望他能顺道来中国讲学。

1919年4月28日，杜威从日本乘“熊野丸”号轮船到上海，他的学生胡适、陶行知、蒋梦麟到上海迎接。

杜威在中国的演讲长达两年四个月零三天，到过11个省、3个市，做过200多场报告。杜威的“教育即生活”“从做中学”“儿童中心论”

教育观在当时的中国深入人心，产生了很大影响。杜威是当时对中国影响最大的西方思想家、教育家。他来中国的时候正是历史上新旧势力激烈冲突、社会矛盾最为复杂的年代。

受杜威思想的影响，民国时期，教育家何思敬、赵我青曾在全国教育会议上提出过“儿童画应自由地画”这样的前瞻性观点，并发表了研究论文。何思敬的论文是《我们应该提倡儿童自由画》，赵我青的论文是《我们为什么要提倡儿童自由画》。何思敬在文章中说：“若问中国民族能在这竞争的世界上维持多久远的生活，只要问现在我们的小国民的精神生活能否充分发展就可以断定。自由便是使儿童的精神充分发展的通道。”赵我青出版了《儿童自由画研究》一书，是国立中山大学教育学研究丛书之一，由民智书局于 1929 年出版。这也许是中国研究有关儿童自由画的最早著作了。

在教育会议上，还有儿童画展。何思敬的论文《我们应该提倡儿童自由画》就来源于这次画展的感悟。他说：“第一印象就觉得自由画的好处——自由、活泼、新鲜。那么，一定有许多看不惯自由画的人要拿出大人们的成见来批评这些小孩子的作品。”“我以为儿童自由画之要点，究竟，不在其大人所说的画与否，而在其画之自由与否，最好不多受大人的恩惠、帮助、指导、监督和拘束，让他自己自由取材，自由表现。要指导的地方也只是间接的，暗示的。自由画的目的在于养成独自表现他的印象、感情和想象。我们不好命令他画什么，不好先给一个对象而强迫他的创造力。倘若题材是他自己所喜欢的，那么这些小艺术家自然而然会创造表现的手法。”他还说，自由画是最好的儿童教育。

民国时期还有一位比较关注儿童美育的画家叫陈抱一，他 1914 年入东京美术学校藤岛武二画室，后任上海专科师范学校西画系主任。他在当时的《美术生活》杂志 1934 年 9 月第 6 期“儿童专号”上，发表了题为《关于儿童美育和图画刊物》的美育文章，文中谈到他对儿童“美的教养”的思考。他说：“儿童是未来社会的活动者。儿童教育首当推进，自不待言。但我觉得在儿童教育里面，直接关于儿童的品性以及创造性的‘美的教养’不可忽视。”后又在《新世纪》杂志 1936 年 4 月第 3 期“健儿特号”上再次撰文《儿童年及一般儿童之美育的设施》，并呼吁“儿童年不能仅以‘标语’提倡”，强调应在小学设立“儿童生活中艺术的教养”相关课程，在都市或乡村建设儿童美术馆。

像何思敬、赵我青、陈抱一这样自由的思想及审美观念如今看来依然是很先进的：不要以成人之见看孩子的画，最好不受大人的帮助、指导，让孩子自由取材、自由表现。自由画的目的在于养成他们独自的表现，自己喜欢的题材他们自然会找到表现的方法。自由画是最好的儿童教育。然而，现在每堂课老师给孩子出个主题，孩子愿不愿意都得这样画。画有方法，学有步骤，孩子不会，老师就教。

如果从民国时期能像何思敬、陈抱一说的那样，中国有了自由的思想，儿童就开始自由地画了，在都市或乡村建设儿童美术馆，今天我们也用不着费这么大的劲倡导儿童自由的思想、自由的画了。可惜这么好的思想没能贯彻下来。直到今天，我们仍不觉得自由画对孩子的发展有帮助，反而觉得是乱画、瞎画、胡画。

谈及儿童美术，不能不说一个人，他是在中西众多儿童教育家中唯一美术专业毕业并办儿童美术学校的人，他就是奥地利教育家法郎兹·齐泽克，毕业于维也纳美术学校。1903 年，他在维也纳创建了以培养孩子想象力和创造力为理念的美术学校，以此来证明他发现的儿童艺术的新理论。齐泽克说："儿童不为大人，而是真正为自己本身要求、意愿和梦想的实现而作线描和图画。""儿童生来是一位创造者，并且，凭自己的想象力去创作一切东西。"他还说："一切模仿的东西都是无价值的，即使是顶小的东西，只要是从儿童内心体验的结果所创造出来的，要比最好的抄袭来得有价值，所以，我是反对夸誉学校儿童的技术，因为，技术可以阻止艺术的创造。""我们儿童艺术班不是为造就艺术家而设，最大的功用在美化人们的日常生活，发展儿童艺术的创造力，不是造就一般社会流行的艺术。"[1] 他创办的美术学校专门招收 4 ~ 14 岁的孩子，过了 14 岁他就不收了，学生每周六到班上学习一次，办学形式很像我们现在的美术画室。

1 李英辅. 儿童美术与齐泽克［M］. 中国台湾：台北市新创美艺术教育学会，2016：26，29，81，87.

齐泽克的画室被认为是世界上最优秀的儿童艺术教育场所。

齐泽克是教育家中最先认识想象力、创造力在儿童艺术上有极大价值的人。只可惜，他一生只顾教学，没有著作留给后世，他的好多教育理念是他同事和学生根据他的讲课记录和演讲资料整理出来的。他说写书很耽误时间，还不如多跟学生在一起。“中国幼教之父”陈鹤琴和教育家马客谈在 1936 年秋曾去奥地利拜访过齐泽克，在他画室交谈了两个多小时，两人回国后都写出了访问记。陈鹤琴的访问记是《奥国儿童画教育家——齐泽克》，发表在《活教育》1943 年第 3 卷第 2 期。马客谈写的《维也纳儿童艺术班访问记》，发表在《教育》杂志第 26 卷第 9 号，1936 年 9 月由商务印书馆出版。

齐泽克的“新思维”教育也影响到当时的英国、法国、意大利诸国。美国教育家到欧洲考察教育，必定要到齐泽克美术画室访问。英国艺术教育家赫伯 · 里德在其《通过艺术的教育》书中提到的一些观点就受到了齐泽克艺术主张的影响。

齐泽克的教学理念影响了很多国家，在我国有些先进的教育观念与齐泽克的教育观非常相似。如：（1）教师“不教”，让孩子把看到的画出来就行了（《儿童美术与齐泽克》 李英辅）。（2）不要给孩子画画出主题，画什么由孩子自己定（《齐泽克教育之父》 李英辅）。（3）再好的名画不要让孩子去看，绝对不能去临摹（陈鹤琴访问记）。（4）八九岁以前的儿童是凭想象力去创作作品，10 岁以后描绘自然物（《齐泽克儿童画指导实例》温肇桐）。（5）把儿童按年龄分三组，4 ~ 6 岁为一组，7 ~ 9 岁为一组，10 ~ 14 岁为一组，这是大的年龄分组，也可根据实际情况分组（马客谈访问记）。（6）儿童画最美好的就是“有缺点的东西”，越是充满“缺点”，则越是美好（《儿童美术与齐泽克》李英辅）。（7）4 岁孩子画的人，只有头却没身子是对的，不要去纠正他，不要把成人的意见注入孩子的脑子里，更不要促成他早熟（陈鹤琴访问记）。（8）艺术是艺术，科学是科学，艺术不应该受科学影响（《儿童美术与齐泽克》李英辅）。（9）中国应该小心防备，不要把古代留存下来的艺术被欧洲科学侵蚀（陈鹤琴访问记）。（10）画是“情感”，不是技术，欧洲的画是科学，亚洲有艺术。这样的教育观现在看来也是很先进的（《儿童美术与齐泽克》李英辅）。

也许是历史的原因，儿童自由画这种理念在中国沉淀了至少 70 年。在 1990 年前的中国都没有广泛地形成自由的思想认识。直到 20 世纪 90 年代，这种自由的教育观在我国才有复苏的迹象。这样说来，儿童自由思想这一概念在我国被广泛认可的历史也只有 30 多年。

大家想想、自由思想和自由画在我国的发展时间这么短，与有 5000 年历史文化的传统相比，怎么可能会有很多的新思想拥护者和支持者呢？但真理永远在少数人手里，就像真理一开始会被认为荒谬一样。达尔文的进化论不就是这样的吗?

儿童自由的思想就是儿童画画时遵从内心感受，不经过画法学习，拿笔就画，画出自己的所见、所想、所闻。没主题、没画法、没章法、没步骤，画本身就是目标。儿童自由的思想最大限度地发展了孩子的想象力和独立精神，使孩子 的创意思维大大超过了有范本的临摹画法。

自由画，不需要像成人那样先学才能画。画面轻松活泼；线条随心所动，有呼吸感，生动鲜活；画意充满幻想，阳光开放，有趣；画的面貌别具一格；画具有独立性。不像那种临摹的画，整个过程都在为怎么能画得更好而用功，画千篇一律，没个性，少乐趣。

自由画是在自由思想引领下适合儿童成长的一种画法，但这需要教师有更高的审美及鉴赏水平。教师的水平反映在不是教孩子画，而是引导孩子画。如果教师审美太差，不知道好坏，就很难引导孩子画出好的自由画来。那些“既然孩子的画不需要教，就让他们乱画好了”的做法，是放羊式放任态度，教师也失去了应有的作用，这不是自由画，是非常错误的“随便画吧！”的做法。这个错误与“教”是一样的，是从一个极端走向另一个极端。

天性

在生活中我慢慢体会到，越是在城市待得久了，越是想走近荒草、野坡、池塘、树林，最好是一片少人光顾的山沟荒野，去找那点不知道去“找啥”的那种感觉，使浮躁的心暂时沉寂。

当你走进一个未曾到过的山沟时，你会自然地对小溪两旁和散落在沟底的大小不一的石头及歪巴巴的树发出感叹。大自然造就的景色是那么和谐自然！每当我走进这样的情景就会想：城里的家虽设备齐全，生活舒适，为什么就没有这种亲近感呢？直到50多岁才明白，人的天性就是自然的，在人的生活基因里就有自然的“烙印”。

人类的祖先是从大自然里走出来的，人类在洞穴野地里生存的时间比有稳定居所的时间要长得多。人从野地洞穴里走出来集中居住才一万多年。换句话说，人就是天生喜爱小溪、山坡，在人类基因里“就有这一块”，这是一颗虽经过了几十年的城市生活但并没拴住向往荒草、野坡的心。

有人说，也许在城市生活久了，就想到荒草、野坡里转转，换个心境。我觉得也可能有这个因素，就像我旅游走得越远，时间越长，越是想回家。但一旦回到家，很快又想起远行的感觉是那么好，向往心里的那个地方。

人应该有这种心境，但主要的应该不是这些。举个例子就清楚了：一个一两岁的孩子，生下来就在城市住，从未接触过荒草、野坡、泥土、水沙，他不可能把田野与城市的生活进行比较，再说他也想不到这一层。当孩子第一眼看见泥沙时，是那么兴奋和好奇，高兴的程度远远地胜过高科技玩具，比如可遥控的飞机和航模。而泥沙呢，天天玩也玩不够、玩不烦，一屁股坐在泥沙里再也不想起来。把泥沙弄到小桶里，再从小桶里倒出来，无数次地重复着相同的动作，培了土，挖掉，再培，再挖，没完没了。一个塑料桶、一把小铲子，来点水，能玩两个小时不喊累。问题是泥土、水、沙不能算作玩具，在结构样式上也是简单得不能再简单了，一个结构再简单的玩具也比泥土、水、沙复杂得多。为什么这么原始的“玩具”这么吸引人呢？我觉得归根结底这还是天性的作用。

孩子对泥沙的亲近反映了在孩子的基因里就有泥沙的“残留”记忆。在孩子第一次见泥土、沙子时就表现得异常兴奋，这种情绪不是成人接触新事物的那种心情，而是发自内心地亲土亲水，是基因起的作用。

成人去山沟、小溪、荒草、野坡都会有一种感觉，好像是一种久违的亲切感油然而生，对人的心灵有强大的安抚作用，特别是心里烦“装着事”的时候，更是如此。这就是人类的自然本性的力量。

人的自然本性与智力、智慧一点关系也没有，与国家民族文化艺术也没关系。只要是人类的后代，肯定喜欢泥土、沙子，这个事实是不容置疑的。所以说当孩子在玩这些天然的“玩具”时，成人最好的方法就是陪伴，

图 4-3 山沟水流

眼睁睁地看着，别教怎么玩好，怎么玩卫生，怎么玩不好。告诉孩子怎么玩实在没必要，因为玩泥土是天性的力量。

这是大自然为你安排的这般美妙的自然景色，容不得你动一点“精美设计”，树木、石头、野草、水流（图 4–3）和泡在水里大小不一的圆圆的石头，动一点，自然野趣就会遭到毁灭性破坏。这些“景点”是经过千百万年的自然打造才形成的，自然场景就是大自然的造化，那儿童画画不也是一样的道理吗？

婴儿从一生下来就不知道画笔是什么玩意，也从没人教过他们怎么用笔、怎么拿笔、怎么画，基本上就是拿笔就画，但他们画出了可辨认的形象，画中还透出了小作者的单纯、幼稚、可爱。就这一点，画了多少年的画家都难以做到。这种纯天然的画，难道与大自然创造的沟沟溪溪的风景不是一样的吗？

孩子不用教就会画的本领，就如同孩子玩泥土、沙子一样天生就会，这是天性，是大自然的造化 。

大自然的力量非常强大。一开始动植物的生命特征都不是很细的，至于后来出现了这么多的“纲、科”动植物，都是经过了千百万年的生物进化来的 。就拿蜘蛛来说吧，大家都知道蜘蛛天生就会织网捕虫，蜘蛛织网

图 4-4 跳蜘蛛

与孩子拿笔就会画一样，都是天性。就是这种天生靠织网捕虫为生的蜘蛛，最后也进化出怀有各种生活绝技的蜘蛛，让人感觉到天然的神奇力量。有的蜘蛛放弃了遗传的捕虫方式，学习了变色龙的捕虫方法。蜘蛛先把前爪的吸盘抛向昆虫，只要是能黏住昆虫的任何一部分，哪怕只是黏住昆虫的一只脚，就注定了这只昆虫将无法脱身的命运。

在南极洲卡拉哈里沙漠有一种叫避日蛛的蜘蛛，它天生怕太阳，都是晚上出来活动。这只蜘蛛的前爪有个小吸盘，在它能感觉到的有效距离内就把吸盘投射过去，先吸住昆虫的身体，再把昆虫慢慢拉过来，往昆虫身上缠丝，等觉得昆虫跑不了了，就可以慢慢地享用了。

这种蜘蛛的行为改变了人们对蜘蛛织网捕虫的看法。另外它还是个“地下工作者”，白天把自己藏在洞里避日光。它的生活已经远离了人们对蜘蛛的印象，成为另一种生存方式了。

在南极洲还有一种跳蜘蛛（图 4-4），顾名思义这种蜘蛛的本事就是会跳，这一本能也改变了人对蜘蛛只会爬的认识。这种蜘蛛有 8 只眼睛，360° 视野，它的跳跃能力超过了它体长的 30 多倍，并且它长着像螃蟹一样的前爪，还能释放毒汁。这种体能、习性，是我们平常对蜘

图 4-5　蜘蛛撒网捕虫

图 4-6　蜘蛛捕鱼

蛛的认识吗？

还有一种很像人类撒网捕鱼的蜘蛛，其捕虫方法更是让人匪夷所思！这种蜘蛛叫抛射蛛。它先是找个经常有小虫出没的地方，把自己用丝头朝下吊起来，然后往自己撑开的前足上缠丝，在张开的前足上撑起一个长方形的网，网的样子很像两个女孩玩的“翻皮筋”的游戏，等待小虫的到来（图 4-5）。当目标接近时，就把手里的丝网抛射到小虫身上，成功后，它再收丝，通过丝线把猎物取回。中招的小虫就像电视剧里的人物走在荒野树林里，突然被从上空抛下来的一张大网罩住一样。当我看到蜘蛛捕虫的这一幕时，惊得张大了嘴巴，一时说不出话来！

还有一种蜘蛛，水陆两栖，专门吃鱼，能轻松地在水上行走。捕鱼的方式就是在水面上等水里的小鱼游过，觉得是时候了，就突然放下 8 只长长的足，像栅栏一样一下子从小鱼周围拦下，用足把鱼围起来。先拦后抓，逐渐收小足下的空间，一下子就把鱼抓住了（图 4-6）。样子很像海港上大吊车的“手形”抓握器。

以上说的蜘蛛本来都曾是一个“纲”的蜘蛛，结果经过了长时期的生物进化发展，分化成各种各样的蜘蛛了，甚至连蜘蛛的基本特征和功能都慢慢消失了。蜘蛛只有织网“守株待兔”才能捕虫这个特征已经没有了。无论是跳蜘蛛还是抛射蛛，都完全失去蜘蛛织网捕虫的特征了。虽然它们还有吐丝的功能，但吐丝已不是捕虫的主要工具了，它们已进化出比吐丝更高级的“先进的捕虫设备”了。

一只昆虫的生命样式和生活本能都这么奇妙，孩子天生就会画画与昆虫相比没那么复杂 。大自然创造了一切不可思议的现象。孩子不学就不会画是一个被灌输的错误概念，他们画画的本事与各种蜘蛛的生活本事是一样的，是大自然的造化 ，是生命的潜能 。到了年龄段就给予孩子，过了这个年龄段，想留也留不住。说来就来、说走就走的“技巧”是技巧吗？有这种认知是因为成人不了解儿童 。在孩子充满天性和本能最旺盛的时候，也就是 6 岁前，他们的一切技巧都不是学来的，而是大自然赋予的。

如果孩子长大了说小时学过画画，那这个画画与长大了的绘画根本不是一码事。从小学过或没学过，在绘画技巧上没有任何区别，更不是学过的一定比没学过的绘画技巧要高。学过的比没学过的高，不是高在技巧上，而是高在想象力、独立性、自由性、创造思维上。从这点来说，幼儿的画是天性。

[illegible]

DATE　　S M T W T F　(5)

[illegible]　　2019.2.16

[illegible]

[illegible]

[illegible]

第五篇

静待生命

“保质期”说

我们教儿童画，说儿童画，评儿童画 ，那究竟什么是儿童画呢？我理解儿童画应是儿童的感觉、儿童的理解，是儿童触景生情，是有感而发，自发性的画。别管孩子年龄有多大，只要不是独立完成的，就不是儿童画。

儿童画的界限有两条：一是年龄，二是画。在年龄上，9 岁前儿童画的是儿童画，9 岁后画的就不是儿童画了。9 岁是判断儿童画真伪的年龄标志，并不是只要在儿童期儿童画的就是儿童画。我们平常对儿童的年龄要求是 12 岁以下，所以造成了在很多时候，很多人对“什么是儿童画”的界限是迷糊的、不清晰的。那么我们从实践中得出了一个结论：10 ~ 12 岁的儿童画都不能称儿童画，特别是 11 ~ 12 岁的画 。

如图 5-1，这幅摩天轮是 5 岁小朋友束沈卓画的。这是一幅纯天然的儿童画，没有“教”的痕迹，是他凭感觉画出来的。摩天轮是平面的，少有细节，没有立体，线条简洁流畅。这就是真的儿童画。

图 5-1 摩天轮 束沈卓 5 岁

10 岁儿童画的画还有点儿童趣味的“残留”，最多会延长半年。判断儿童画的年龄界限与食品保质期很相似。保质期是说食品的保质时间，比如一级花生油的保质期到 2020 年 5 月 11 日，但并不意味着 5 月 12 日就不能吃了。这个保质期是让食用者清楚食品的最终保质期限，最好在这个期限内吃完。时间越往前，越能保证食品质量。儿童画的年龄界限也是这个道理，9 岁就是儿童画的“保质期”。9 岁前儿童画的是儿童画，9 岁后画的算不算儿童画？就像一级花生油超过了保质期几天还能不能吃？这还得和第二个界限联系起来看，那就要具体看儿童画的“画质”了。

比如图 5–2、图 5–3、图 5–4，作者的年龄都是 9 岁，并且作画时间都是 2018 年 5 月 13 日，题材都是秫秸花写生。图 5–2 是严梓秦画的。花成一排，没有前后，花枝间

图 5–2　秫秸花写生　严梓秦　9 岁

图 5–3　秫秸花写生　桑菁童　9 岁

图 5–4　秫秸花写生　倪艺菲　9 岁

也没任何遮挡。由于他对粗细没有认知，把花画成了“树”，花茎上粗下细，花茎上也没花叶。整个花茎像是用刀从中间劈开了似的，花茎两边有很密的花叶，更显得茎秆白。这是典型的儿童认知。花叶也没像五六岁孩子画的那样花茎两旁一边一个“对称”地摆开，他画的花叶有大小，有上下，形状、方向也有区别。这是他与五六岁孩子画同一题材唯一不一样的地方。这也说明他毕竟 9 岁了，与五六岁的孩子相比，还是在认知上有了一些区别，就是理性快苏醒了，但还没苏醒。这个孩子明显比其他同龄的孩子在思维上幼稚。

图 5–4 的作者倪艺菲，与严梓秦正相反。这个女孩比较理性，从小对形比较敏感，画画有自己的想法和路子。无论画什么，一动笔就与别人不一样，个性非常突出。在她三四岁的时候，她的画不用看名字，在很远处一眼看到，就知道是她画的。画面组织能力强，最喜欢自己画，最烦照着画。她不像严梓秦就画一排，而选择了就画一棵。儿童认知规律告诉我们，年龄越小，越喜欢画一排；比较感性的，有认知弱点的，比较自我的，大多如此。倪艺菲只画一枝花更能画得充分，细节更容易表达完整。她画的秋桔花，花叶的前后、大小、遮挡及方向都说明了她已有很理性的思维了。尤其是左下方的大花叶，纹理清晰，有条理，有秩序，线条挺拔，来龙去脉清楚。这都不是一件只靠感觉就能完成的事。不同方向、不同大小的花叶很自然地画在了弯弯的花枝茎上。这弯弯的花枝茎也说明了她的理性，比较感性的孩子一画都是直秆，不会画弯的。即使真实的花树是弯的，也

得画成直的，因为这是心理认知，不是眼睛观察（我把幼儿天生的绘画样式总结为 87 种图式，“画不弯”是其中之一）。在这幅画的上方，有 4 朵小秋桔花挤在枝头，每片花叶的方向、大小都不同。还有 4 个在不同花叶“枝窝”里长出的个头、方向都不一样的花骨朵，更增添了秋桔花的丰富性、趣味性、生动性。从这幅画可以看出，虽然孩子画这幅画时才 9 岁，但这幅画已是典型的成人思维了，感性已不多了，所以，不是儿童画了。

图 5–3 是桑菁童画的。为啥先介绍图 5–4 呢？因为她的画处在中间位置。严梓秦的画（图 5–2），几乎占了儿童画的所有特征，肯定是儿童画了。平面、不立体、没变化，直直的花茎，没空间。倪艺菲虽然年龄和他一般大，但她的画已没了“孩子气”。大孩子做到的她都做到了，基本上是成人思维了。虽然她的年龄是儿童，还在“保质期”，却因为她的画“相貌”发生了改变，所属的界限已经不在一个层面上了。就像五六岁孩子画的简笔画，虽然年龄不超过 9 岁，但画质变了，也不是儿童画了。

桑菁童的画（图 5–3）既不像倪艺菲那样画得有层次、立体、多样，又比严梓秦（图 5–2）画的内容多。虽然从大的方面说，秋桔花还是一排，但她画的秋桔花丰富多样，是严梓秦没法比的。花茎不像严梓秦画得那么直，花叶画得很有形。其中，花叶有遮挡、避让、穿插、呼应，叶片的大小、方向、角度也不一致，表现很丰富。这幅画既有感性的一面，又有理性的一面，是感性中带着理性，理性中夹着感性。因为桑菁童的画有这个特征，她的画才居中间位置。虽然桑菁童的画有了不少的理性意味，但还没有像倪艺非那样有理性，几乎完全脱离了儿童画的特征。所以，桑菁童的画还是儿童画。看一幅儿童画是不是“真”儿童画，既不能只看年龄，也不能只看画，年龄和画这两个条件互为验证才行，缺一不可。

这 3 幅画虽是同龄、同时、同一个绘画题材，结果却不一样。这给我们什么启示呢？无论画画的孩子年龄大小，都要通过画说明问题。像严梓秦这种 “大孩子”画“小孩子”的画，在生活中很普遍。我们做老师的该怎么评价？“发育慢”就是“进步慢”吗？“发育慢”就不好吗？这些都值得我们好好想想。我觉得这样的孩子并不是比别人发育慢，而是很正常的状态。这跟他长期迷恋“植物大战僵尸”，始终“活在自己的世界里”有关。 他画了四五年的“植物大战僵尸”，9 岁了还在画（图 5–5），兴

图 5–5　植物大战僵尸　严梓秦　9 岁

趣并没随着年龄的增长而改变。就画这个，别的不画。

我一直认为“晚长”的孩子、“不懂事”的孩子、幼稚期长的孩子比早熟的孩子、“很世故”的孩子，更有潜力，更有后劲！人类不能违背“天命”干事，要顺应“天命”才对。所以，幼稚期长的孩子、“人事不懂”的孩子，以后的发展可能更好。孩子就应该发育慢，就应该“不懂事”，这才是孩子。少接受理性教育，比什么都好。

通过严梓秦的画，我们可以看出，一个 9 岁的孩子与五六岁的孩子在认知上并没有太大的“进步”。其原因就在于 6 岁虽然是理性苏醒的年龄，但并不是说孩子只要一到 6 岁，画的画就往成人方向走了，就可以完全像成人一样什么都可以教了，这还有个等待的过程。就像婴儿走路，你不能因为婴儿已经会走了，就让他立刻去完成千米快走，这就不行了。孩子腿上的骨骼、肌肉、韧带、神经还需要一段时间慢慢发育。这就是家长和老师们都应该学会等待的原因，这个等待期就是 3 年，也就是孩子的理性期要在 9 岁后才能真正苏醒，就像倪艺菲。严梓秦还需要再等等。桑菁童虽然 9 岁了，但认知还处在“幼稚期”阶段，也需要短时间的等待，不会太长，因为已经看到了曙光。之所以“要等”，就是因为孩子身体上的骨骼、肌肉已经长成，但“心灵上的骨骼、肌肉”仍在成长中。这就像 1 岁前的婴儿不能走路是因为身体上的骨骼、肌肉没长成一样。

孩子画画靠认知，不是老师想教就能教的事。孩子的精神是天然的，来不得半点“虚”。教育要尊重事实，不能别人这样教，你也这样教，这不是一个好教师干的事。“保质期”的概念，就是能帮助教师搞清楚究竟什么样的画才是儿童画。

图 5-6 简笔画

看孩子的画就可以知道，如果画有“孩子气”，有孩子的纯真，就算过了“保质期”，9 岁半孩子画的画也是儿童画；反过来，孩子还没 9 岁，甚至才五六岁，但孩子的画已没了孩子的天性，没了儿童画的有趣、可爱的成分，完全是用孩子的手画出大人的思维，这样的画不是儿童画。这样的儿童画就是成人制造出来的违背儿童发展规律的假儿童画（图 5-6）。

要想知道食品质量好不好，只看保质期不行，还要看保质期的储存温度。食品保质期有两个条件：一是时间，二是温度。如酸奶在 2~6 摄氏度内保质期是 21 天，这两个条件相互验证才管用。儿童 9 岁这个年龄就像食品的保质天数，画质效果就是保质的温度，从这两方面综合来看，就能鉴定儿童画的真伪了。

我说 9 岁就是儿童画的保质期，并不是 9 岁零 1 天就不是儿童画了。看画的“质”也和看食品的“质”一样，年龄与实际的画须综合起来看，就是比较准确的。这就是儿童画一看年龄、二看作品的方法。只看年龄或只看画，都不能正确判断儿童画的真伪。

还有第二种现象，那些已经长大了的少年或是成人模仿的儿童画，是不是儿童画？当然不是儿童画，画得再像也不是。儿童画的不一定就是儿童画；不是儿童画的，画虽然很像儿童画，但更不是儿童画，因为画已没有了儿童的灵性和感悟，超出了儿童的认知界限。

儿童画的特征是天然的，不是谁想模仿就能模仿的。就算有模仿高人，也是模仿了形，模仿不了神，貌似神离。儿童的内在精神是无法被模仿的，这造就了儿童画的特征和价值。正是儿童无意识的“不会想”，才创造了难以模仿的最纯的儿童画。

画展上有的儿童画，从构图到绘画，从造型到色彩，几乎与十几岁的大孩子相同，除了署名是 5 岁儿童，再也没有其他信息显示画是儿童画的。幼儿老师选这样的画参展竟然还能获奖，只能说明一个问题，美术教师、评委和组织者都没真懂儿童美术。

特别是组织者，如果真懂教育、懂美术，就不会只请画家当评委，还要请既懂美术又懂儿童心理的教育家做评委。那些只是画家的评委，不但看不出“畸形”的画好在哪儿，还认为是技巧不行，不懂得欣赏儿童味十足的儿童画。

评委看不出画的好坏，只评有技巧的孩子的画，特别是对孩子年龄小却还画得像的画欣赏有加。在这种情况下，点赞、投赞成票就是很自然的，而真正的儿童画则遭受冷落而落选。

儿童画就是9岁前没受过干扰的孩子从心底流淌出来的线条痕迹，特别是五六岁前孩子的画，味道最足。7 ~ 9岁的儿童画虽然还在“保质期”内，但其质量大打折扣，毕竟快出“保质期”了。也就是说，八九岁孩子画的画，虽然还有一些“天性”，但明显不如五六岁的孩子。7 ~ 9岁的孩子由于理性思维的灌入，不但文化高了，思维也更有逻辑性了。“正常的成长”本身就对儿童画的趣味造成了很大的影响，更别说成人再有意拔高了。

是不是儿童画，9岁后孩子画的画争议最大，问题最多。而五六岁孩子的作品只要没受过成人干扰，是自由画的，就没什么争议。这就更需要老师有一双明察秋毫的审美眼睛，有一颗儿童般纯净的心，一眼辨别出儿童画的真伪。

留住纯真

孩子是纯真的，是按着大自然设计师的“图纸”来到这个世界的。随着孩子的发育成长，每个动作、每个眼神及身体的细微变化都被记录在孩子的年龄里，不能提前，也不能滞后，这就是幼儿发育规律。而孩子的家长在养育他们时，首要的就是尊重孩子的发育规律，尊重孩子的自然成长。

“养育”如植物生长是一个道理。如果不顾植物生长规律，硬是按照人的需要给植物修剪、压枝，就是不让植物自己长，那么这样成长的植物就像花草市场里被定了型的观赏植物一样“身不由己”，如向日葵的天性就是向着太阳长，人非得不让它跟随太阳生长。这与人不尊重儿童发育规律是一样的。

正是成人对孩子的管制太多太严，才使孩子不能按出生前的“约定”成长。在孩子的理性还很弱时，成人就把自己认为的知识、技法教给了孩子。这就是我呼吁要留住孩子纯真的原因。本来孩子是纯真的，为什么还要说留住呢？问题是现在的孩子已没多少纯真了。孩子画画一出手就是大人味，孩子活得不像孩子。就像孩子的舞蹈，除了跳舞的人是孩子，舞蹈的动作都是成人的，都是小孩跳大人的舞，小孩唱大人的歌，远离了孩子的生活，远离了孩子的世界。某电视台播放一个节目，一个东北的 4 岁小女孩唱歌，一张口就说：“臣妾我啊！”这还是孩子吗？

大家注意电视上的广告了吗？除了声音是孩子的，从孩子嘴里说出的话有多少是孩子想的呢？还有七八岁小学生的励志演讲，几乎没有一句话是童真的语言。当我听到孩子充满激情的演讲和家长雷鸣般的掌声时，我想到的不是称赞，而是替孩子惋惜，这是教育的悲哀！这对孩子的童年和孩子的自然成长是毁灭性的破坏。

除此之外，还有 2 岁学识字，3 岁背古诗，4 岁练书法……太多太多。“人之初，性本善”，就是说在孩子很小的时候本性是善的。这个“善”字，我理解也有“纯”的意思。又是谁改变了孩子的“善”，让孩子失去了纯真呢？难道不是老早地让孩子背诗识字的人吗？我们知道孩子的原初是纯真的，为什么却让他们背诵他们不能认知、无从感知的东西呢？

这些所谓的经典和过早地识字、练书法，无疑是毁掉孩子纯真的罪魁祸首。在《三字经》里还有一句话叫“勤有功，戏无益”，这句话应该是家喻户晓、无人不知的。这句话的意思是，只有用功背经、刻苦学习才是正事，才有成就，嬉戏是玩不出本事的，没有一点好处。这句大家很认同的经典也是有违儿童成长规律的。实际上，儿童小时候最重要的事就是“玩”，只有会玩，好好玩，才有灵气，才有想象力，才有智慧，才有异想天开，才能培养出求知欲和好奇心，才更有发展潜力。

无论是艺术家，还是科学家，最根本的是要有想象力、自主能力及创新意识。没有这些做前提，再好的知识也派不上用场。孩子的纯真反映在儿童画上最为直接。那些完全靠直感画出的画是最纯真的画，哪怕只有一丁点成人的思维、成人的意识，也是对儿童想象的极大破坏。

那么，什么样的绘画样式才是幼儿的纯真表达呢？例如蝌蚪人，就是一个圆圈和在圆圈下加两根竖线、不穿衣服的人，这个造型就是三四

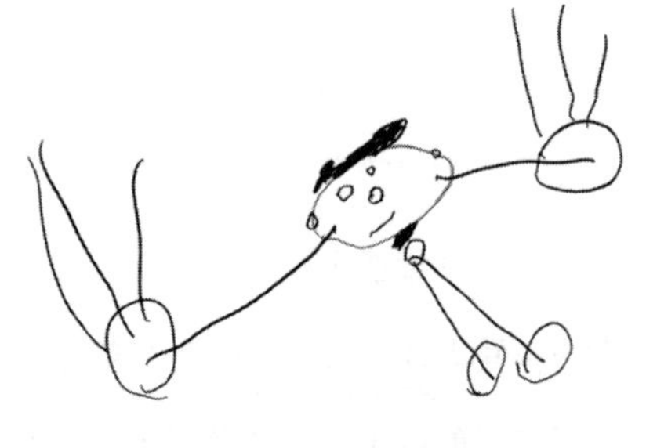

图 5-7 人 宋俊筱 4 岁

岁孩子对人的全部认识（图5-7）。如果三四岁或五六岁之前画出了衣帽整齐，有领口、袖口，胳膊安在了肩上，腿是双线这样的画，比起一个圆圈下有两根竖线的人，确实向真实走近了一步。但正是这个比蝌蚪人更像人的绘画少了孩子的纯真，这个画的根源不来自孩子对生活的感悟，而是成人教的结果。

农民种地都知道该施肥的时候施肥，不该施肥的时候不要施肥。就像小麦，如果肥劲太大，小麦只长个头，麦粒却不饱满。我们的幼儿教育为什么不能学习一下农民种地的经验，让幼儿自由成长呢？

能反映儿童纯真的画，画人是其中的一个形式。还有房屋是平面的，没有第二排，也不见房山。树没遮挡，没前后，树干上也没有树叶。画的房子没有墙，车没车皮，车里的人看得清楚。画的十字路口像“红十字”标志，路口都是堵着的 。车轮在车底盘底下，与车不接触。看不见的也画出来，看见的未必画出来。画没有整体概念，没有计划和设计。画的东西的大小取决于空间大小和作者的重视程度，不是实际的东西有多大就画多大。

相反，如果儿童画中半个太阳挂在一个角；树带树疤、结果子；花有两片叶；草呈锯齿形；尖顶的房子在中央；女孩穿三角形的裙子，扎两个羊角辫；画的场景有远景、近景、中景，有层层叠压、遮挡；弯弯的小路消失在远方；画干净漂亮，涂色均匀；室内摆设齐全，物体间有遮挡，画面饱满丰富；

图 5–8　聊天　佚名　9 岁

人物服装的款式、样式、细节清楚，线条运笔过于成熟，安排过于得当；卡通漫画意味较强……这样的画都不是儿童画。虽然是儿童画的，画得也很好，但思维已经受成人影响，没有了自己的主见、意识（图 5–8）。

这样的画虽出自孩子之手，却不是孩子眼里的世界，这样的画远离了孩子的纯真。但遗憾的是，这样的画目前在一些地方还是主流。如果是只有少数人这样画，是偶尔看见，我们就用不着担心了，也不需要呼吁要留住孩子的纯真了。值得注意的是，纯真并不能通过教育解决，越教越没纯真。纯真是风行水上，自然成文，不是教的事。

孩子用熟练的大人腔交流，哪儿还有一点小孩的纯真！孩子没有了孩子的生活，作业、兴趣班压得孩子没有玩的时间。头脑里成天装着的是每天需要背、需要记的内容，孩子的头脑就像被文件塞满的 U 盘，哪有想象力、自由的东西！

上兴趣班的孩子有几个是自己愿意上的呢？大人的这些举动，有几个是尊重孩子的本性，让孩子自由成长的呢？大多数家长违背孩子的天性，阻碍孩子自然地发展。孩子的纯真也随之消失了，而这些错误的做法都来自家长想让孩子有个好的发展这么一个初衷，其结果适得其反，帮了倒忙。

儿童发育成长的根源不是知识，不是技术，而是自然性、自发性。换句话说，儿童的成长靠自己的力量，不靠外力。儿童的成长首先是儿童自己成长，是儿童内部发展机制起主要作用，外因只是个协助作用。教育不是成人强加给孩子知识，而是大自然赋予孩子的成长。教育就是成长，成长就是教育。我们现在的任务不是能教给孩子什么，而是想方设法保护儿童的纯真，这样才能留住纯真。

换牙的启示

很多哺乳动物的成长标志就是换牙。比如，羊随着年龄的增长会换牙，每年换两个，从小牙换成大牙。懂牲畜的都知道，看一下牛、马的牙口，就知道它多大年龄了。万物生长总有个“时段”，植物虽不能用换牙来说明成长，但也有自己的呈现办法。比如，天然的石头看看风化的程度及纹理就能大体猜测到是哪个时期的。

孩子换牙是再普通不过的事了，只要你带过 7 岁孩子的班，经常会遇到有的孩子说牙掉了。只要孩子说牙掉了，不用问肯定是 7 岁，因为孩子掉牙就是将要脱离幼儿期的生理标志。我不清楚我们国家确定幼儿的年龄界限依据是什么，也不知道与孩子换乳牙、长恒牙有没有关系，但确定孩子 7 岁是幼儿的最后年限是合乎孩子成长规律的 。孩子乳牙脱落是幼儿成长的最准确的信息，孩子脱乳牙、长恒牙就意味着孩子已经不是幼儿了。幼儿换牙说明一个问题，无论幼儿再聪明，懂得再多，只要他在生理上没完成换牙，他就是“小孩” 。幼儿换牙是完成自身生理变换、更新的最后阶段。

从幼儿换牙这件事上，我们得到一个什么样的启示呢？孩子的生理是自然成长的，不是什么时候都需要成人的教育，孩子有自己的认知世界。这如同植物的种子，只要条件一成熟，它就会自动启动生命密码，进行自我发育，这就是一颗种子的神奇作用。也就是说，从孩子出生到 7 岁换牙，才算完成婴幼儿期。

这个通过“换牙”完成的“生理性”转换是孩子身体发出的可辨信号，不是哪一个人研究出来的。所以，我才说幼儿生理的“转换”就是“生物学”证明，不是人为证明。孩子的生理转换成长除了 7 岁换牙是个标志，还有个标志是长新发。关于这一点在中医学著作《黄帝内经》里说得很清楚：“女子七岁，肾气盛，齿更发长……丈夫八岁，肾气实，发长更齿。”《黄帝内经》说的“发长更齿”就是幼儿长大的生理性、标志性变化。

我们常说0 ~ 6岁的孩子就是属于大自然的，在这个期间，儿童“学”东西，靠的不是聪明才智，而是直觉感悟。正因为孩子不会用“道理”去分析事物，“大自然”才给了孩子比成人“道理”还管用的直觉感受力。有的成人看不见这些无形的智慧，发现不了幼儿潜在的精神能量，虽然很明白种子会发芽的道理，但一把这个道理放在自己孩子身上，就不明白了。

孩子7岁换乳牙、长新发的事实，证明了孩子在生理上需7年才能走过幼儿期。孩子的思维从此走向理性，这是自然规律，不是成人想什么时候教就什么时候教的事。这也说明了一个道理，7岁前的幼儿是不能用成人的道理去教育的。

儿童美术界有“6岁前的孩子不能教”这个说法，这是专家们根据幼儿发展规律和教育实践总结出来的一个幼儿“学知识”的最低年龄界限。实际上，6岁前不能教理性知识这个提法已经很保守了，只说6岁不可教，没说7岁不可教，因为你说不可教没用，人家7岁都上二年级了。实际上，7岁孩子将要换掉乳牙是幼儿自身组织器官发出的一个信号，孩子7岁才换乳牙说明了幼儿期并不是6岁，而是7岁，在7岁前不教，是符合儿童自然发展规律的 。

其实，孩子6 ~ 7岁是一个过渡期。我从教孩子画画这个经历看，孩子的幼稚期延长一年并不太符合幼稚期的年限。怎么这样说呢？大家可以看到，孩子 9 岁画的画，童真童趣还是很浓的。9 岁前的孩子虽然从 6 岁看似过了 3 年，但这 3 年孩子的幼稚状态改变得并不是太大，画画不靠理性，仍不会用“逻辑”思考，喜欢凭感觉做事。我觉得儿童 9 岁上一年级才是比较符合儿童生理、心理成长规律的，最低也得 7 岁上一年级。

我是主张晚上小学的。其实在幼儿园里 6 岁已学完一年级课本的孩子很多，还有现在的幼小衔接班也是提前教。无论成人怎么去折腾孩子，可孩子给成人的信息是 9 岁才脱离幼稚期。成人不顾这些，在幼儿 6 岁前硬教硬灌，背经典、咏诗词、记汉字、学算术、画素描等都是违背幼儿发育规律的。

儿童教育有自身的发展规律，教育要尊重这个规律，不能乱来。有些幼儿美术教师认为幼儿一定要教，否则，他们只会“乱画”，实际上这是教师不了解幼儿发展规律，“乱画”正是这一年龄段儿童的特征。直接教孩子画，很容易画得像，家长也高兴，是一种能让家长快速看到成绩的方法 。同样一幅画，孩子按老师的引导画到“教”的效果，正常来说要有一个很长的时间差。教师的“教”就是直接把知识灌输给孩子，表面上是孩子自己画的，其实，理性的那部分是直接从教师那里学来的，孩子并不知道其中的道理。孩子最初的这种感悟和觉察事物的能力被教师轻而易举地抹杀了。

实际上，“教”出来的进步远远脱离了孩子的觉察和感悟。孩子通过“被教”得到的知识与孩子的生命灵性不能融合，知识与心灵分离。这些“被教”会的“死知识”，根本形不成智能、智力，仅仅是限于知道，不是知识，如幼儿背诵经典。

种子的生命是主动的，只要给种子一点条件，种子就能自然地按规律发育成长。儿童的成长与种子一样，也是主动的，只要外部生长环境达到一定条件，儿童的精神和心理就能自由地成长。一旦在成长中遇到“教”这个“大灰狼”，自主成长的“芽子”就会被抑制，停止生长。

有时家长也知道孩子画画需有个过程，但一到事上，只想看孩子画得很像的画，不想看画得很乱的画，更难接受孩子较长时间的体验与感悟的过程。实际上，幼儿教育是一个自我教育、自我完善、自我成长的科目，这个科目最需要的就是时间，这也是“大自然”安排孩子的幼稚期这么长的原因。家长不想要这么长的时间，只想一步到位，希望孩子进步得再快一点，哪怕越过感觉直达结果也好。家长好心办坏事，在无意中破坏了孩子的成长秩序。事实上，幼儿的正常成长根本就不可能达到家长想要的那种结果。

本能不可教

本能是本身固有的、不学就会的能力，包括生活的本领，或者“技巧”。

这个技巧不是教的，是一种天然的能力。比如，有种昆虫叫竹节虫，长得很像一个竹节棍，它是伪装专家，很多昆虫都因被它的外表迷惑而丧命。竹节虫身体细长，有多个分节，最长的竹节虫有 26 厘米，体色多为土绿或褐色，头不大，略扁。竹节虫除了伪装的本事大，还有防备武器“闪光弹”。当竹节虫受到威胁时，就会施放“闪光弹”，迷惑天敌。当跑不了的时候，它还会装死。

图 5-9　竹节虫

竹节虫凭本能就能伪装成一个枝条的分杈，颜色与枝条差不多，等它伪装好了，就等着虫子上当。别看竹节虫平时心很急，要是干起“守株待兔”的事来挺有耐心的。在很长时间内，身子就像一根平常的树枝，一动也不动。直到有昆虫看不清它设下的“陷阱”，在这个“假枝条”身旁转来转去，竹节虫就会把握时机迅速出击，一下子就把昆虫抓住了（图 5-9）。

竹节虫从一开始伪装自己，到一步一步地实施 “计谋”，动作一环扣一环，布置周密，没人教它，它一出卵壳就自己生活了，长大了就会了。

孩子画画与昆虫捕猎是一个道理，是感觉，不是技术，虽然孩子从小由妈妈哺育长大，但妈妈并没教给孩子怎么画画。孩子画画的技巧是天生的，这跟昆虫长大后会捕猎一样。人与动物在这点上很相似，“大自然”在孩子的胚胎里就埋下了会画画的基因，当孩子发育到三四岁时，拿笔就画，无须学习。竹节虫的捕猎技术与孩子不学画就会画都是“大自然在动物基因里预存下的信息”。

孩子画画是本能还是技巧？好多家长甚至连教了多年的美术教师都认为，绘画是一门手艺，不教是不会的，认为动物“没脑子”，不会想，可人是这么精灵的动物，应比普通动物高级吧。

其实，人类在幼年阶段并不比动物在智力上强多少，因为人类的幼年期比较长，十四五岁的人还没到成年，但生长一年的羊、狗已经是“成年”了。而人要真正长大到心理和生理成熟，还得四五年，到 18 ~ 20 岁。看动物的活动表现是技巧还是本能，不能只看年龄，要看动物的属性，是哪一类动物，它的成年期需要多长时间。比如，6 岁孩子的思维远不如 1 岁的狗成熟，因为 6 岁幼儿还处在人类的最幼稚阶段，就与狗刚生下来几天差不多，可 1 岁的狗在生活和身体发育上已是成年了。

人与动物相比，在幼年期做的事与动物的本能是一样的，其智力、思维能力并不比动物强多少，都是凭直感，不凭思维。也可以这样说，动物的成长从小到大都是本能的力量。而人类的幼儿只是在幼儿期是本能，当长大脱离幼儿期后，理性的思维会逐渐建立。而动物的本能是一步到位的，从小到大再也没有高级阶段，只有捕猎的经历多不多，技巧熟不熟练。孩子 6 岁前的绘画与动物捕猎一样是本能的，不是教的。

成人要相信幼儿的这种不学就会的本能。动物没学过如何捕猎，也没有谁去教它们，它们却有一种神秘的力量和巧妙的捕猎手段，甚至这“环环相扣的动作”好像是有思考才能做的事，其实不是。

幼儿绘画的发展决定于婴幼儿的精神和心理，并不决定于孩子的身体长得有多强壮。如果一个孩子只有身体成长，虽然身体在各方面检查都没有大问题，但是心理和精神方面相对发展比较缓慢，他就不可能在想象力、创造力、独立性、自由性上有很大的发展。以前曾见过媒体报道过中国发现的狼孩就是一个明显的例证，十几岁孩子的智力还不如一两岁孩子，这就说明成人的作用只是在婴幼儿时期身体发育期间做了一些事情，而在精神上、心理上的发展发育是婴幼儿自己成长的。只不过家长给孩子提供了一个与人和社会接触的成长环境，而狼孩没有。在这一点上是一些人在辅导孩子问题上迷惑最多的地方、最难醒悟的地方。

成人把婴幼儿的发展看成自己的功劳，而忽视了婴幼儿的精神潜力和心理作用，觉得日常生活不教就不会，孩子画画不教就不会，这是把孩子的生活与精神分裂开的不正确的想法。其实，成人之所以不认为孩子画画是本能，是由于不尊重孩子，不承认孩子有自己的精神、心理和看法造成的。

成人不承认孩子有独立精神，才导致了对儿童的本能现象不认知。很多事实证明孩子画画是本能，不需要教，教只会破坏孩子的感觉和直觉。

无的无标

我在《琐谈》里写过这样一句话："最好的老师是不教，最好的学生是不学。"有家长和教师看到后对此不理解，在微信里给我留言问原因。这说明一个问题：与我联系的这些人没看懂，看懂的人当然就心领神会，不会问了。有个老师在微信里撰文发表他的看法："李凌老师是值得尊敬的教育专家，他的思想是符合教育规律的，同时我觉得，他也有盲区。比如，他的完全不教，就是从一个极端走向了另一个极端。老师如果什么都不教，肯定是不对的，那要老师干吗？只是我们的现状是教得太多了。"

从这些话语中，可以看出这位老师的确不懂什么是"教"，什么是"不教"。我不知道这个老师的成长经历，但我仅以他对"教与不教"的理解就可以确定，他不是学美术的，也不是搞教育的。如果是学美术的，又有三五年的教画经历，就不会说这样的话了。

我说的"不教"从本质上说并不是完全不教，而是引导学生自己画，让学生发挥主动性，画出自己的理解，展现自己的个性。实际上，当下在幼教这个队伍里不懂美术，没学过美术，却办美术学校、开画室的人非常多，他们是以自己的理解对此做出反应的。这样的老师理解的"教"就是手把手地教给孩子画法，就是"跟我学"。他们想不到这样的教法很容易让孩子失去自己，盲目地跟随老师，画出来的画大多是一个模样。"不教"

对老师的素质和审美要求更高，“不教”是对“教”的更深刻认识。

举个例子，你手把手地教孩子画高楼或房子，告诉孩子画的过程，分几个步骤，先画什么，再画什么，最后完成。这样的教程思路明确，步骤明晰，过程清楚，在孩子学画初始阶段很容易画得像。但这种教的结果是千篇一律，每个孩子画的都一样，内容一样，形式一样，步骤一样，没有孩子的思考，没有孩子的主见、认识及习惯画法。别管孩子什么脾性、什么个性，都被统一了。

还有一种“不教”的教法。引导孩子想想自己要画的楼与别的楼在造型上有没有不一样的地方，让孩子把自己心里认为最好看、最有趣的楼画下来。这个引导过程，没给孩子一个形象的设定，既没讲方法，也没讲步骤，更没说先画什么，后画什么。因为孩子画的是心里的楼，不是具体的楼，不可能有统一的方法。这个引导过程算不算教呢？我认为这是更好的教，更有利于发挥孩子想象力的教。教育难道只有手把手地复制别人的画才是教吗？引导、启发、激励、点拨就不是教吗？

这两种方法，一个是孩子画的画都一个模样，一个是孩子画出了内心感悟和有趣的楼房，哪个方法更能拓展孩子的想象，培养孩子的主见，让孩子自由地画，保护孩子的好奇心、探索精神呢？再不懂教育的人也会明白，程式化教的结果是画风一致，“不教”反而生出了多样且充满想象及个性的画。

之所以家长能接受并支持孩子直接受教，是因为家长一直认为教是一种快速有效的学习方法，也是家长最容易看到结果的方法。家长不能忍耐孩子漫长的学习过程，但直接教会影响孩子自主意识的形成和在认知上的独见。

在幼儿美术教育观念上有三种人：

第一种人是“日常知觉”。这种人不懂教育，没有学画经历，却端着“吃美术”的饭碗，还觉得自己“挺厉害”。他们看待艺术的方式，就像老百姓平常过日子，油盐酱醋，吃喝拉撒，达不到欣赏、鉴赏艺术这个层面。所谓的教学就是“有法可依”，所谓的欣赏就是“看热闹”，所谓的评价就是夜郎自大式的“胡侃”。没有美术元素，没有审美含量，话根本就说不到点子上，更触动不了欣赏艺术的那根直抵心扉的神经，体悟不到艺术的魅力，没有被深度感染的感觉。

第二种人是“装傻知觉”。这种人很聪明，什么都懂，一点就通，就是不傻装傻。他们知道画得像就是画得好是家长的普遍认识，宁可用毁坏孩子想象力的简笔画去教孩子，也不把好教育给孩子。为了迎合家长认为的像就是好，拼命地炫技，画得比照片还细。一颗芝麻粒上都有明暗交界线和受光背光，一根羽毛画得精剔透亮、毛茸茸的，赢得了不懂教育的家长“点赞”，问题是这是儿童画吗？这还是儿童教育吗？

第三种人是“审美知觉”。这样的人懂教育、有爱心、专业强，说的是美术行话，句句直戳读者内心，使作者、读者有心灵上的碰撞，艺术气息浓厚，心有灵犀。可惜，有“审美知觉”的教师较少。这也是我们的儿童美术教育在思想观念和本质上并没多大实质性进步的主要原因。

幼儿与成人是不一样的，特别在学习方法上更是不同，因为幼儿的理性还没苏醒，不可能像成人那样“想着”去学，有目的地去学。孩子的“学”就是体验，就是不讲“道理”，既无目的也无目标，是过程重要，结果并不重要。

混沌的时刻

“混沌”这个词有点神秘，有点朦朦胧胧之意。比如说，宇宙从什么时候算是宇宙，之前是什么样子？再比如，是先有鸡，还是先有蛋？人类从什么时候与猿猴分开？恐龙灭亡了，那与恐龙一样的远古鳄鱼为什么能活下来？这些都是混沌概念，难以说清楚。

“混沌”在古代神话里是一个生物。还有一种说法是，现在我们吃的馄饨与“混沌”也有关系。据说在汉朝时，匈奴经常袭扰疆土，在这些人中“浑”氏和“屯”氏两首领最凶，老百姓恨之入骨。为泄恨，老百姓就用面皮把肉馅包起来，用水煮着吃，把这东西叫“馄饨”，与“浑”氏和“屯”氏两姓同音，以求心理安慰。

成人一般到了而立之年，生活中就没太多的“混沌”了，很少有“眼看着”不明白的事了，就算是有不明白的，也不是生活中的事情。如太阳有没有黑洞对生活没什么意义，就算是不知道“宇宙”和“时间”也不影响人的生活。

成人的混沌是脑子清醒下的混沌，而小孩的“混沌”是正常认知。小孩的“混沌”是由于年龄小，心理还没发育好，来到这个世界的时间太短，还不清楚眼前发生的一切。也可以这样说，孩子在 1 ~ 6 岁前基本上就是一个“混沌期”，此年龄段的孩子，对事情的认识是不清晰的。

比如，幼儿面对带裤皮的植物，像玉米秸“秸裤里还有裤”，秸的上下都有宽大的玉米叶子层层包裹。幼儿观察时是看不到这些的，他们感受的只是个平面，不是立体，没有里外“层次”的概念，画出来的玉米秸是没有“秸裤”，没有遮挡的。再比如，植物的叶子是按“叶序”规律生长的，生长形式也多样，常见的有簇生、轮生、互生、对生。簇生就是叶子是一簇一簇的，像樱花；轮生就是在一个点上有几片叶；互生就是在茎的一边只有一片叶子；对生就是一对叶一对叶地生长，左右各一个。这么复杂的植物叶形变化，到了幼儿这儿就简单了，都成了对生——左一片，右一片。他们根本就发现不了或看不见复杂的生长样式。其实，这就是“混沌”意识。

我弟弟家的小孙子叫一然，一岁半，很是可爱，有一段时间他对识数很感兴趣。一次，他见我家茶几上放着几个苹果，就用手指点着数起来了，一个、两个、三个、四个、五个，啊哦！四个。他明明数的是五个，偏偏说四个。这是他虽然知道数字大体是啥意思，但还弄不清楚数字的顺序、大小、多少，这就是认知上的“混沌”。不过，这个“混沌”时间很短，很快就会过去，且永远回不来了。遇到这种情况，最重要的是家长不要纠正孩子的“错误”，这是“认数字”，不是“学数字”。“认”是“玩”，不是“学”。

幼儿的“混沌”与成人不一样，成人是不了解，幼儿是了解不了。成人在观察或感受时，精神状态是清醒的，而幼儿是迷茫的。所以，成人会觉得困惑，明明大人看到的东西，孩子怎么就画不出来呢？甚至，就是对着实物画，也是“面目全非”，一点也不像，这是因为孩子本来就看不清事物的本质，在画画时也想不到，怎么可能画出成人看到的事物原貌呢？

有家长疑惑，眼睁睁地看着孩子瞎画，本来花树的叶子是长在枝条上的，这没了枝条，叶子都挪了地方，跑到树干上了（图 5-10）。我带幼儿画树林写生，一个家长看到孩子画的树“不是那样的”，走过去一把扭住了孩子的耳朵说：“小乖乖，你睁开眼看看，树叶都长在什么地方了？”我走过去说：“孩子画的是他的感受，并不是真实。”我一说，那家长反而更生气了，说：“他又不瞎，怎么能看不见呢？”我耐心地跟她解释：“孩子看不见不是眼睛的事，而是心理没发育到这个程度。”家长虽然不说话了，但我能看得出来，她还是不相信孩子看到的与成人不一样。当你遇到

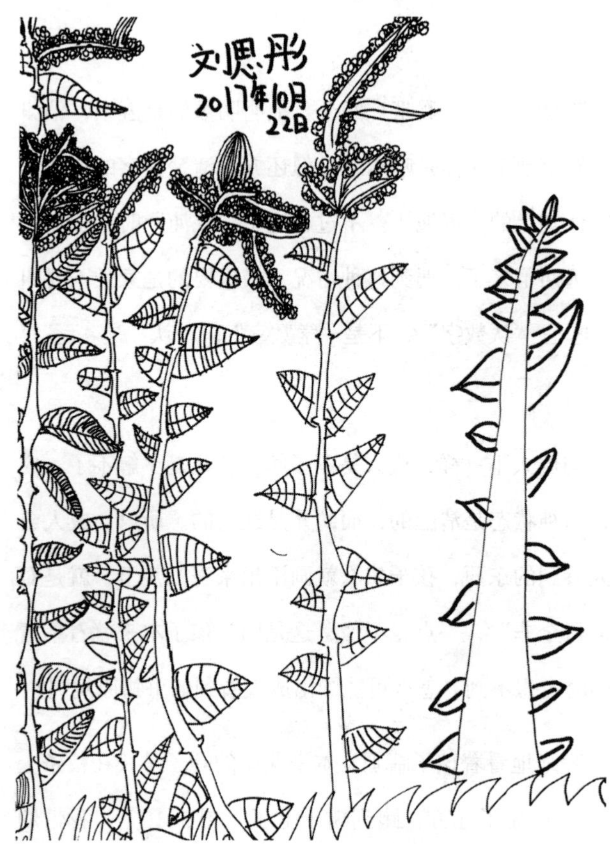

图 5-10 花树 刘思彤 6 岁

这样的家长，可能你怎么解释，她也不会明白。这是观念问题、意识问题，不是你说一句就能解决的事。

在孩子眼里，他知道树是有树叶的，把树叶画上去就行了，他才不管树叶是怎么长的呢！如能正确地画出树叶生长的位置及方向，那就不是孩子了。孩子看不清眼前的场景，这就是天然的“混沌”，不是孩子的错，更不是孩子对知识掌握不好、训练不够。让孩子现在“搁下笔”不画画，到了 10 多岁后，当他再次拿笔画树的时候，一画就是真实的了，与家长看到的一样了，树叶长在枝条上了。不用教、不用学，直接就做到了。所以说，儿童画不是技巧，是认知，认知是不能教的。

生活中常有这样的事，让三四岁的孩子画人，他画不出人的肚子，因为他还认识不到这么复杂。但你要问他肚子在哪儿，他会用手指指肚子。这说明什么呢？其实，这就是“混沌”认识。当肚子饿了，想吃的时候，是知道有肚子的；当他吃饱了，要他画肚子的时候，他就感受不到肚子的“存在”了，因为肚子外面有衣服挡着，孩子只看表面，不会往里想。但随着孩子年龄的增长，就不教自明了。不管是肚子饿了还是吃饱了，他都知道肚子的存在。当孩子长大了，不光会感觉，也会想。所以，孩子知道不知道肚子是年龄的事，不是技巧和知识的事。孩子的“混沌期”是有时间的，时间说明了一切，时间是最好的老师。

幼儿的“混沌期”有时也不完全处于“不理解”状态，就是真正意义上的“混沌”。要说知道也知道，要说不知道也不知道，糊里糊涂。有意思的是，孩子从来都不想搞清楚！不像大人总想弄明白。让孩子画成人都觉得相当复杂的事物时，他们不会流露出畏难的情绪，也不会说“我不会”这样的话。成人看到了复杂，所以感到难，但幼儿看不到，所以不觉得难。

图 5-11　房子　梁淑楦　5 岁

再加上孩子天生有一套应对措施，所以，也就不觉得难了。

“混沌”人自有“混沌”法，这就是孩子的绘画。他们自有处理复杂事物的本事，用不着成人刻意地教。

要说孩子看问题是“混沌”的，还有一个现象是，四五岁的孩子有时虽然能感觉到眼前事物的复杂，但他们又没有能客观表现的本事，只能感觉到啥样就画啥样。如画房子，孩子的位置如果在房子侧面，一眼就可看见房子的正面和房山两个墙面，要从这个角度画，就可能画出“立体”的房子。但这“立体”的房子并不是经过“思考”才画出来的，孩子并不知道其中的道理，而是靠直感，就觉得应是这样。其实，这个“觉得”就是“混沌”意识。这幅画（图 5-11）要从房山看，是有立体感觉的，小作者却不知道怎么画房山和正面墙的底线，只用一根平直的线就解决了。实际情况是这两根线的会合点应是 90 度直角，不可能是 180 度平直线。此外，右边的房山斜线，她是想画出那个“看不见的”房山，但不知道怎么画，画的房山就缺了一块。这也是孩子对空间的“混沌”认知。

孩子的画，如果出现“一房两山”，或一个房子“半个立体”，这是孩子的正常心理反应，虽然在现实中不可能。如果是成人教的，那就会只有一个房山，房子也是立体的。正是这个原因，很少见孩子从侧面画房子，我们见到的大多是正面的房子。你就是安排孩子画侧面的房子，画出来的大多仍是正面的。这是孩子在回避自己的不懂，只画自己懂的，不画自己不懂的。

从孩子画树叶不按树的生长画和画房子是“半个立体”看，这就是孩子的“混沌期”。孩子的画，画的不是真实，而是理解，能画出自己心里感觉就很好了。

我们成人要尊重孩子的感知，尊重孩子的表现，不要用成人的观点指导孩子的画。这些“错误”的表现，正好说明了孩子是正常成长的，没受干扰。如果孩子画什么像什么，结果反而是错误的。这个现象也给成人提了一个醒。如果孩子没有了“混沌”，没有了“错误”，什么事都能“不糊涂”，就失去了“正常”的成长。啥都明白的孩子就不是孩子了。孩子成长的过程既不是教的，也不是学的。如果是学，为什么每个孩子遇到复杂的事物不懂也不问呢？这说明儿童是不知道自己不懂的。不知道的不懂，还是不懂吗？

(6)

DATE

[illegible] 2018.11.28

[illegible]

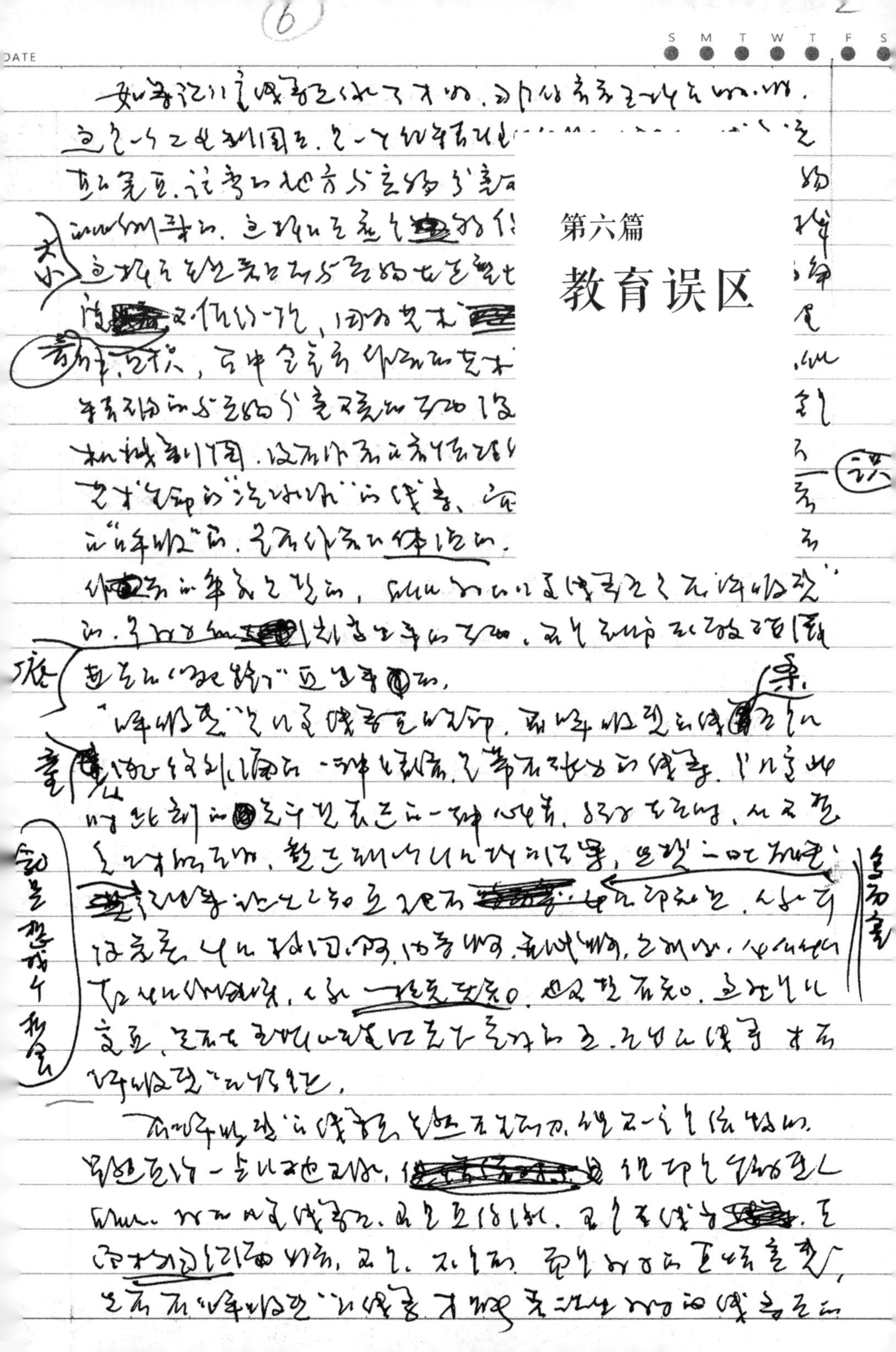

第六篇

教育误区

浅肥伤根

一篇署名“明前茶”的文章，说的是茶农种茶“浅肥伤根”的事。在中国台湾冻顶乌龙的产区，一改原来把化肥撒在土壤表面，等雨水一来，肥料就渗透到土壤里的做法，拿把铁锨把肥埋在1.5米深的土层下。作者感到很奇怪，这样茶树能吸收到肥力吗？茶农说，种茶30多年，才领会到“浅肥伤根”这个道理。

他说，从小跟着父亲种茶，在20世纪80年代，一种新的施肥方法传播开来，就是把化肥倒在水中搅匀，化成“肥水”，直接喷洒在土壤的表层。很快，新栽的茶苗枝繁叶茂，郁郁葱葱，还真是立马见了效果。这方法与老法深掘深埋肥料，茶树的根系要费很大的劲才能够着肥力相比，既省事又有效。结果到了收获的季节，问题就出现了，茶的味道不行，原来“冻顶茶”的明亮及呷一口就沁人心脾的麻丝丝的感觉没有了。那种能体现茶生命力的“茶气”和“气感”没了，茶味寡淡了，没品头了。

原来，按深埋肥的法子，茶树为得到肥力就得“拼命”往下扎根。现在用不着再费力去找了，肥就在叶子表面，直接吸收就行了，省时省力，还见效快。这样好是好，一片绿油油的茶田，但茶树的根系却找不到深处的肥力了。这个假的繁荣不是从茶根上来的力量，而是表面文章。茶树如果找不到深处的肥力，就不可能根深叶茂，茶没了生命力，叶色大为逊色，品质也就没了。

植物和人一样，一旦有了更省事的方法，谁还出力不讨好，做不能马上见效的事情？当化肥化掉的肥水从土壤的表面渗透下去后，茶树谁也不愿意再费劲地往下扎着够深土的肥力了。既然不用使劲往下扎也有“好吃的”，就满心欢喜地坐等吸收浅表中的肥力，且扎根也是不容易的，远不如坐吃现等来得轻巧，还效果好 。

“浅肥伤根”是茶农给我们上了令人深思的一课。大家回头看看，我们现在的幼儿教育不正在做着“浅肥伤根”的事吗？从对孩子的爱到孩子的画，哪一样不是“伤根”呢？！

从孩子两三岁就开始了“小黑板”教育。教汉字、教古典、教英语、教算术，还有名目繁多的特长班、早教班、珠心算、逻辑狗、右脑开发、直映教育等各种知识学习。家长之所以疯狂地给孩子报班，就是恐怕孩子输在起跑线上，唯恐孩子长大了竞争不过别人。

现在，有些家长将起跑线提前到孕期。在孩子还没出生前的 6 个月就进行了《三字经》《唐诗三百首》、九九乘法表及英语“教育”，语数外三门主课一样也不少。

关于这一点，我请教了生理心理学专家，专家说除了感性的轻松的乐曲可能对胎儿有点影响外，那些给孕宝宝背经典、背计算口诀和说英语的，没有任何实际意义。他们挖掘的已不是儿童的慧根，而是胚胎上的精神基因。这些家长被“人家都学了”的现实“逼疯”了。家长需要的是立马见效，学而有成，期待孩子按照他们的设计和“能看得见的”成绩发展。家长在教育上不会等待、不懂得等待、不愿意等待的急切心态，导致拔苗助长。

一家培训机构打有这样的广告：“你来，我培养你的孩子；你不来，我培养他的竞争对手。”[1]这还是教育吗？你还指望这样的教育机构能培养出善良、正直、有爱心、有良知的孩子吗？

家长怕孩子输在起跑线上，是因为自己的孩子和别人的孩子在一个跑道上跑，如避开同一个跑道，也就是走不同的路，还担心输在起跑线上吗？难道人生就一条道吗？我觉得人的一生，不是我比你跑得更快，而是我与你压根儿就不在一个跑道上。适合自己的路，才是最好的路。老师的责任也不是教给学生更多的知识，而是教会孩子思考，以及如何应对复杂的不确定的社会。学生不是怎么记住老师的话，把老师教的知识学扎实。更重要的是，在众多的人物中别埋没了自己，一定要发现自己，做好自己。只要自己“练就”了独立的思想，凡事有自己的观点，就不会被社会潮流淹没。

家长的“早教”比幼儿园的教育还提前了一两年，就像是把大量的“明肥水”浇洒在“小树苗”的浅土表层，让它们立刻就有了接受“肥力”的

1 读者［J］.2019，10（20）：17.

反应。更为严重的是，家长不以为不好，反而认为孩子超聪明，到处显摆，诸如孩子才 3 岁，就能认识几百个汉字，背十几首唐诗，会算百以内的加减法，会背几十个英语单词。画的画比大他几岁的孩子画得都像，遇见客人不请自演，家长添油加醋地敲着边鼓助威，生怕别人不知道自己的孩子有多“神”，有多厉害。学习是“死灌硬教”，生活是包办代替，孩子被剥夺了动手体验的机会。

在画室里经常看到家长给孩子先找好座位，用布擦干净桌椅，帮孩子拿好笔纸，摆好水杯，嘱咐孩子想解小便就找老师，流鼻涕了就跟老师要卫生纸，好好地画，别跟同学闹别扭，等等。安排之细，令人咋舌。实际上，每个孩子都有自己的位置，像找座位、解小便这样的事，难道还需要家长一一安排吗？其实，孩子最烦的是自己能办的事，家长替他办，家长却以为这是在关心爱护孩子。生活的事，本该孩子办的，却都让家长给包办了，画画的事更是离谱，更能体现“浅肥伤根”。孩子一上画画课，老师不是先了解孩子的喜好、个性、品性，不是让孩子画出对生活的感悟、对生活的认知，不是培养孩子的自主精神、想象力和好奇心，而是把生活中的事物模式化。画太阳只画半个，不是在左上角，就是右上角。房子一定是尖顶的，树上肯定少不了最“经典”的符号——两个树疤，树上再结几个小果子（图 6–1）。画鱼就是两条弧线交叉为鱼尾的鱼（图 6–2），这个鱼代表所有的鱼。其他的事物造型也各有专型，每个孩子都画一样的画。这种把记忆的东西强行灌入的方式，毁掉了孩子的认知，抹杀了孩子的天性，导致孩子不知道用自己的方式去感受生活。

图 6-1　果园　佚名　5 岁

这样的教画方法效果非常明显，即学即会，立竿见影，画得跟真的一样，家长看到孩子这么聪明，老师教得这么好，喜出望外。之所以孩子学得很快，是因为简笔画不需要想象力，不需要认知，不需要感觉，跟着老师的步骤图一学就会。但这种让家长“很高兴”的画，没有多少是孩子的认知和喜好，没有孩子的个性，没有孩子的主张，更没有孩子的体验，有的只有简单的模式化记忆。

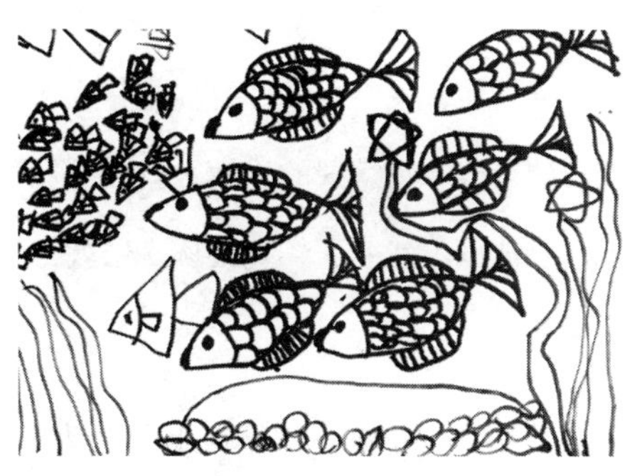
图 6-2　鱼　佚名　6 岁

这种看似很简单又有效果的教育，把孩子的自主精神和想象力毁得厉害。这也是最典型的“浅肥伤根”的教育，这种爱、这种包办、这种立马见效对孩子的感悟损伤最大，使孩子丧失了对生活、对艺术的感悟能力、想象力和创造力。

创造力行为研究者乔治·兰德在 20 世纪 60 年代做过测试，其中 98%

图 6-3　我们从小爱运动　佚名　3 岁半

的儿童有创造力。此后，每隔 5 年，对这些儿童再次进行测试，发现 10 岁时只有 30% 的孩子有创造力，15 岁的时候已下降到 12% 。这就说明了一个道理：孩子的年龄越小，越有创造力。在孩子的理性还没苏醒前，就给予理性的强制输入，只能损伤孩子的创造力，甚至是挖孩子的慧根。挖慧根的早教，就如同往茶苗上喷洒化肥水一样，人是省事了，茶苗也不费劲了，直接从表层就得到营养了，却造成了早熟的果实，没茶味了。

图 6–3，这幅《我们从小爱运动》，作者年龄仅 3 岁半，却画出了 9 岁也不可能画出的效果，因为 9 岁的儿童还在自我中心期，也就是，凭感性认知世界的年龄。看画面跳绳的小女孩，不只是人的比例结构基本准确，人身上的细节也是面面俱到。发饰、头饰、手套表现充分；玩哑铃的小男孩也是衣帽整齐，穿戴复杂。草地的深绿、浅绿、粉绿层次分明，两个孩子的衣服色彩既和谐又有对比。

女孩朱红色毛衣与黄色裤子与男孩的帽子和长裤是同一色系，是同类色、邻近色的运用。男孩的坎肩深蓝偏冷色与哑铃和双臂的冷色烘托了女孩的鲜艳色。女孩的红、黄色在草地绿色的映衬下，补色的对比效果非常突出。此外，动作有变化，层次有渐变，色彩有微差，明暗有对比，这么“有思维”的画，怎么可能出自一个 3 岁半的幼儿呢？

图 6–4 多边形的怪兽 佚名 4 岁

这种“果子不熟，靠成人催熟”的事天天发生。而实际上 3 岁多的孩子还在画圈圈，属命题涂鸦阶段，还画不出可视形状。三四岁的孩子对人的体征没有认知，根本不知道人有肚子。胳膊、腿都用单线表达，胳膊也画不到肩膀上，更画不出有色彩素养的复合色调。

这种不尊重孩子的认知，小孩画大人的画、人为拔高助长的画，不就是典型的给孩子施浅肥吗？

图 6–4 这幅拼贴画不是孩子画的或剪的，思维也不是孩子的。写评语的人审美水平不高，对什么是幼儿美术一无所知。这幅拼贴画，是手工制作，不是线描，线描是指用单色画的线条画。在幼儿 6 岁前是不能教知识、技法的，因为孩子认识世界靠感觉，不会用道理。教多边形合成怪兽就是理性思维，不适合孩子。4 岁多孩子画画凭直感，是不会问老师的，无论怎么画，也不会认为自己画得不好或不会画。

老师在评语中说“能掌握线描画的技法”，就是说老师在教技法，“刻画能力不错”这句话也不对，这么小的孩子根本就不知道什么是细节，是画不出带有细节的事物的。

图 6–5　水上演唱会　佚名　4 岁

怪兽的肚子、脸、耳朵的颜色与背景色高度和谐，还是红灰色，美术学称“微差”，要初高中以上或成年人才能调出来。看怪兽和圆圈的用笔均是成人所为。幼儿的手指、骨骼、肌肉和神经系统都不可能支持完成这么流畅的线条。像怪兽身上排列的有空隙、有秩序的线条也要 9 岁以后才能做到。这也是幼儿画的线条为什么总是歪歪斜斜的原因。这幅拼贴画从思维到技法没有一点孩子的思维。

图 6–5 标的也是 4 岁孩子画的，但这幅画的透视、遮挡关系很不简单，至少有八层远近关系。先是指挥家青蛙在最前面的近景，再是合唱团成员和前后彩旗的中景。第三层是庙宇前的绿化带。第四、五层是浅色的相互遮挡的两排庙宇。第六层是飘浮在空中的气球。第七层是长长的带有红果子的绿化带。第八层是高低不一的、完全立体的一排高楼。这种有八层透视和遮挡的空间关系能是一个 4 岁孩子想到的吗？这是典型的理性思维，并且这种思维非常成熟，不会出自一个幼儿之手。4 岁的孩子是画不出这种透视遮挡关系的，更画不出在构图上有半个楼房半个气球的画，这也是成人的思维。

图 6–6《小象找衣服》，构图饱满，造型准确，层次清楚，场面广阔，

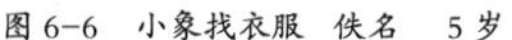
图 6-6 小象找衣服 佚名 5 岁

图 6-7 小河畔 佚名 5 岁

画面清新，线条流畅，用色考究，怎么可能是 5 岁孩子所画？兔子、小猪和小象这三个动物的造型准确、复杂、多变，这是典型的超阶段假画。这幅画最突出的还不是这些，而是层次分明、近实远虚的空间感。特别是浅淡蓝绿色的远山，与大象和动物间的灰鲜补色恰到好处，凸显完全理性思维的对比能力，让人吃惊！像这种严谨的造型和浓淡、灰鲜、渐变、朦胧、微差色彩的运用，9 岁前甚至是 12 岁前的儿童都是难以完成的。

图 6–7 这幅《小河畔》标签上写的是 5 岁孩子画的画，近处的池塘里有遮挡的荷叶、荷花，青蛙在荷叶上，小鸭子在戏水，一前一后；池塘边有一只放风筝的兔子，其后有很精神的公鸡、爬行的蜗牛等，堤上还有带疤的结果子的树，等等。这些规整的造型、色彩均匀的画面都不来自孩子的生活、孩子的认知、孩子的感悟，而是一幅拼凑填空的画。

这些画不但形象固定，画法简单，步骤清楚。孩子在画画时不需要想象力，不需要认知，就跟着老师的步骤画，只是简单的模仿。

这种打乱孩子的成长秩序、人为地进行拔高助长的行为不是个例，而是普遍现象。

这种灌入式的教育，本来是想让孩子的学习效果更好，结果反倒伤了孩子的慧根，毁了孩子自主学习的潜力。这说明一个道理，有好多事情在表面上看似进步，学得好，学得快，就像给茶树施浅肥一样，茶苗马上就叶绿繁盛，其实这些都是假象。茶树表面上枝繁叶茂，不是从根上得来的“后劲”。这样的茶苗经不住风雨，耐不住时间的考验。这是人们打乱了茶树的生长规律，人为地催熟，果实肯定不会甜美。

灌输的东西，永远不能发展人的学习主动性。模仿永远也不会培养孩子的自主、好奇和探索精神。“想吃啥就有啥”的教育培养不出“会自己找食吃”的人。从小获得更多的自由，在自己的事情上能做主，父母给予很大自主权，在思维上相对独立的孩子，长大后才会有更大的发展空间和创造潜能。“散养”的、自由的教育一定比“圈养”的控制、包办下的教育更有潜力。

教育越是灌输，越是迫不及待，越是急功近利，越是立竿见影，越是违反教育规律。只有“慢”下来，学会等待，尊重孩子的成长规律，尊重教育规律，把“肥料”深埋在孩子智慧的根系下，引导激励孩子自觉地去找，才能真正地做到根深叶茂、果实甜美。

有呼吸感的线条

家长认为只有画得像才美，连像都做不到，怎么可能会美呢？包括好多美术教师也这么认为。实际上正相反，儿童画的美是美在幼稚，美在“无知”，美在“本能”，美在“不知道怎么画”，美在用自己的理解和自己的方法画。一句话，幼儿的画是美在品质，不是“光鲜”。这种画是孩子自己动脑子想出来的，带有个性意识，这样的画才美。

还有一点，幼儿的画是美在“生”，“熟”了就不美了。为什么呢？“熟”原本就不属于孩子。只有在理性思维下，经过千锤百炼打磨的技巧才能称为“熟”，孩子的画一成熟就不美了。

孩子的画永远也不会成熟，因为孩子到了成熟的年龄，就画不出这种“美”的画了。“大自然”等不到孩子长大就把孩子的“幼稚”给收走了。“幼稚”才是孩子能画出这么美的画的原因。所以，技法“成熟”在成人那里是美，在孩子这里不但不美，反而是“最大的灾难”，是毁坏孩子想象力的祸根，是损伤孩子独立自由精神的最有力的武器。只有画好了第一笔，不知道怎么画第二笔的“生”，画的线条既幼稚又畸形才美。所以，孩子的画美在“生”。“生”就是画意不明确，自己试探着画，这样的画流露着幼儿的幼稚、可爱、纯真。那些“熟”线条的画本应是成人画的，结果让孩子画了，所以，不可爱。

图 6-8　简笔画衍生样式　佚名　5 岁

好的线条画是孩子的内心感悟。好画并不是构图饱满，内容丰富，色彩漂亮，有感人的故事，画美不美与这些无关。即便孩子把这些都做到了，画也不一定就美；相反，做到这些的画大多不美。

有自己的见解、喜好、情感的是好画。而那些表面上线条流畅、布局得当、看上去画得很顺手的画大多是老师安排的，画的形象也都是同一个模式（图 6-8）。

图 6-9，这幅头上扎两个小辫、穿着三角形带花纹花边裙子的女孩，大家一点也不陌生，是孩子画里的“常客”。这经常画的“拿手好活”怎么可能做到线条不流畅呢？而恰恰是这些家长看好、老师得意的流畅线条是最难看的，因为它违背了孩子的认知规律，违背了艺术规律。它表面上“好看”，实际上难看。难看的原因是孩子没画出属于自己的线条、自己的认知。画成“这个样子”的不只有他一个，班里的孩子们都能画出这么熟练的线条。也就是说，这些线条不是孩子的主意。这种没个性的线条怎么可能美呢？

如果说线条画只有画像了才好，画不像的就不好，那你看看图 6-10 这幅画好不好？这是一个在电脑上做出来的空气净化器简图。“画”比例精准，与实物数据分毫不差，且线条平直大方，疏密得当，黑白对比有度，还有强烈的透视感、立体感。这样的画要是单从画得像上说，也够精致的了！但要从艺术角度看就不行了，因为艺术是作者对事物的理解、见识，画包含着作者的审美情趣和文化素养。好的线条画是有作者审美趣味和思想的。而这种没情感、没活力、“冷冰冰”的线条，是没有艺术生命的。有艺术生命的线条是有呼吸感的，是孩子从内心流淌出来的东西，是带有情感温度和张力的，是儿童此时此刻最想表达的一种心情，不是靠老师的死教和“死路子”画出来的。呼吸感是儿童线条的生命（图 6–11）。

图 6–9　新衣服　佚名　7 岁

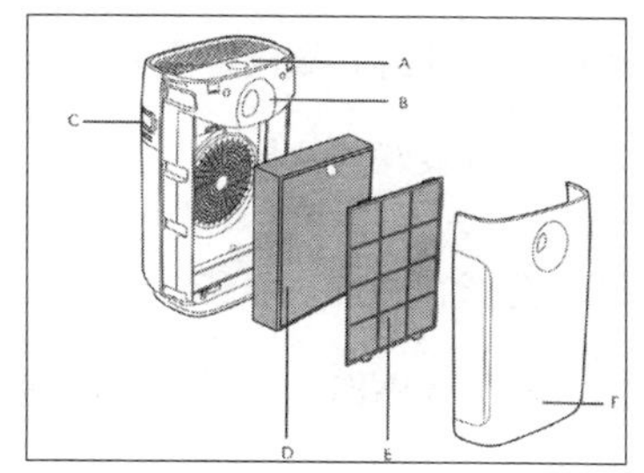

图 6–10　空气净化器简图

图 6–11　花草　有呼吸感的线条画　郭皓臻　5 岁

孩子在画画时从不想怎么才能画好，不想要什么结果，只想一吐为快，才不考虑什么主题、构图、内容、形式、色彩，他们对此一概“不知”，也不想知，这就是儿童画。只有在这种心态下画出来的线条，才具有呼吸感。

有呼吸感的线条画虽然有生命力，但不一定造型准确。所以，好的儿童线条画，不是画得像，不是画面构图饱满、好看，而是孩子流露出真情实感。只有画的线条有呼吸感，画才生动、感人。儿童线条画有没有“呼吸感”是评价儿童画好不好的尺度。生动的线条、独立的意识、自由的表达是儿童最好的“技法”。

儿童在画前没想着技法，没有想好了再画，只想表达内心感受的，一定是有呼吸感的；相反，教得越多，规矩越多，越理性；技巧越熟练，线条就越油滑，越浮漂；学画形式越正规，越没有呼吸感；画得越像，线条越难看。这种难看不是家长看着像不像的难看，而是太“像”了的难看，太“油”了的难看，没有“呼吸感”的难看，把“艺术”给画跑了的难看。

孩子的画是这样，大人的画也一样。大人的画如果过于强调物体的比例、结构、透视、技巧和方法，画出来的线条是没有呼吸感的，也是不好看的，因为只有形，失去了生动，失去了生命张力，从而失去了线条的呼吸感，失去了对艺术的感悟，也失掉了美。

美术老师都知道，从大的方面说找形的方法有两种：一是工具测量，二是凭感觉找形。工具测量就是借助工具确定物体的比例、大小、位置及基本形。经过这种严格测量的形基本上是正确的。但这样画出来的画，除了形比较准确外，“情”也丢掉了不少，就是线条不好看了，没有呼吸感了。这个方法即便是画活生生的人，也是一个没有灵魂的躯壳，没有生命力的外形，更没有什么品位可言。考前班的石膏像素描大都是这样的，形虽在，“生动”没了。

这种被工具控制下的大脑，通过测量完成的画，脑子就有了造型的依赖，感觉就起不了什么作用。这个现象如同驾车，如果司机脑子里没有行驶的大致方向，只依靠导航设备，长此以往，这个司机就失去判断方向的能力了。

有人说，我不用尺子量，只是把拿铅笔的手臂伸直，用手指甲在铅笔上做个记号，估量一下物体的大致比例，这种不用尺子的方法应该没问题吧？我相信，每个画过石膏或人像素描的人都曾使用过这种没尺子的测量法 。其实，这种方法虽然没直接用尺子，但测量的道理与尺子是相同的，也是借助了工具找形，不是用心和凭感觉，也是不可取的。用感觉找形，得到的不仅仅是造型的准确，更重要的是线条生动，画的事物也有趣、自然，这就是呼吸感。

画准形的方法有四种 ：一是水平法，二是垂直法，三是延长线法，四是几何形法。这四种方法是测量和找形的细化。

第一种是水平法，就是看物体在水平线状态下，哪一点距水平线近或远。近，近多少；远，远多少 。把握物体的水平状态，作用就像建筑工人用的水平仪。

第二种是垂直法，是看物体在垂直状态下，形的点离线有多远，用这个方法很容易分辨出形的上下准不准及问题出在哪儿。如果水平线和垂直线并用，更容易找出画不准的地方。

第三种是延长线法。延长线法并不是真有视角线需要延长，而是确立一个视点，把这个点从视觉上假设延长，看看这个被延长的“无形的线”穿过物体的哪个位置，用“大感觉”确定物体的形准不准，这样也能找到水平线和垂直线不能顾及的地方。

第四种是几何形观察法。乍看有几何形三个字，就感觉它可能是理性观察法，其实不是。几何形观察法实际上就是概括、归纳法，就是把复杂的事物简单地看，看看这几样东西组合在一起是个什么基本形状。这个方法最大的好处是既有理性，又有感性，是感性与理性的融合体，也是画画最好的找形方法。这个方法最大的特点是，小孩、大人都能用。因是感觉，对理性一点也不懂的儿童也会用，成人既用了感觉，也用了分析。这个方法画出的画，形象生动，线条具有生命力、呼吸感。

需要说明的是，年龄小一点的，比如说四五岁的孩子，他可能只会用几何形观察法的感性部分，理性的归纳就不是孩子的长处了。如孩子画一个手机的造型，他是感觉着画的，不会用眼睛仔细测量手机长和宽的比例。

成人用感觉找形与儿童用感觉找形，还是有很大区别的。为什么同是用感觉找形，还会有不同呢？因为成人的感觉是理性与感性的“混合物”，不是“纯”感情。儿童用感觉找形，情感比较“纯粹”。需要说明的是，这四种找形方法都适合成人，孩子画画却只喜欢第四种。即便是第四种也是我们总结的，孩子们是不会知道“情感画法”的。

感觉找形法对儿童美术来说，最大的价值是帮助儿童在 6 岁前后完成从感性到理性的转换。

儿童从八九岁有了比例、透视等概念后，就有追求形似的意识了。这个年龄段孩子不知道比例、透视、遮挡，仅凭感觉就可以找到准确的基本形体，这个感觉其实就是几何形观察法。有时感觉的找形比工具还准，就是差一丁点，也是能感觉到的。

不用尺子测量，只用眼睛找形，照样能画的与尺子量的一样。眼睛就是一把尺子，关键是作者怎么想，这就是画家的意识追求了。比如说，一个建筑学科的教师画建筑，追求更多的不是艺术表现，而是考虑建筑手绘的效果，画的建筑是否与真实更接近，更符合建筑学的要求。虽然画也有艺术性，但作者的追求并不全是艺术（图 6-12）。画家就不同了，画家画的是对事物的理解、感悟，展现的是个性。房子的造型不过是画家审美意识上的一个棋子、一个因素，想怎么安排，就怎么安排，想叫它有它就有，不想叫它出现，就把这一部分去掉。

图 6-12　安徽民居

画家根据画面的需要，追求的是艺术上的真实，不是生活中的真实，不会去追求画的房子与真实的房子是否完全一致。一般来说，画家比较看重艺术性，也就是味道。建筑学家则追求真实且精准的造型、严谨的结构和深广的透视。画家就放松多了，不会刻意讲究这些，追求这些，而是把这些隐藏在画中 。

虽然画家和建筑学家在画画时都不可能用工具，但由于思维不同，观念不同，追求不同，就会带来不同的表现。画家的线条更具有艺术性，也就更有呼吸感；建筑学家的画更接近于真实，也就是更加形似。两者虽然都在画同一物体，但在表现手法上是不同的。

从审美上说，有“呼吸感”的线条画，无论是像与不像，甚至线画得弯弯曲曲的，都美（图 6–13）。

家长和老师看孩子的画，不要只看画得像不像，而要看孩子是怎么想的，有没有个性，有没有独立的思维、个性的表达。只要有了这些，哪怕画的画与实物差别很大，白的画成黑的，黑的画成白的，无中生有，移花接木，“乱弹琴”，也是好的。而老师让怎么画就怎么画、在造型上完全依赖老师的孩子是不可能画出感人的有呼吸感的线条的。

孩子对事物的思维越清晰，画越不美；越不懂，画越美，就像日落黄昏，视觉上模糊的才美，看不清的才有想象。

图 6–13　大港头镇石侯村

学画迷途

没接触过儿童画的人，或对幼儿美术不懂的人，大多认为幼儿学画不就是给孩子找个老师，画些小猫、小狗、乌龟、兔子什么的，有什么呀！有家长觉得小孩画画的事也开家长会，是多余的。

其实，幼儿美术并不像这些家长想的孩子画画就是画个小猫、小狗这么简单。幼儿美术是个多学科专业，不是任何教师都能教得了。如果家长对幼儿美术不懂，很容易掉入人为的学画“陷阱”。

幼儿园的美术教师最拿手的就是教简笔画，不用备课，拿来就用，家长也认可。

幼儿园的美术教师大多是幼师毕业，在学校学了点手工、折叠、剪纸、拼贴画等，但对美术本体知识、美术理论了解不多，自己不会画画。不管孩子的年龄、爱好、个性、习惯，一律教简笔画。拿张简笔画让孩子比着画，是最通常的做法。等画完了，每个小朋友手里都有一幅干净漂亮的画。家长不知道，这样“有技巧”的画，全班的孩子都有，而且画得差不了多少，因为范画就是这样的。

虽然画是孩子画的，但孩子在画画时是不需要动脑子的，画里没有孩子的思维，没有孩子的主见，更不能体现孩子的兴趣和个性。如果不把班里的画摆在一起，家长很难发现自己孩子画的画与同学画的“长相”高度雷同。

这样的老师还特别讲究装裱。有句话叫“三分画七分裱”，有的老师甚至在孩子画画时都用圆规和尺子量好，把什么东西画在什么位置都给安排好，再没技巧的人也会“填空”啊！等画画好了，老师再加衬纸、裁边或装镜框。这样，一幅“好看”的画就算完成了。但是孩子从画这幅画开始，没自己的想法，只是跟着老师的步骤做。这样的教，学生并没有受益。

一个合格的幼儿美术教师应懂得美术学、教育学、心理学，把这三种知识融会贯通，形成一个新的知识系统，才可教幼儿。

在植物园遛弯，见一儿童美术学校发的儿童学画宣传单上印着这个学校的组织者是美院毕业的研究生，由他主持教学，任课的老师也是清一色的美术学院毕业，可以说师资力量是过硬的。一般家长认为，有这样学历背景的老师教，应该是好老师了吧？宣传单上印的教育理念是培养孩子的想象力，但选的画，个个都是“半个太阳挂左边，尖顶的房子冒着烟”的简笔画，难道教简笔画能培养孩子的想象力吗？

由此可以看出，这些老师根本就不懂什么是教育、什么是儿童画。这些老师的专业应该没问题，但艺术规律是，专业好不一定就会教，画家与教师不能画等号。画家大多不懂教育，只会画画。一个教画的老师不但是要懂专业、懂教育，还要懂儿童心理。学画孩子的年龄越小，越要选择既懂教育，又懂专业，还要懂儿童心理的老师。这通过到画室上体验课，与老师交流，看老师有没有教育成果，是不是他亲自教等就可得知。之后再看看老师是怎么教的，看孩子的画是不是有自己的思维表达，这是最重要的。

不懂美术的教美术是“陷阱”，懂美术却不懂教育和儿童心理的照样是“陷阱”。这就需要家长有一定的知识和见解，以及一定的辨别能力。

家长在选择美术班时要注意：有以下这十条的，都不是正确的教育。

第一，画简笔画的。孩子们画的画，幅幅相同，长得跟“亲兄弟”似的。

第二，老师展示范画或人手一张范画让孩子比着临摹的。画的画与范画一模一样。

第三，7岁前的孩子画的画很像的。年龄越小，画得越像，问题越严重，越不是真的。

第四，教师特别在意家长的看法。家长有啥要求，教师马上去办的，这都不是好教育。好的教师不会去迎合家长“非教育”的要求。

第五，家长和孩子的生日记得清清楚楚，到日子了都有表示的，肯定不是好教育。好教师不会把心思用在“公关”上。

第六，不管孩子多大年龄，教师以“自由画”培养孩子想象力为名，实际是“大撒把”不管，失去教师作用的，到了该教的年龄也完全不教的。

第七，挂着国际教育旗号的、装修超级豪华的真教育不多，因为真教育用不着这样折腾。好教育是好教师，不是好房子。

第八，学画机构门口挂着很多金黄通亮的各种招牌的大多不是好教育。办好教育的教师都很自信，不会显摆荣誉牌匾。即便是得了奖牌，也不会挂在大厅前台招摇。

第九，打着你从没听说过的只有外国才有的名堂的，多是噱头，没什么实际意义，如绘画艺疗。绘画艺疗是一种流行的减压和沟通方式，艺疗针对的群体是有心理障碍的特殊群体，不是美术兴趣班。艺疗的功能是疗伤，不是绘画，与孩子画画没关系。

绘画心理是孩子画画时的一种“时段性”心理。绘画心理并不能通过教育得到改变，就像孩子的认知也不能通过“教”获得改变一样，明白孩子心理存在的年龄、时段、原因、作用就足够了。绘画心理本身不是知识，不是学术，是认知，是了解，是发现，不是靠研究就能得出“可教可育”的好方法 。就像一切先进的医学医疗方法都是对人的原有的生理结构和功能有更新的了解和认知，而不是创造一种超出人体生理特征的新东西。

第十，美术班有的是质高价也高，有的是质低价却不低，专欺不懂的家长。例如脑潜开发、心映美术、视角艺疗，谁也弄不清这里面究竟是啥名堂，但有人信 。

要鉴别教育的好坏，家长要多读书，多关注教育，不能只凭一时感觉，更不能靠定式思维。

幼儿美术就像一个迷宫，让你看见的都是眼花缭乱的东西，这些很容易让人看“走眼”，分不清好坏。真正的好教育是尊重孩子的感受，尊重孩子的天性，什么年龄就画什么画。真正的好教育要为孩子营造一个好的绘画环境，让孩子自己认识自己，自己教育自己。在孩子的体验过程中，给孩子一个点拨、一个引导。

6 岁前的孩子画画不需要知识和技巧。7 ~ 9 岁要少教，教他们能理解的东西，比如线条的疏密、黑白。10 岁后可教一些简单的透视、空间、远近关系。12 岁以后才可以画素描。先有松动的想象素描，再有严谨的明暗素描、结构素描，这才是儿童学画的正确路子。违背阶段性发展规律的教育，别管画出的素描效果有多好，从长远来看都是错的。

儿童美术教育的最终目的是人的发展、人的成长，不是技巧的提高，这个宗旨是不能改变的。

被灌输的概念

有些人觉得小孩生来就是一张白纸，什么都不会，无论生活还是学习都需要成人“帮忙”才能生存。比如，在孩子两三岁时，就开始了这是苹果、这是香蕉、这是房子的认物教育。家长认为这就是早教，开发孩子的智力，培养孩子的好习惯。更有些人的观点是晚学不如早学，既然早晚都得学，先学先得，艺不压身，不管用着用不着，先学了再说。其实这是一个被灌输的错误概念，孩子无论是精神还是生活都不像传统认为的那样，没有一点能力。

其实，孩子的成长是一种自发的能力，如翻身、说话、坐起、站立、走路，孩子到什么时候就能干什么事，没有多少东西是等教了才会。凡是与孩子的身体发育和成长相关的重要事情都不用教，这就是精神的力量。

孩子五六岁前，是用感性做事的，凭直感来应对这个世界，也就是说，学东西的“那根神经”还没苏醒。画画的道理也一样，很多家长以为画画是技巧，既然大家都说画画对孩子的想象力有帮助，那就及早学吧。其实这个常说的“学”就有很大问题。经常听家长说，送孩子学画去了，在哪哪儿学的，学得怎样怎样，都是在不断强调一个“学”字。实际上，婴幼儿的绘画水平不是学来的，更不是成人教的。孩子的画是自我感悟、自我觉得，这是表达自己想法的需要。

成人觉得幼儿画画是技巧，不学就不会，与成人认为婴幼儿的能力都是成人帮助的是同样的思维。其实这是成人对婴幼儿绘画能力的认识误区，也是长期以来被灌输的错误概念。

儿童画分两个阶段：幼儿阶段和学龄阶段。幼儿阶段的绘画是本能，就像毛毛虫变蝴蝶一样。这个时期的教就是引导、点拨，发现孩子的个性特长，帮助孩子完成他的发现。当孩子画到六七岁时，感性就会受到理性的制约，也就是需要动脑子了。这时孩子的画也不像四五岁画得那样了，往大孩子的方向渐渐靠近了，但还达不到成人认为的“学”画的状态，有大约两年的过渡期，也就是 7 ～ 9 岁。过了 9 岁，孩子的比例、透视、遮挡概念慢慢建立，画出来的树枝有了遮挡，树林有了前后。9 岁后孩子绘画的性质会悄悄地发生变化，连孩子自己也觉察不到，他已经从不学就会“蜕变”成要“学”才会，完成了一个“质”的转变。而对于这个变化，不懂教育的家长和老师都感觉不出来，是大自然悄无声息地在改变着，就像万事万物在时间的作用下都悄悄地改变一样，无论是植物、动物或泥土甚至废弃物，都在默不作声地发生着变化。孩子的无声改变与大自然的改变是一样的，不能把这两个阶段的绘画混为一谈。

不愿开智

家长说，小学为给学生减负，布置的作业很少，有的一二年级的学生仅半小时就做完了。学生是高兴了，家长却坐不住了。他们在微信上说，这怎么得了，孩子本应是学知识的年龄，现在可好了，从学校回到家一会儿就把作业做完了，剩下的时间尽瞎折腾，这样玩能玩出知识来？家长认为，学生最主要的任务就是学习，无论在学校还是在家都不能闲着，最好一放学回到家先做作业，做完作业再吃饭，其他都不可干，玩是最没用的了。这些家长认为“全时制”地学习，一个劲地学习，学习成绩才能提上去。殊不知，任何专业的学习，都不是靠放弃玩、靠玩命拼上去的。孩子学习累了就得休息，只有休息好了，没有负担，孩子的身心才能得到释放。不会休息，“开足马力”地学，学习结果未必就好。即便做卷子获了高分，也不能说明这个学生能力强。学与学是不一样的，主动的学与别人逼着学，自己喜欢学与不学不行，学习结果是不同的。

有的家长不考虑孩子的感受，自己想怎样就怎样，从内心就没尊重过孩子，有的甚至还规定不写完作业就不能玩，不能吃饭。

我邻居家孩子的妈妈下班刚进门，就开始嚷嚷：“作业做好了吗？”她告诉我，她对孩子要求特别严，还说，不好好学习，怎么“开智”，还用好多“反面教材”来说明自己的观点。她对她儿子说：“看见了吗？小吃街上烤火腿肠的高个子的黑脸青年就是从小不好好学习，长大了才‘流落’街头，脑子‘不管用’，别的活干不了，才干这个烤火腿肠生意的。”她儿子说：“我觉得我生活得挺好的，不想开智，开智不好玩，累死了，这些没有意思的‘智’不开也好。”妈妈一听就火了：“你这是从哪儿学来的‘鬼话’？我打死你，混账！不好好学习，还尽找理由。不好好学，你也得去烤火腿肠。”小孩哭着说：“烤火腿肠怎么了，还自在呢！那也比天天累得‘半死’强。”妈妈被气得一时说不出话来。

有些家长办事从不问孩子的感受，也不从孩子角度想问题，做事就凭自己的一知半解和感觉。不问孩子在想什么，想干什么，只要是孩子喜欢的一律不准，只要是与学习冲突的一律不行。眼睛直盯着孩子的缺点，带着情绪说话，还故意放大孩子的缺点。大家知道，画画能培养孩子的想象力、创新意识、自主个性能力等，但家长觉得这些都没用，做好卷子才是正事。有个性的更难管，有主见的更不听话。想象力好，但想象力能抓“分”吗？这样的家长把艺术课与文化课对立起来，认为一学画画，文化课就自然不行，因为画画分心，一画画就不能正儿八经地学文化课了。

其实，要想真正地开智，唯有在学习文化课的同时，多接触点艺术。真正的“智”不一定只是文化课，理性的东西能指引你往深层次发展，感性的东西往往让你有所发现、有所感悟。没有了发现和感悟，就没有探索。理性思维往往要在感性思维的滋润下，才可以拓展得更好。一味地学习逻辑，就会变成“书呆子”，成为只会考试的人。家长按自己对教育的理解，很强势地安排孩子学这学那，只让孩子服从，不考虑孩子是怎么想的，不可能有好结果，最终也达不到家长的期望和要求。

有的家长想让孩子读书，就给孩子买一套套的名著，告诉孩子什么书能读，什么书不要碰，有知识的书才可读，闲书没用。以这种“命令式”

的方法，培养不出爱读书的孩子。

只要是教育，再好的事情也得先问问孩子自己愿不愿意。再好的“智”，也得问问孩子自己愿不愿意开。孩子愿意了，在探索的过程中、玩耍中、涂抹中，就开智了。专门去开智，刻意地开智，有可能还开不了。真正的“智”是玩出来的，不是开出来的。孩子的兴趣是培养出来的，不是“说教”出来的。想让孩子开智的家长，首先要把“孩子为什么学习”这个“智”给开了。

趣味的丢失

当幼儿随意地画出一些圆圈或道道时，没想过这是在画画，只把画笔当玩具。这个痕迹是他“一手造成”的，所以，他才感到有趣，这是孩子第一次制造出可以保存的有印记的画痕。

每当成人看到孩子的这些“画”作，以为这孩子喜欢画画。于是各种期望就跟着来了，更是期盼孩子能早日画“成形”。孩子画出个圆圈或道道有时会起个名字，一会儿说是盘子，一会儿说是帽子，这说明孩子已经有想象了，会把自己的意念与生活中的事物联系起来了。孩子这时说的是他的感受，有可能像一点，有可能一点也不像，就是这么个意向（图

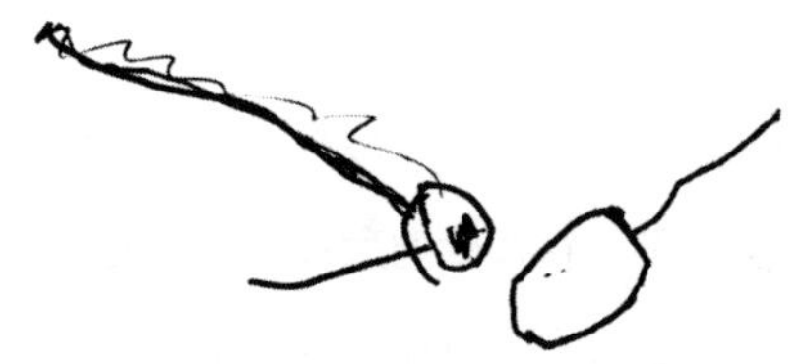

图 6–14　吃剩的鱼和汉堡包　刘品言　2 岁 7 个月

6–14）。这时候不要教孩子怎么画或纠正画上的错误，更不能说“不要画苹果，要画香蕉”这样带有个人偏见的话。但事实上，很少有家长能做到。要么安排孩子画个什么东西，要么拿张画让孩子比着画。更有甚者，亲自动手改孩子的画或给孩子做示范，让孩子画出成人期望的效果来。

有专家说，我们的家长最重视教育，同时我们的家长也最不懂教育，还最热心“管”教育。这样的“管”对孩子有什么益处？有的家长对教育不太“重视”，孩子愿意画就画，不愿画就不画，不管。自认为很懂并期盼把孩子培养成画家的家长就坐不住了，于是，超出孩子认知和发展的“早教”就开始了。孩子画画是喜欢，能乱涂乱画才更“过瘾”。他们觉得有趣才画，从未想要画一幅画，而家长总想着孩子能画像什么。孩子画来画去，家长却看不出画的是什么，就没“心劲”了。实际上，孩子画画是一种心情、一个想法，如果去正儿八经地“学”才没意思呢！

大部分家长和教师不会接受孩子的乱涂乱画，老早地就把孩子画画的兴趣给教没了，使画画变成了学画，趣味变成了技法。

当家长看到孩子喜欢画，就想给他找个老师时，孩子不明白家长为什么会给他找老师。既然是老师说的，肯定是对的，极少幼儿能拒绝老师的教。只有家长发现孩子喜欢画画后，给孩子一个相当长的时间自由画，成人插手比较晚的孩子，才有可能对老师的教说不。

本来孩子有自己的认识、自己喜欢的事物，可家长偏偏不让孩子自己画，不懂或不知道孩子有自己的天地。也许家长有这样的经历，放学后当几个孩子玩得热火朝天的时候，家长喊回家吃饭都不应，这时孩子已经完全沉浸在小群体的环境里了。他们在这个环境里有自己的梦想，这个玩的气氛就是培养孩子梦想的温床，如果有哪个小朋友一走，这个气氛就会被破坏，孩子的感受也就此结束。孩子一回到家，不是做作业，就是听大人唠叨，干一些孩子觉得没意思的事情。有几个家长能从孩子的角度，考虑孩子的想法，给孩子留下一些本来就已严重不足的时间和空间呢?

不管孩子喜不喜欢画画，大人就教大人认为重要的东西，还说不学好基本功，干啥都不中。

教，毁掉了孩子的趣味，抹杀了孩子的好奇心。在幼儿期，可能孩子原本是很喜欢画的，但没了兴趣和对生活的感悟，先天灵性的感觉被老师的“认真教”一点点地吃掉，那么，孩子就完全丧失自由画的天性了。

“醒等”说

蒸馒头要用“酵母粉”，面才容易发。和好的面还要有一定的温度，温度低了就发不好面，温度高了又会把面“烧死”，成了“死面”。想蒸一锅好馒头，和面、发面的工序不能少，少了哪一道也不行。其实，幼儿教育与蒸馒头的道理差不多。

第一，要有做馒头的“面粉”，放到教育里，这个“面粉”就是孩子。

第二，要有“启发”的酵母粉，这就是“引子”。在幼儿教育里就是启发、唤醒孩子的内心，让他们自己就想“发”。

第三，调整好发面的温度，高了或低了都不能很好地发面。在教育上就是把握好“教”的火候、速度，既不能提前，也不能推后。

第四，面“发”好了，还需要时间去“醒”，在教育上这个“醒”的过程就是“等待”的过程。很多家长和教师在这个阶段，不懂得等待，心太急，没有耐心等着发面自然醒好。

第五，醒好面后，弄好形状，上笼屉蒸。

教育就如同“蒸馒头”，每道工序都不能少，少了就做不好。

如果家长或教师不懂得“醒”和“等”，孩子就会超阶段发展，第一个阶段提前干了第二个阶段的事，违背了幼儿发展规律，就不是好教育了。

现实中，我们的教育没有这些过程，第一道工序没完，接着就做第二道，和的面还没“发”好，就开始“揉搓”定形，揉好了馒头却没等到面“醒”好就开始上笼屉蒸。工序就乱套了。

孩子在教育上就像是做馒头的“面粉”，孩子的年龄就像是“面性”。“面性”就像是蒸馒头的面与包饺子的面不一样，炸油条的面与做刀削面的面不一样。什么年龄画什么画，能学什么、不能学什么，老师能讲什么、不能讲什么，这就是“和的面”不一样。让三四岁的孩子画七八岁孩子的画，就像是用蒸馒头的面包饺子。

两三岁孩子画画，最多算是美术启蒙，可有的教师偏偏教如何画小房子、小乌龟等四五岁孩子才画的内容。不懂比例就教比例，教他们“三庭五眼”，一个人有 7 个头长，这与面没醒好就开始蒸是一个道理。这样违反规律的教，能有好结果吗?

现在的教育等不及“发酵粉”由内朝外自然地启发，并用“催发剂”催发馒头，放弃了自然发面、醒面的过程。在幼儿美术中，“你不发”就“催你发”的教育非常普遍。比如，三四岁的孩子知道用圆圈表达自己的想法，每个小圆圈都有意义，其实在这个阶段已经是很好的教育了。而“骨子里”就想教的老师看不下去，每当看到孩子画得不像时就坐不住，在家长没见着画前给孩子的画“添几笔”，就这么几笔，一下子把孩子的年龄“拉长”了三五年，画的画像 9 岁后孩子画的画。这时在教师眼里已没了

“醒面”的概念，只有拔苗助长的做法了。老师的举动就等于水虿还没变成蜻蜓，就把它从水里捞上来让它飞行。这种极端的做法会是一个什么样的结果呢？孩子本来还在画圆圈时代，非得让孩子赶快脱离圆圈，掌握画的比例、透视技巧，这个速度也忒快了。教育抽掉了应有的“台阶”过程。这一步到位的教育不是拔苗助长又是什么呢？

教师要给孩子留下充分的时间去体验，去滋养想象的那根神经，增情长智，而不是放弃对孩子成长的体验过程，灌入那么多成人的知识。

如果认为儿童的脑袋就像一个能装东西的口袋，今天装一点知识，明天装一点技巧，孩子想象、好奇、探索、创意的空间就小了。

幼儿美术最重要的是“发面”过程中的“醒面”。如果教师不知道“醒”的意义，不懂得“发面”后还要再“醒”一会儿才能上笼屉蒸，就永远不懂幼教的真谛！

不知道“等待”和“醒面”的教师总希望孩子能画得像，却不知道“为了这个像”，孩子将要付出怎样的代价。也就是说，如果要画得与真实事物差不多，至少孩子要同时解决十几个问题，比如构图构思、比例结构、大小主次、方圆虚实、层次渐变、黑白疏密、穿插呼应、曲直刚柔、空间透视、远近遮挡等。孩子学会并熟练运用这些理性的技巧，才有可能画得像。如果这些不解决，不可能把客观真实的场景表现在画面上。这么复杂的造型关系是一个幼儿能做到的吗？

一个好老师要学会等待，等到孩子长到9岁后再教。他们虽然不能像成人那样把这十几个问题解决好，至少他们会思考朝这个方向去做，这就是“醒”的意义、“等”的意义。

“醒画”就是“等”，就是尊重孩子的发展规律和自然进度。孩子画画不需要提前教、提前学。“开发”这样的词永远不要用在孩子身上。儿童美术没有比自然发展再好的教育了。

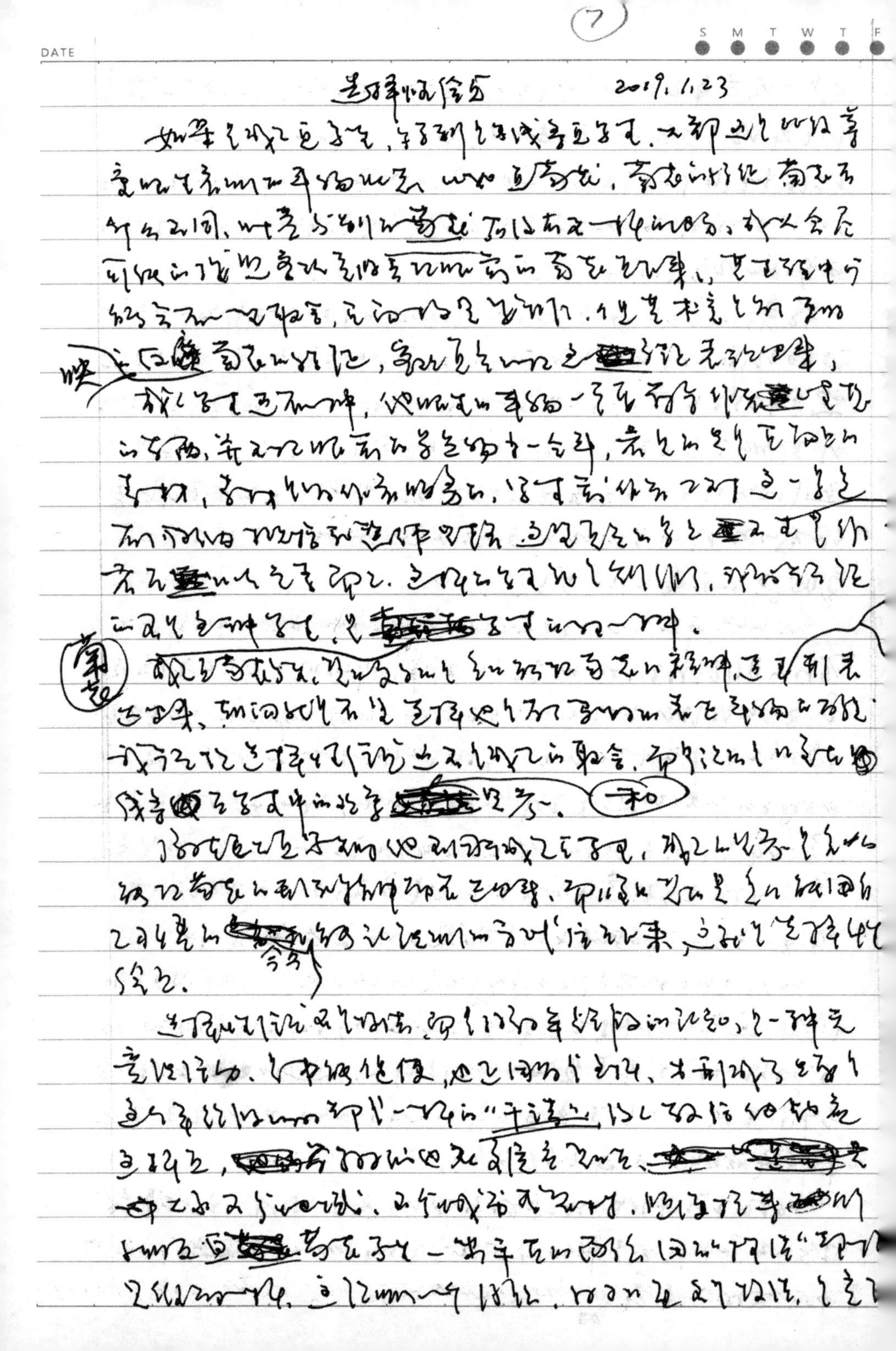

DATE

选择的价值　　2019.1.23

[illegible]

[illegible]

[illegible]

[illegible]

[illegible]

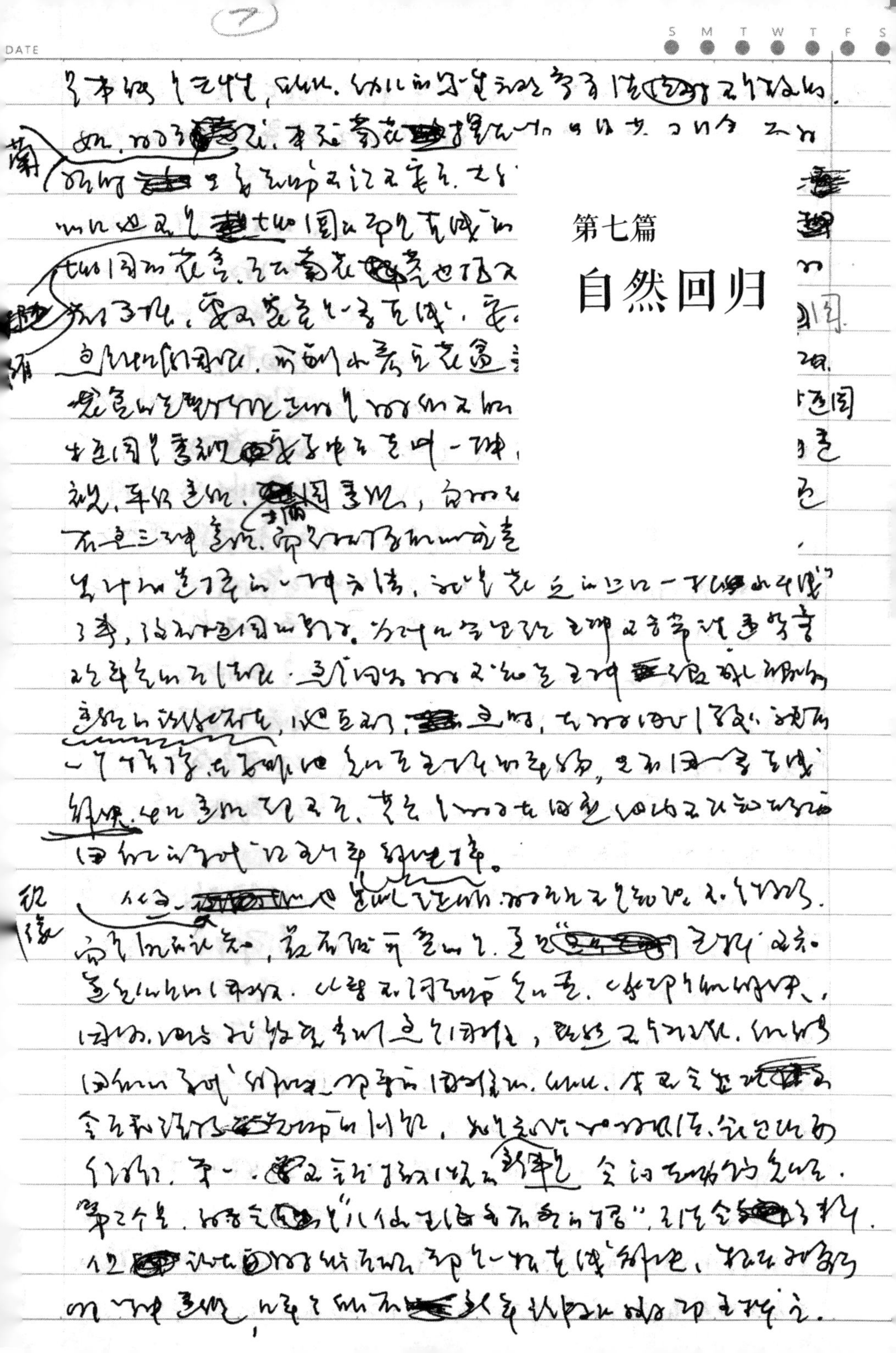

第七篇

自然回归

“幼态延迟”说

植物的幼稚期就是成熟前的幼苗阶段。昆虫的幼稚期就是幼虫阶段。除人类外，胎生的动物幼稚期都很短，羊只有两个月，体形较大的马也就一年。而人直到 20 岁才算完成了“幼稚”期。

幼儿是指 0 ~ 7 岁的孩子，过了 7 岁就不是幼儿了。关于幼儿期的界限，一般认为是 0 ~ 6 岁，因 6 岁多就上小学了，上小学了应是学龄期，不是幼儿期了。而实际是，虽然幼儿到了学龄期，但他的身心发育并没完成。

所以，真正的幼儿期并不是大家认为的 0 ~ 6 岁，而是 7 岁。有可能这个年龄的孩子都上二年级了，但还属于幼儿“序列”，不能称为“完全”的学龄期，应还有一年的过渡时间。

其实，就是这个过渡期也不是成人生硬划分的，仅从孩子的心理、生理来讲，孩子虽上了小学，但他们的心理状态还是幼儿，心理上还没准备好去接受知识呢，他们的“思考”都是凭感觉，可一旦到了小学，“觉得”就有可能要变成思考后的感觉了，因为小学生的思维已不是“纯”感觉了，已经有了理性元素。但这个年龄段的孩子还一时反应不过来，还是习惯用玩的方式去应对学习。这就是家长经常看到并担心的事，叫“精力不集中”。玩着学着，学着玩着，分不清哪个事是学，哪个事是玩，哪儿是理性，哪儿是感性，在学习上很难快速“进入状态”，还是玩心不退。虽然在年龄上是学龄期，但心理上还是小孩。虽然已不是幼儿了，但幼儿的状态还很“浓”，就好像“大自然”就不想让孩子“过快”长大，故意给孩子在成长上使点“绊脚”。其实，这是“大自然”在保护孩子，并提醒大人要了解孩子、尊重孩子，孩子在“教我们”怎么去看待他们，怎么等待他们的成长。

有人说，孩子都 7 岁了，生活习惯还像幼儿园五六岁的孩子，很幼稚，一说玩，就“不要命”了，就连玩沙子也和四五岁的孩子一样，没什么区别，疯得很！这样的孩子是不是“太幼儿”了？其实不是。虽然孩子已 7 岁了，但他们的心理仍没长大，这也是孩子上一年级后，家长不要太在意文化课成绩的原因。孩子的“脑子”还没完全适应知识教育。门门都一百分，卷子上没有一个“叉”的孩子也不能说明长大后就有能力，就是个人才，“识字”教学与以后的文化高低没什么关系。孩子能不能成才不是看在小学能识多少字，而是看孩子有没有想象力和学习能力。

家长普遍认为，孩子上了小学就得“正规”学习了，不能再贪玩儿了。从小没规矩，长大就不好管了，但实际上不是这样的。孩子的生活和心理发展是有规律的，不是说你不让他“是小孩”了，他就不是小孩了。

儿童画是儿童的心理反映，能准确地测试出孩子的幼稚程度。有什么年龄就有什么“幼态”的画，每个年龄段的孩子在画中都会自然显现出思维模式，是感性思维还是理性思维“暴露”得一览无余。我们通过孩子的画就能窥探到孩子的内心世界。他想说什么，他当下的认知处在什么阶段，在画里都显露得清清楚楚。

一幅画的“心理画外音”传递出的信息胜过千言万语，因为幼儿的画是天性的自然流露，是本能的无师自通。幼儿的画没有一点儿“掺假”，教出来的画大多不是真实的。只有孩子凭天性、凭感觉画的画，才能真正反映出孩子的内心“是怎么想的”，才能准确地测试出幼稚期究竟有多长，从而为儿童的“幼稚期”划清界限找到依据。

我以为，7 岁是幼儿在“生理”上的幼稚期标志，9 岁是儿童在心理上的幼稚期证明。当下，没有比生理、心理的证明再准确的证明了。再说，幼儿期与幼稚期也不是一个概念，幼儿期专指没上小学的阶段，“幼稚期”是在成人之前。

我为什么用儿童画来确定儿童的幼儿期，而不是幼儿的年龄或上没上小学呢？

如果你是有十几年幼儿美术教学经验的一线教师，你就会发现一些过了幼儿期的儿童仍有“幼儿的认知”，没有比以前更“成熟”一点的迹象。五六岁的孩子怎么画，八九岁的孩子照样那样画。

比如，幼儿认知事物没有空间感，画什么都在一个平面上，9 岁照样；幼儿的画没遮挡、没穿插、没避让，9 岁照样；幼儿的画没远近、没大小、没透视，9 岁照样；幼儿画的树叶直接长在树干两边，9 岁照样；幼儿画的房子没有房山，画不出第二排房子，9 岁照样。这个“9 岁儿童与五六岁幼儿在认知上相似”的现象就是反映儿童心境的“铁证”。

所以，我在儿童画“保质期”这一节里给儿童画下了一个结论，儿童画的界限在 9 岁，不是大家认为的 12 岁。虽然 12 岁是大家公认的儿童年龄，但是我们做教育不能凭“大家都这样说”，而是凭事实。

9 岁后的儿童思维就不是“幼态”了，他已具备了比例、空间、透视概念，并掌握了近大远小、穿插、避让、前后遮挡等这些理性知识。虽然 9 岁后还画不出“很像”客观实际的画，但思维方式正在向成人看到的现象发展。这不是技巧的事，只要到了年龄，不需要学，一出手就能画出比例、空间、透视关系。

比如，一个成人从没学过画，你让他画个房子，房山肯定是有的，哪怕他画得一点儿也不像。这是空间认识，不是结构比例的事。你让一个画了三五年画，年龄没超过 9 岁的孩子画房子，很少有能画出房山的。这说明一个问题，不是技巧的事，这是认知不同，与知识、技巧没关系，与时间及孩子的年龄却有很大关系。如果在幼儿期就刻意地教，也不可能让幼儿真正明白是怎么回事。虽然实景有空间透视或偶尔也画出了空间透视现状，也不会真懂什么是空间透视。

孩子在 9 岁前画的与 9 岁后画的画最大区别是 9 岁前只感觉，没分析，9 岁后有感觉，也有分析。9 岁前画不出下粗上细和正常的弯弯的树干，认为所有的树干都是一样粗细，一样直，没有弯。而 9 岁后就能画出正常的认知了。这就是我说的儿童画的分界线在 9 岁，人的“幼稚期”在 9 岁的证据。

9 岁多孩子干的事还像 7 岁孩子干的，这是人类的进步还是退步呢？我觉得是人类的进步。人类在“高级”形态下复演“低级”形态的原发性、自发性的现象，说明了人类直到现在仍在不断地进化。现代进化理论称“幼态持续”，也就是“延迟”发育。

事实也证明了越是“延迟”的发育，幼年期长的动物，其寿命也长。比如在灵长类动物中，狐猴的幼年期是两年半，黑猩猩是 10 年，而人类要 20 年。大家可以看看周围十八九岁孩子的“状态”，虽然长成“大个子”了，但“心眼”并没长，这就是“幼态延迟”现象。

大自然给人类放出了一个信号，人类要想能适应更智能、更“科技”、更复杂的社会，就让人类的幼年期往后再“延迟”一些年。

2001 年 4 月 28 日国家修改了《婚姻法》，修改过的《婚姻法》规定了男不得早于二十二周岁，女不得早于二十周岁，比旧《婚姻法》推后了两年。对“不得早于”，我理解这是国家对最低结婚年龄的要求。当下，在城市里，很少见男二十二、女二十就结婚的，二十五六岁的男性还一脸稚气呢！现在城市青年男三十、女二十八结婚已经是很正常的事了。从人的生物学进化这个角度看，儿童越是“幼态延迟”，长不大、不懂事的时间越长，就越说明了人类有“继续成长”的可能性，也就是“活得更久”。

现在的状态是：一边是小孩总长不大，成熟得晚，一边是老人的普遍寿命更长了，也就是孩子的幼稚期越长，老人活得越久。从这个意义上讲，孩子的“未成熟”状态时间长，不一定就是坏事。我觉得这不但不是消极的成长，更像是一种积极向上的力量。

从 9 岁孩子画的画与 6 岁孩子的认知同步这个现象来看，9 岁孩子并不比 6 岁的孩子在精神和心理上成熟多少。我以为，在教育上不仅仅是在 6 岁前不教知识的问题，而应推迟孩子上小学的年龄到 9 岁，最大限度地放长幼稚期的时间，因为孩子在 9 岁前理性仍未苏醒。

大孩子有小孩子的认知，心智不像大人那样成熟，说明儿童“幼态延迟”了。“大自然”为了保护孩子的成长，延长了幼稚期，让孩子的“快活时光”更长些，多来点蹦蹦跳跳、嬉嬉闹闹、哭哭笑笑及胡思乱想和好奇心，这才是这个年龄该干的事。

孩子“长不大”不是坏事，“幼态延迟”不是发育得“慢”，而是幼儿的身心发育正常的节奏和速度。这是幼儿自身发育的大纲，符合儿童发育规律的发展，也为儿童身心成长提供了一个更适宜的环境。儿童一开始放“慢”脚步，有利于成年后的更大发展。

如果幼儿懂事很早，成人可能更会提前灌输知识，破坏幼童的幼稚状态，让幼儿没有时间和精力慢慢地去适应生活环境。“幼态延迟”是“大自然”为保护孩子的长远发展设计的。

如果孩子一出生就有一个学知识的身体和头脑，在还“不成人”的时候被灌输了结构性的、定型的、既不懂也不需要的东西，孩子就不会有好奇心、想象力、创造力了，人类的灵性也就不会滋养智能了，孩子的认知、情感也就荡然无存了。幼儿之所以现在还有点灵性、想象力，也正是“幼态延迟”、发育“慢”的原因。

原图印记

“原图”是指婴幼儿随手涂抹的具有“原生态”特征的画，一旦画前接受过成人辅导或成人有意教给儿童画些什么时，这样的画就不能称为“原图”了。

如三四岁孩子画人的头型、发型，眼睛画在了脸中间，并画出了眼球，

图 7-1　很多的人

这样的画就脱离了婴幼儿的认知，这就不是原图，因为这么大点的孩子不会对人有这么“精细”的认知，是发现不了人的发型及“人还有眼球”的。他们的造型只能说是有这个“意向”，有这么点意思，并不是生活的真实。

孩子画的是他当下年龄的认知，他们这时对人的形体印象是大概的，是“粗线条”的，不可能画出刘海儿和眼珠。

原图还有个特征，就是不管是哪个国家的孩子，也不管生活环境如何不同，同一年龄段、同一认知的孩子画出的造型是一样的，不可能有“写真”的或第二造型样式出现。这说明了一个道理，孩子的画就是年龄段的认知，不是技巧，更不是哪个人教的。这个生来就会画的技巧是孩子先天就有的。

三四岁的孩子画人的五官不会画得很端正，大致上就是在大圆圈（人脸）里再加几个小圆圈（眼睛）或线条、点点，给五官做个记号就算完。胳膊、腿也不过是在大圆圈（人脸）外再加点线条就“代表”了。画的人四肢没关节、没手没脚，出现手、脚还得等一段时间（图 7–1）。

孩子的原图不能被模仿。孩子的画不是技巧，是心理不成熟的产物，是情绪，且没方法、没步骤，是跟着感觉走的“痕迹”，谁有再大的本领也模仿不了这“不按路子来”的画！原图不能被修改。孩子的画落笔就算，哪怕是“畸形”也没有画错这一说。所以只有对的，没有错的，既然都对，何必修改呢？

一个孩子画出了他能认知的图样，不懂教育和心理的成人会不以为然，认为孩子画得不对，甚至用轻蔑的态度看待孩子，藐视孩子幼稚无能，这就是大错特错了。还有的家长教孩子这样画、那样画，甚至动手改孩子的画。“看见了吗，人的腿是双线，你画的人怎么没肚子呀？这人的耳朵跑哪儿去了？”把成人的认识一股脑地告诉年幼的孩子。家长就没意识到自己无知，还说孩子画得不对。

孩子只凭感觉能画出原图，家长就认为孩子有这方面的特长和天赋，其实不是。孩子画画是“有话要说”，想用画表达自己的想法。孩子想要让别人知道自己，眼下也只有画这一个方式。

婴幼儿为成人展现的原图，并不是他们生活的全部，而是只表现他们心理不成熟的一面。也就是说，能成为原图的画只发生在儿童 9 岁前，9 岁后就很少有这种现象存在了。3 ~ 6 岁是原图的高产期，这是原图的年龄制约。

还有一个特点，凡是成人认为“合理”的东西，孩子大多会反其道而行之，用“不合理”的方式去画。比如，幼儿只画桌子面，不画桌子腿时，在正常视觉下，与成人认为的差别不太大。当孩子对空间、透视、比例、前后概念不认知时，就会用自己能理解的方式去画。画出的桌子腿、板凳腿都趴在了地上。

因为孩子年龄小，不知道事物间的复杂关系。儿童认知事物靠感觉，道理对他们来说还显得太早。他们遇到这些问题，从不问老师应怎么画，都不约而同地采取了自己的路子，并且解决的方式高度统一。这说明孩子的画不是乱画，是遵守自身规律的，只有不懂美育的才认为“有透视的错误”。他们是在告诉成人桌子是有腿的，仅此而已。

除此之外，孩子认为的也不是生活中的所有事物，而是有各种情况。能出现这种违背真实、一画就“畸形”的造型，主要表现事物的有几个点，并不是方方面面。画面“畸形”、线条最多的地方也是事物最复杂的地方。越是复杂的事物，越是容易出现这样的造型。

比如说人，人是世界上结构最复杂的。因为人体变化太大，动作太多，肢体语言太过于复杂。一只手就能变化出不同含义、不同造型的几百个样式。除了形体外，还有精神的表达。形有了、神没了这样的事常有。好多平庸的画家就败在画准了形，失掉了神。而儿童画人恰恰与成人相反，大都是赢得了神，失掉了形。

成人画人是画形态，儿童画人是画感受，画感受就不能采取教的方式。比如儿童画的人的头、腿、胳膊、眼睛、嘴，只能说人的形体有这几样东西，并不是客观真实地表现了人的造型。

能反映儿童特有"眼光"，好玩又可爱的画主要表现在五个方面：一是人；二是花草树木；三是汽车、火车等带车轮子的交通工具；四是房屋、高楼；五是物体空间。在这五个方面中，人是最多的，基本上从上到下，从左到右，整个人形都有呈现。树的表现主要是只有一排，没有遮挡，没有前后，树叶长在树干上。画汽车，多是汽车轮子在车底盘底下，车轮与车底盘不接触，车上的人从车窗里露出来，每个车窗都有一个人或者干脆画的车没车皮，与画房子没有墙体一样。画楼房没有第二排，没房山，不立体，隔着墙也能看见房子里的人在活动，也属这个范畴。画不出物体的透视现象。

我在教学实践中发现并收录了这种原生态的图像共 87 个。需要说明的是，这 87 个幼儿的天然图式，不是每一种都需要一个图来解释的。有的一张图里就有五六种图式，甚至十几种。

这 87 种标识图式如下。

反映人物特征的有 42 种，人物特征没有标注的，参看图 7–3，共 15 项。

图 7–2　手拉手　宁欣　4 岁

1. 头发就几根，竖着长。2. 不画鼻子或鼻子是一根竖线。

图 7–3　一家人　孔莹莹　4 岁

1. 没眉毛。2. 没鼻子。3. 没耳朵。4. 单眼眶眼圈。5. 眼睛没眼球。6. 没有黑白眼珠。7. 没睫毛。8. 没有双眼皮。9. 嘴就一根横线或往上翘弧线。10. 没肚子。11. 没脚。12. 没手。13. 腿是两根单竖线。14. 胳膊不从头上画出来就从竖线的腿上画出来。15. 腿和胳膊大多没关节。

1. 头发就几根，竖着长（图 7–2）。

2. 没眉毛（图 7–3）。

3. 没鼻子。

4. 不画鼻子或鼻子是一根竖线（ 图 7–2）。

5. 望天鼻孔（图 7–4）。

6. 鼻子下有两个圆圈或两个小“瘤子”（图 7–4）。

7. 没耳朵。

8. 单眼眶眼圈。

图 7-4 爸爸玩哑铃 王元已 5 岁

1. 鼻子下有两个圆圈或两个小“瘤子”、望天鼻孔。出现这种鼻孔造型的原因是：孩子知道人有鼻孔，但他觉得鼻孔是往下长的，怕人看不见，所以才这样画。2. 眼睛画在额骨上。形成原因是孩子只知道人有眼睛，不知道眼睛在脸上的确切位置。

图 7-5 太阳和人 高思永 4 岁

1. 手脚像鸡爪。2. 脚顺一个方向。3. 手没手掌、没指关节。4. 脚没脚掌，没趾关节。

9. 眼睛没眼球。

10. 没有黑白眼珠。

11. 没睫毛。

12. 没有双眼皮。

13. 眼睛不在一条线上。

14. 两眼间距离很宽。

15. 眼睛画在额骨上（图 7-4）。

16. 嘴就一根横线或往上翘弧线。

图 7–6　女孩　单思宁　5 岁
1. 嘴是一个圈，不分上下唇。2. 脚成人字脚状。3. 画不出人的脖子。

图 7–7　滑板车　王元巳　4 岁
单双线同时存在。

17. 嘴是一个圈，不分上下唇（图 7–6）。

18. 没肚子。

19. 没脚。

20. 没手。

21. 腿是两根单竖线。

22. 胳膊不从头上画出来就从竖线的腿上画出来。

23. 手没指关节，脚没趾关节 。

24. 手脚像鸡爪（图 7–5）。

25. 脚呈八字脚状或脚顺一个方向（图 7–6、图 7–13）。

图 7-8　踢毽子　李文轩　7 岁
踢毽子的腿比不踢毽子的腿要长。

图 7-9　打伞的人　高恩浩　4 岁
人的身体根据需要被上下拉长。

26. 手没手掌（图 7–5）。

27. 脚没脚掌（图 7–5）。

28. 脚、手是圈圈。

29. 单双线同时存在（图 7–7）。

30. 手指脚趾个数与实际不符。

31. 用力的比不用力的胳膊或腿要长 (图 7–8）。

32. 胳膊、腿的长短根据需要确定。

33. 人的身体根据需要被上下拉长 (图 7–9）。

34. 圆桌两边的人或椅子、板凳往两边倒（图 7–10）。

图 7-10　过生日　吕知霖　4 岁

1. 圆桌两边的人往两边倒。2. 圆桌前的人头朝下。本来是要画一个圆桌的，画着画着纸下边没空了，只得拐弯画成半圆的了。

图 7-11　打篮球　杨玉　7 岁

没有方向感，人物东倒西歪。

图 7–12 游泳的人 李若茜 3 岁
画的人像蝌蚪。

图 7–13 哥哥 李妍宸 4 岁
1. 画的人缺胳膊少腿。2. 脚呈八字脚状。

35. 圆桌前的人头朝下（图 7–10）。

36. 画不出侧面的人物。

37. 没有方向感，人物东倒西歪（图 7–11）。

38. 重要的画大，看心理感觉，不看真实。

39. 画的人像蝌蚪（图 7–12）。

40. 画的人缺胳膊少腿，肢体不完整（图 7–13）。

41. 画不出人的脖子（图 7–3、图 7–4、图 7–6）。

42. 上下肢没有肘、膝关节（ 图 7–2）。

图 7-14　楼房　刘家麟　4 岁
看不见的玻璃窗挂在墙外。是想告诉别人，这楼房有窗户。

图 7-15　花瓶　刘博文　5 岁
花瓶的瓶口是正圆的。

反映物体空间透视现象有 8 种：

1. 画的事物周围有空隙，没遮挡。

2. 看不见的也画出来（图 7–14）。

3. 花瓶的瓶口是正圆的（图 7–15）。

4. 瓶口与瓶身分离。

5. 花盆（瓶）口是一根平直线，没有椭圆（图 7–16）。

6. 花插不到花盆里（图 7–17）。

7. 花瓶不对称，重心歪斜（图 7–18）。

8. 画面边沿不会有半个事物。

图 7-16　花　宋初航　5 岁
花盆（瓶）口是一根平直线，没有椭圆。

图 7-17　盆花　杨梦妮　6 岁
花插不到花盆里。

图 7-18　花瓶　张佳睎 6 岁
花瓶不对称，重心歪斜。

图 7–19　猫咪和刺猬　王元已　4 岁
4 岁左右的孩子是不知道什么动物有几条腿的。这是正常的混沌认知，不用告诉，长大后就知道了。

图 7–20　骑着驴儿踏青去　王宇航　6 岁
（图片来自《童言剪语》，杨芬编著，湖南美术出版社，2019 年 7 月第 1 版。）

反映动物和物体腿方向的有 3 种：

1. 不清楚动物有几条腿（图 7–19）。

2. 动物腿、床腿、凳子腿往四面展开、趴在地上 。

3. 骑驴（包括牛、马）是站或挂在驴（包括牛、马）背上，不是骑（图 7–20）。

（以上包括其他动物和事物，只要是有腿的，大致相同。）

图 7-21 花树 李超凡 4 岁

1. 树只有一排。2. 树没远近。3. 画不出很尖的花叶、花瓣。

图 7-22 花树 王开玉 6 岁

1. 枝干像小棍子一样接在一起。2. 树干上粗下细。

关于花草树木的有 18 种：

1. 树只有一排（图 7- 21）。

2. 树没远近（图 7- 21、图 7- 23）。

3. 枝干像小棍子一样接在一起（图 7–22）。

4. 枝干在上端像是被剪断的，是平口的（图 7–23）。

5. 树叶或花叶直接长在树干或花茎上（图 7- 24、图 7–25）。

图 7-23　一排树　王锘涵　4 岁

1. 树没远近。2. 枝干在上端像是被剪断的，是平口的。3. 树干是裸露的，没有树叶。（枝干在上端像是被剪断的原因是，孩子不能认知树梢逐渐变细的过程，只有一剪了之。）

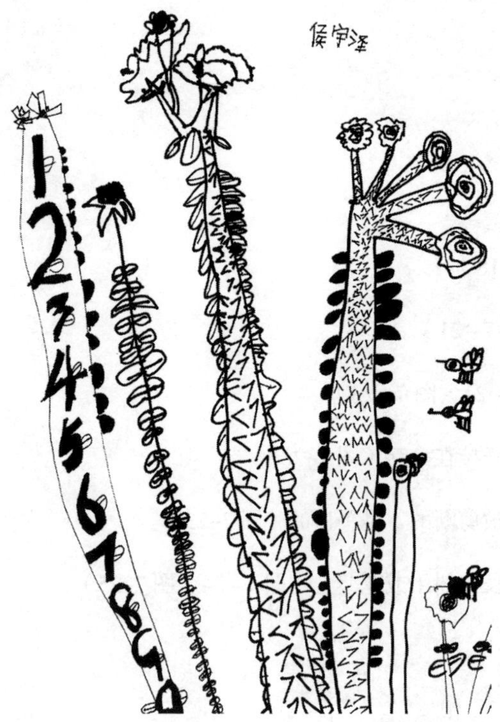

图 7-24　花树　侯宇泽　4 岁

1. 树叶或花叶直接长在树干或花茎上。2. 树干是裸露的，没有树叶。3. 树干和树叶没前后，在一个平面上。4. 花或树没厚度。

6. 树干是裸露的，没有树叶（图 7- 23、图 7–24）。

7. 树干和树叶没前后，在一个平面上（图 7- 24、图 7–25）。

8. 树干和树间树叶没遮挡（图 7–25）。

9. 树干上粗下细（图 7–22）。

10. 画的树干都是直的（图 7–25）。

11. 花或树没厚度（ 图 7- 24、图 7–25）。

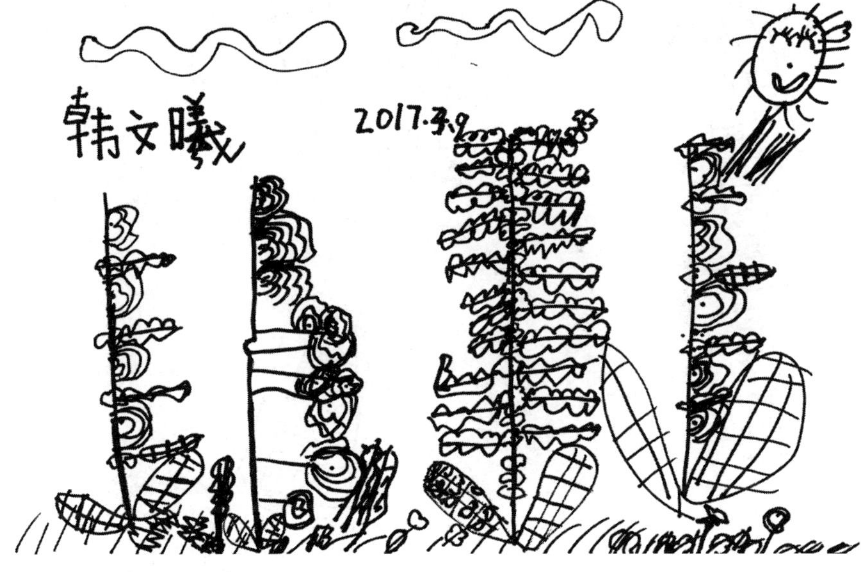

图 7–25　树　韩文曦　5 岁

1. 树叶或花叶直接长在树干或花茎上。2. 树干和树叶没前后，在一个平面上。3. 树干和树间树叶没遮挡。4. 画的树干都是直的。5. 花或树没厚度。6. 花叶顺着花茎往两边长。7. 花、枝、叶没有立体感。

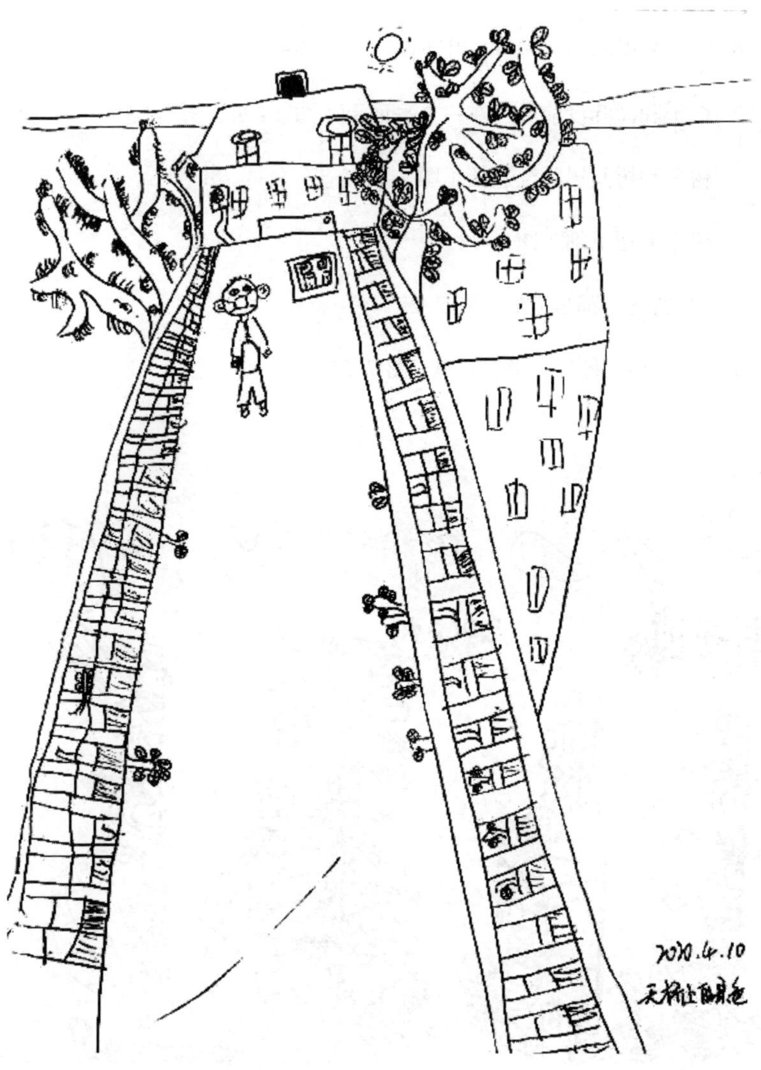

图 7-26　李心月　6 岁
马路上的树往一边或两边倒。

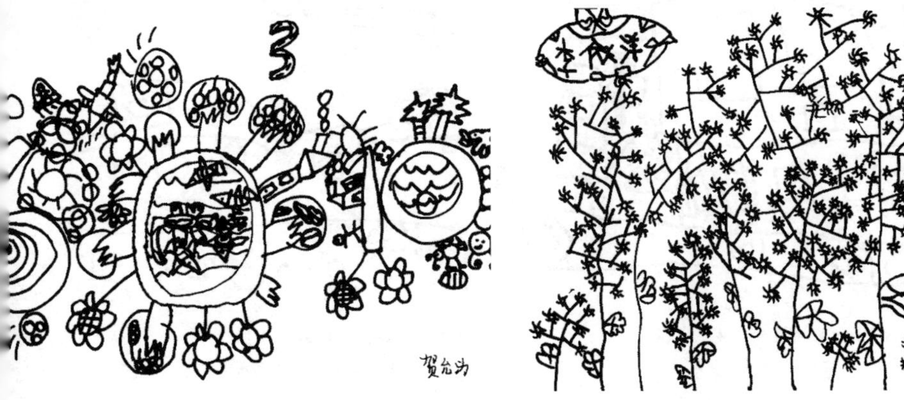

图 7–27　三个池塘　贺允为　4 岁
池塘四周的树往四面倒。

图 7–28 花树林　李依洋　4 岁
树干、枝干、花叶、花瓣是单线的。

12. 马路上的树往一边或两边倒（图 7–26）。

13. 池塘四周的树往四面倒（图 7– 27）。

14. 树干、枝干、花叶、花瓣是单线的（图 7– 28）。

15. 花叶顺着花茎往两边长（图 7–25）。

16. 花、枝、叶没有立体感（图 7–25）。

17. 画不出有渐变色的花。

18. 画不出很尖的花叶、花瓣（图 7– 21）。

图 7–29　拉货车　邱晨嘉　5 岁
1. 车轮在车底盘下。2. 车是正侧面。

图 7–30　大街上　邱晨嘉　5 岁
1. 只见车体一边的车轮。2. 车是平面的，不立体。

车和路的有 9 种：

1. 车轮在车底盘下 (图 7–29)。

2. 只见车体一边的车轮 (图 7–30)。

3. 画车不从车头或车尾的角度画，车都是正侧面 (图 7–29)。

4. 车是平面的，不立体 (图 7–30)。

5. 每个车窗里都有人 (图 7–31)。

6. 车没车皮，乘客一清二楚 (图 7–32)。

7. 火车轮只压在后边的一条道上 (图 7–31)。

8. 路灯、红绿灯、电线杆就画成一根竖线 (图 7–31)。

9. 十字路口像红十字会标志，路口是封着的。

图 7-31 旅行 张敏冠 6 岁

1. 每个车窗里都有人。2. 火车轮只压在后边的一条道上。3. 路灯、红绿灯、电线杆就画成一根竖线。作者的意思是火车正在铁轨上行驶，如车轮压在左边的车轨上，就看不见火车铁轨了。

图 7-32 乘车 王元已 4 岁

车没车皮，乘客一清二楚。

图 7-33　楼房　孙峻珊　4 岁

1. 楼房只有一排。2. 楼房没有房山。3. 楼房是平面的。4. 线条画不直。

图 7-34　空中餐厅　郭皓臻　5 岁

1. 餐厅没有墙。2. 餐厅各层所有的人能看得一清二楚。

房屋有 7 种：

1. 楼房只有一排（图 7–33）。

2. 看不见的窗户也画上。

3. 楼房没有房山（ 图 7–33）。

4. 楼房是平面的（ 图 7–33）。

5. 画的房子没有墙（图 7–34）。

6. 房子里面的人，隔着墙能看得一清二楚（ 图 7–34）。

7. 线条画不直（图 7–33）。

这 87 个幼儿创造的原生图式，是鉴定幼儿画真伪的试金石。幼儿的画与 87 种图式一致的就是真儿童画，就是符合幼儿天性的、自发性的、本能的画。

用发展的眼光看，任何事情都不是固定不变的。这 87 种幼儿原生图式是今天的发现，有可能以后还会有新的发现。但只会多，不会少，不会研究得深了，原生图式就减少了。“发现”也不会通过教育而改变。

除此之外，儿童的画如出现表 1 所列的 21 项中的任何一项，都不属于儿童画，都是有违幼儿教育规律的。

表 1　非儿童画的特点

1. 灌输知识	2. 训练技巧	3. 统一要求
4. 传授技艺	5. 格式化一	6. 简笔画
7. 比着画	8. 跟着学	9. 临摹范画
10. 背默背临	11. 照形涂画	12. 蒙纸学画
13. 绘有方法	14. 画有步骤	15. 师出主题
16. 过度表扬	17. 物质引诱	18. 装裱美化
19. 限制形状	20. 指定材质	21. 规定尺寸

以上均不是孩子的自发性感觉，这些“外来物”对孩子的“天性”和“本真”都会造成破坏。

童话与科学

外孙四五岁时，我经常带他去南京科技馆。馆里可玩的东西很多，有机械，有实物，有展板，有声电，有体验，有模拟的宇宙，也有地震情景再现。外孙每到一处，我就跟着在不远的地方等着，也不靠近，让他自己玩。他曾几次让我给他讲讲，我说自己玩多好。我不想让他来到这个地方还受教育。他一会儿玩这，一会儿玩那，摸摸这个，看看那个，在一个地方很少能玩两分钟，但他非常兴奋，在换地方时都是一路小跑到下一个地点，满脸快乐。

在外孙玩的时候，不时地有幼儿机构领着一队队四五岁的幼儿来参观。有的孩子年龄更小，看上去也就两三岁。这些可爱的孩子站成一个队形，像一群小雏鸡，每个孩子的双手都扯着前一个孩子的后衣襟。最前面的是一位老师，很像幼儿园孩子玩的“老鹰抓小鸡”的游戏。就是这么一队“小不点”的孩子，每到一处，老师正儿八经地讲科学知识、天文、宇宙、星球、黑洞什么的。讲的人神采飞扬，充满激情；听的人两眼无光，神情迷离，根本不知道老师在说什么。

我觉得老师的初心是好的，只是没搞清楚听课对象。科学从娃娃抓起，那得看是多大的娃娃，两三岁是娃娃，六七岁上小学了也是娃娃，不是说只要是娃娃就可以教知识。看着这些娃娃一脸迷茫的神情，就明白“对牛弹琴”是什么景象了。

一些老师处处以“科学精神”为主导，觉得科学就是科学，容不得掺假，不管听课的孩子有多大，都得正儿八经地讲。讲科学要有“科学精神”，不能“胡讲”。而这些老师忽略了孩子的生理、心理成长。我以为，对五六岁以下的孩子是不应该讲科学的。

科学是道理，五六岁以下的孩子最不喜欢听的就是道理。举个例子，你对一个6岁的孩子说，“你长大了会娶媳妇，另起锅灶，过自己的日子”，他会明白吗？这些老师之所以这样做，是知识的欠缺，不从幼儿角度想问题，实际上还是不懂教育。

三四岁孩子要做的事就是玩，不是接受知识。以他们的心理和生活状态，他们无从感知，很难懂科学。这种超心理、超阶段、不分孩子年龄、不分对象、提前灌输的教育，是严重违背婴幼儿身心发育成长规律的。这些老师的初衷是想给孩子讲“科学精神”，帮助他们成长，结果却违背了科学精神。

带领幼儿去科技馆接受科学知识与让四五岁孩子学识字、学算术、学拼音、学经典、学古诗、学书法是一个思路，都是有违婴幼儿成长规律和科学精神的，也会给孩子带来更多的迷惑和精神压力，有损孩子的身心健康，使孩子还没到学习的年龄就厌烦学习了。在孩子还处在玩耍时期、做梦时期就开始了知识教育，就是让孩子超龄、超负荷运转了。教的内容不是孩子世界里发生的事情，他们怎么可能会有兴趣呢？

提前学的“科学”就是不科学，只有尊重孩子生理、心理成长的教育才是“科学”。给幼儿讲天文地理、宇宙星球，是否真的有用？我持否定态度，因为孩子在听课时“神情迷离”的状态就已经告诉我答案了，无须再进一步证实。

我以为，即便是我们想给幼儿讲点科普知识，是一成不变地让孩子接受成人的科学道理，还是把科学知识变成孩子能理解的科学故事或童话故事，是个值得商榷的事情。正确的方法是让孩子在科技馆里随便游逛，那些有声有光的、会动的东西肯定会吸引孩子眼球，只让他们按着自己的感觉触摸一下，甚至亲自体验一下就好。孩子能从这些事物中感受到多少就感受多少，能体验多少就体验多少，不要刻意地解说、介绍科学成果、原理、作用。

我们老早地对幼儿进行的科学教育，实质上提前毁掉了孩子的梦想，改变了孩子那充满梦幻色彩的懵懂无知的幼年。孩子对科学知识不感兴趣，却对与科学精神相悖的神话故事、童话故事情有独钟，这说明了什么呢?

我带的班里，凡是想象力比较好的，能自由地画的，让成人看着“有天赋”的，大多是从小喜欢画怪兽打仗的孩子。虽然孩子也知道怪兽不可能有 9 个头、8 只手，但是就沉浸在自己的世界中。孩子不问真假，只问有趣没趣。

幼儿的世界就像动画片里的人和物，树皮裂了口子说疼，玩具狗伤心了也落泪。我们成人错就错在不但不顺着孩子的思路去想、去做，反而严肃地告诉他们小狗是不会说话的，布狗狗是不会伤心的，那不科学，是假的，破坏了孩子内心世界的东西。

在意大利佛罗伦萨看美第奇藏画，有家长带着孩子参观，大人并没给孩子讲什么，而是孩子找自己感兴趣的东西，想怎么看就怎么看。孩子们在画前指指点点，互相交流。有两三个孩子在画中找到自己熟悉的鸟，相互比画着，说着自己知道的鸟类，不像有的家长恐怕错过教育孩子的好机会，觉得孩子看画只数数几只鸟没多大用处，还是要记住画家和画的名字，最出名的画是哪一幅，为什么出名，在美术史上的地位等。如果家长看到孩子在美术馆里到处“疯”，嘻嘻哈哈地玩，不沾名画的边，更是“气不打一处来”，认为孩子辜负了父母的一片好心，浪费了欣赏名画、提高素养和审美的机会。

在巴黎卢浮宫，有个家长带着一群六七岁的孩子一路小跑，专找《蒙娜丽莎》《自由女神》和《维纳斯》3 件名作，还说，看了这 3 件，别的就不用看了，就好像整个艺术宫殿只有这 3 件宝贝“价值连城”，其他都不行。

卢浮宫有 40 万件艺术珍品，哪一件都是世界顶级的珍宝，哪能就那 3 件呢？孩子参观艺术展览，最好的方法是让他自己去感受，大人别在事前定下很多框框——要看啥，不看啥；哪个好，哪个不好；哪幅有名，哪幅一般。孩子有自己的想法和兴趣，用不着家长指指点点。其实，这也是大人以自己的意识代替孩子的意识，以自己的感受代替孩子的感受，把自己认为的事情强加于孩子的具体表现。

孩子需要的是自己的感受、体验、触摸，根本谈不上学什么科学知识、看什么名画，他们还不到寻求科学知识和把握美术史脉络的年龄，只有他们长大了才会有这个需要。

很多成人认为神话、童话故事离孩子太远，总让孩子看这些神啊鬼啊的没好处，这些都是骗人的、虚假的，不是真的，也是不科学的。天上怎么可能有皇宫？孙悟空怎么可能会一个跟头翻十万八千里？那金箍棒说小就能藏到耳朵里，说大就大得像棵树，这可能吗？让孩子成天看这些，长大了不干实事，净玩虚的怎么办？还有个5岁孩子的家长给我打电话说，他的孩子天天画怪兽，一天画十几张，画不够，也不嫌烦，这要是上了高中再这样画下去，怎么得了啊？

孩子从小喜欢画怪兽，喜欢童话、神话故事，长大后就一定不尊重科学了吗？孩子画怪兽是因为他5岁，上了高中还会干5岁孩子干的事吗？

孩子小时候喜欢童话是因为孩子处于“鸟也说话，树也发声”的认知年龄。我女儿4岁时当她见家里的布娃娃腿上有个小口子，她拿个棉签蘸上酒精，就往布娃娃的腿上擦，还说“不疼、不疼，擦了就不发炎了”。孩子的成长特别需要“虚幻”的、“不科学”的、做梦的环境。成人不积极地给孩子创造幻想环境，反而破坏孩子好的梦幻世界，我觉得不妥。

梦想是孩子生活的一部分，神话、童话故事都帮了孩子成长的忙。也可以这样说，神话、童话故事是孩子在幼儿时代最重要的精神食粮。只想着从小就让孩子建立科学精神的做法，不但不能实现，还破坏了孩子成长的“发育密码”。让孩子过早地做“有意识”的活动，其结果是毁掉了将来有意识的活动。没有小时候的“无意识”的温床，哪有长大后“有意识”的创造？没有小时候的天性和本能的力量，哪有长大后的智能和知识的力量呢？

哪个成人从小没听过《牛郎织女》《嫦娥奔月》的故事呢？听过了、相信了这些神话故事的人长大了就没有科学精神了吗？没有了童话、神话故事，孩子们就会失掉营养。

我觉得给孩子讲一个很美的童话故事，让他在心里有了向往、梦想，或是猜测、疑惑，也比给孩子讲生活中的真实，怎么有大人的“心眼”和文化课门门都是高分更有意义。

童话与科学是儿童在不同年龄接触的，幼儿的头脑是“转换式”成长的。当孩子还是婴幼儿的时候，成人应关注孩子的需要、孩子的兴趣；当孩子长大后，关注点才是知识和技能。

我带四五岁的孩子去博物馆画花瓶，到了馆里，一个50多岁的女讲解员对我说，她可以免费给我们画画的孩子讲青花瓷瓶的历史文化及文物价值，还有发掘文物的过程。我说：“不用了，谢谢。”她一脸不解。人家来博物馆参观的领队老师都非常感谢并愉快地接受讲解员的讲解，很少有拒绝的。后来又一个小伙子说要免费讲解，也被我拒绝了。为什么呢？我带孩子来博物馆是上写生课的，不是上历史课、语文课和了解文物是怎么出土的。

这些理性知识对四五岁的孩子来说一点用也没有，孩子根本听不懂，也不感兴趣。孩子画的是对这些花瓶的感觉，不会考虑它的文物价值，更不会因为是“名瓷器”就会很用心去看，这些道理对孩子还太远。

四五岁的孩子画花瓶，也不会真的对着花瓶上的花纹一笔一笔地画，是看着花瓶上的花纹，画自己想的花纹，这也是虽然好多人画花瓶却都不一样的原因。

孩子画花瓶时，肯定少不了围观者，我也在围观者中间，他们不知道我是老师。有的人说：“这画的是什么呀，没有一个能画得像的，这不是胡乱画吗？老师怎么也不教就让这些孩子胡画啊？这样能学到什么？”我听见了，也不回应，因为我知道，他们的这一两句话就够我解释半天的了，关键是我说了也白说。实际上，四五岁的孩子只画第一印象，不会对花瓶的来历或有什么“意义”感兴趣，你跟他们讲他们听不懂的事，还不如不讲。你不讲，孩子还能画感觉；你一讲，孩子连感觉也失掉了，更画不出来了。

幼儿期培养感悟，学龄期学知识。对于幼儿来说，我觉得应先做“有意思”的人，等长大了再做“有意义”的事。“有意义”是一种思维方式，不适合幼儿；“有意思”是兴趣、乐趣，孩子喜欢。孩子的事，要多谈“意思”，少谈“意义”。

法国教育家卢梭在他的《爱弥儿》一书中对提前教育、超前教育有最精辟的理解：“大自然希望儿童在长大以前就要像儿童的样子。如果我们打乱了这个秩序，我们就会造成一些早熟的果实，它们长得既不丰满，也不甜美，而且很快就会腐烂，我们将造成一些年纪轻轻的博士和老态龙钟的儿童。”[1]

选择性绘画

选择性绘画不是技法，而是孩子年龄段的认知，是一种无意识的行为，是本能促使。也正是这样，才形成了只要是幼儿都是一样的“画法”，没人教他们这样画。孩子们也不交流怎么画，却不约而同地采取了极为一致的画法：一出手，手法一样，思维也一样。这说明了一个问题，幼儿的写生和观察方法不是教的。如孩子画菊花，只要老师不说不要画花盆，大多孩子会画上花盆，因为孩子觉得花就应该长在花盆里。他画的是“知道”，不是“看见”。孩子画的花盆也不是椭圆的盆口，而是平直线的。有的即

1 ［法］卢梭．爱弥儿［M］．李平沤译．北京：商务印书馆，1994：91.

便能画出椭圆口的花盆，菊花也画不进花盆里，几乎所有的孩子都这样画。这是为什么呢？可别小看画花盆这样简单的事，花盆的造型正好是孩子不能认知的椭圆。椭圆是透视现象，是造型要素的一种。在造型上，一般透视有成角透视、平行透视、椭圆透视。而孩子们画画时不知道有这三种透视，而是根据自己的感觉，在花盆的上口画一根平直线，没有椭圆的影子。

在孩子的绘画中，为什么会出现这种不合常理的、违背客观真实的画法呢？这是因为孩子不知道这种被成人称为透视现象的存在，他画不了。这时，孩子的内心就有了一个指挥者叫“心理”，这位“心理”老师安排他用一根直线解决，什么透视也不画。孩子之所以这样做，是孩子在回避他不能认知的东西，用自己的方式解决，是没有画法的画法。

选择性画法“教”给孩子就画自己懂的，不画自己不懂的。孩子的选择与成人有选择地画事物有本质的不同。孩子的选择是因为不懂，是无意识行为，是不知道还有别的画法，而成人的选择是技巧，是思维中的取舍，是有理智的绘画，这就是区别。

从这一现象也可证明，孩子画画不是知识，不是技巧，而是认知。有趣的是，孩子遇到这样不知道怎么画的“困难”，从不问老师，都是自行解决。因为他们没认识到这是个困难。既然不是困难，那就没有求教这一说了。所以，不会出现“不会画就请教老师”的问题。如是技巧问题，不会画就会问老师，也有可能会采取“八仙过海，各显其能”的五花八门的画法，

图 7-35　菊花　鲁绪谦　4 岁

几乎所有这个年龄段的孩子遇见这样的事都这样处理，这就说明了在表面上看似技巧，其实不是，这是孩子的本能反应。孩子在写生时不管事物是什么样，只按自己理解的方式解决。

如孩子画写生，他是看着眼前的菊花，画自己的菊花，画出的菊花与眼前的菊花没有多大的关系（图 7–35）。

孩子画菊花，是把菊花的茎、叶、花按照自己的理解，全部“拆开”，就像拆玩具一样，然后再按自己的认知和兴趣，用自己能理解的或喜欢的方式把菊花、枝茎、叶重新组装起来。只“选择”自己能理解的、看得懂的部分画，懂的部分保留，不懂的部分删除。这就是孩子的选择性绘画。

孩子的选择与成人的选择不一样。比如画菊花叶，成人是在现有的菊叶中只选菊叶特征比较明显的画。如一枝菊花有一百片叶子，成人画在画上的可能只有十几片叶子，而孩子画的菊叶是他重新“编造”的几片叶子。成人是在现有的叶子中选择自认为好看的叶子画，孩子是根据自己的理解“闭着眼睛”造叶子，并且什么年龄就画什么样式的叶子，不像成人有什么水平就有什么样的叶子。这是完全不同的。

孩子画写生本是为了玩，写生只是个“引子”，是个开头，画着画着就靠感觉画了，“不写生”了。你说要孩子好好观察，他也答应，但答应归答应、听见归听见，没有一个人这样做。

对于观察，幼儿跟成人的理解也不一样。你说你的，人家该怎么画就怎么画，不会听你说怎么画就怎么画。只有没有自己的观察和见解的人，才会听老师的。其实，只会听老师话的孩子是画不好写生的。无论是家长或教师，在孩子写生时，就到一边静静地等着，不要发表“意见”，孩子是“听不见”的，他们还没发育到“脑子”会听“别人说”的时候。

幼儿开始写生时，还能面对实物，画着画着屁股都对着实物了，自己还不觉察，仍在津津有味地目无旁人地“写生”，根本就不知道自己写生时的状态。可想而知，这样画出的写生与真实的场景会有怎样的差别，而这样的写生恰恰是孩子的真实写生状态。如孩子画菊花时，真实的菊花没出现在孩子的画面里，实际的菊花与画上的菊花在造型上相差很大，也画不出茎、叶、花的遮挡、前后、穿插关系。画出的每片花叶都随着花茎两边排列，花茎的部分没有一片叶子，每片叶子都不与别的叶子相连，画面也是平面的，没有前后、远近，画的所有菊花也只有一排，这也是孩子选择性绘画的表现。

创造的萌芽

大家都谈论培养幼儿创造力的重要性，但怎样才能培养幼儿的创造力，在创造力出现之前，需要做哪些铺垫呢？打个比方，如果把创造力比作食用菌蘑菇，而培养蘑菇的土壤就是创造前的基床，没有这个条件，创造力不可能一下子就到跟前的。大家一直认为培养孩子的创造力一定要从发散性思维开始，但如果过于强调思维的发散性，就会使幼儿的创造力变成另一种思维模式，那就会流于创造力的表面，没有真正地使创造性思维往更深层次发展。

蘑菇由土基养成，土基是蘑菇成长的要素。这如同创造力是由“营养基”供发出来的，那营养基就决定着“创造力”长得好不好。能培养创造力的营养基都是些什么物质呢？以我的感觉，能培养出创造力的条件应有三个：一是自由，二是好奇，三是个性。没有这三个因素作为创造力的“培基”，是不可能培育出真正的创造力的。

个性是创造力的胚子，没有个性就没有创造力。所以，个性是培养创造力的前提，是创造力的基床，但在个性前面还有个因素，那就是好奇。但好奇并不是人人都具备的，好奇心也需要环境培育。如一个学生，周一至周五天天忙着做作业，周六、周日有上不完的培训班，中午都不能回家好好吃顿饭或短暂地小憩，哪儿有好奇心？好奇心不会去找那些天天忙得像“百米冲刺”似的孩子的。这个能培育孩子好奇心的环境是自由、闲暇。可以说,没有闲就没有好奇,没有好奇就没有创造力,没有创造力就没艺术。而孩子恰恰是不缺心眼、不缺吃穿、不缺钱物,缺自由、缺闲暇、缺好奇心、缺自己能做主的事。没有闲情的孩子，怎么可能有好奇心呢?

好奇的前面还有个自由，更重要。没有自由，好奇心是不会自动找来的，任何有想法、有个性且最后能发展为创造力的，必定有自由的环境。在对事物感兴趣的同时，个性也就不自觉地流露出来了。

白岩松对创造力有自己的看法，他说，创造力需要一点时间，也得有点闲钱。他还说法国人如果没有一年一个月的休假，法国不可能成为世界上最富有创造力的国家。为什么?因为这一个月纪律性的休假让他们停下脚步，仰望星空，和自己聊天，琢磨很多以前不会琢磨的事情。是这些闲暇培养了法国人的创造欲望。他还说了一个现象，一些人也不是没有一点时间，而是时间让手机给弄没了。“手机拿走了所有人的无聊，也顺便把与无聊有关的伟大创造拿走了。”有的家长图省事，有时间就扔给孩子一个手机，大人抱着一个，孩子也抱着一个。大把大把的时间就这样毫无感觉地溜走了。

关于创造力的认识，100 年前，陈寅恪在美国留学，和他的同学聊天，发出了 100 年后让人感慨的预见。他说，中国太重视学习有用的东西，我们都是为了这个结果去学，于是我们快速上升，但是，一旦你学的东西被淘汰了，你马上成了无用的人。他还说，中国将来一定会复兴，会出现很多商业大家，但我们想要在创造力、学术以及价值观方面有重大贡献是非常难的，因为我们不做眼前看着无用的事情。从这件事联系到我们的教育，很多家长让孩子拼命地学习文化课，不让孩子看“闲书”，实际上，一个人奋斗到最后，最有用的是看了多少本“闲书”，而不是上了多少节文化课。文化课大多是学些知识，一旦知识落后了，知识也就不实用了。唯有创造力永远不会“停业”，但创造力需要“闲书”的滋养和闲暇的培育。创造力与知识的关系，是每个家长要修的课程。

有人觉得，五六岁的孩子能有什么创造？那不过是嘴上说说。实际上，越是幼儿越有想象力和好奇心，长大了的孩子反而相对减弱。其实幼儿的创造力非常简单，只要是自己想的，是自己感悟的，都叫创造力。比如，画一幅画，不看别人怎么画，就按自己喜欢的路子画，完成的作品必定与众不同，其实这就是创造力。

乔布斯对什么是创造力有这样的见解：创造力就是把各种事物整合在一起。创造者总能一眼就看出各种事物之间的联系，因为他们习惯将各种经验联系起来，然后整合，形成新的东西。他们之所以能够做到这一点，是因为他们具有比别人更加丰富的经验，或者他们对自己的经验思考得更多。

从乔布斯对创造力的理解来看，创造力并不是高不可攀的东西，也并不是在你的作品没完成之前，就完全没有。比如，在你读书的时候，书里的内容与你想的事有了联想，或者是因为读书受到了一些启发，经过了你的努力，生出了新的想法、感悟等。其实，这就是创造力，并不是只有创造出像电话、电报、手机那样以前没有过的新事物才是创造。比如，没有塞尚，没有非洲木雕，就没有毕加索，毕加索吸收了别人的艺术，加上自己的理解和经验才创造出一种新的艺术形式。

与创造力有关的，除了自由、好奇心、个性和联想外，人的性格对作品个性的形成也至关重要。试想，一个做事缓慢、不急不躁的人很难画出"快刀快斧"的画来。一般是见画如人，见字如人，也就是画品如人品，很少见看上去很沉静、不言不语，而画起画来就是"疯子"的人。性格决定作品的个性，而个性塑成的原因太多了。其实，在每个创作的背后都隐藏着很多动人的故事。

在创造力的背后，还有一个因素也应引起注意，一般富有创造精神的人，大多是热爱生活、喜欢大自然、渴望真理、有正义感的人。如果说一个很有创造力的人，平常对生活没感觉，没有好奇心，也没有自由，更没有鲜明的性格，他怎么可能会有创造力呢?

当我们了解了创造背后的因素，就要从小培养幼儿的创造性思维，尽可能为他们营造宽松的学习环境，有意识地给他们留下充足的闲暇时间，让他们想自己的事，激发他们的创造欲望。最重要的是，保护好创造力的这个嫩芽，把握好创造力第一、技巧第二的关系，思维观念高于知识技巧。

说到这里，我不由得想起飞行之父奥维尔·莱特兄弟在 1903 年 12 月 17 日首次飞上蓝天的故事。兄弟俩都没受过专业的航空知识学习和训练，他们对力学、空气的压力、浮力都没系统学习过，他们的知识仅限于对修自行车和印刷机械的了解。最重要的是，在儿童时期父亲给他俩买了一个靠橡皮筋发射的带螺旋桨的玩具。强烈的好奇心、轻松的家庭环境及家长的包容心激发了孩子的创造力。而那些科学家和有专业知识的技师并没有发明飞行器，这个事实说明创造的想法、意念是高于知识和技术的。虽然莱特兄弟的飞行器最终完善不是他们能解决的事了，但他们是当之无愧的飞行之父。

在莱特兄弟之前，英国的乔治·凯利爵士就已经开始了飞行器的研究，是他提出了用固定机翼而非像鸟一样飞行振翼的设想，发展出空气动力学，但终因那个时代只有蒸汽机，动力达不到飞行的要求而失败。莱特兄弟正是在这种背景下，完成了自带动力的载人飞行。莱特兄弟不仅要感谢凯利的飞行理论，更要感谢德国的发明家罗斯·奥古斯特·奥托发明的内燃机，有了这个强劲的动力，莱特兄弟的飞行梦想才得以实现。

生活中，我们如果按照成人的理解和想法让孩子完成成人觉得是个创造的东西，那就不会出现像莱特兄弟这样的发明家了。有谁能想到，发明飞机的启蒙思路最初竟来自一个靠橡皮筋发射的带螺旋桨的玩具？世界上每一个伟大的发明、发现、创造都是从一件“不起眼”的小事上引发的。比如，爱因斯坦在小时候，他爸爸送给他一个指南针玩具，他感到很稀奇，很想弄明白它是什么原理，这激发了他的好奇心，从此他走向了研究之路。对于孩子的创造性意念，成人保护好孩子的自发性是很重要的。在孩子想达成什么想法时，家长别设方向，别说这不好、那不好，要给他们提供环境，给他们时间，让他们随便折腾，在玩耍中就培养了创造意识。

这棵创造的小苗根本不需要施肥浇灌，自己就成长了。只有我们平时注意保护孩子的这棵创造的小苗，小苗才有可能成为参天大树。

[illegible] 2019.1.21

[illegible]

[illegible]

[illegible]

[illegible]

第八篇

思维观念

“慢教育”

这是我第二次谈“慢教育”。第一次是在拙著《寻找天性》里谈“慢教育”，说的较多的是“快餐式”教育，也就是“慢教育”概念产生的背景和为什么要提倡“慢教育”。这本书里谈的“慢教育”是“慢教育”的本质和特征，以及为什么一定要“慢教育”。

那究竟什么是“慢教育”呢？“慢教育”有什么特点呢？“慢教育”是我依据幼儿发育规律提出的，因 0 ~ 6 岁是幼儿理性睡眠期，这个年龄的孩子因为理性还没苏醒，不能像成人那样直接接受知识。他们的本性是直觉体悟事物，不是理性解释事物。教育要符合幼儿的心智发育，因为有不算短的 6 年时间都不能直接接受知识和道理，所以，才慢慢地教育。

“慢教育”不是教得慢，也不是学生进步慢，而是尊重幼儿发育规律的教育。“慢教育”是观念，不是技法。“慢教育”的作用不在当下，在未来。“慢教育”的外在特征是孩子画了几年了，天性、灵性、悟性依然存在，没被“教育”掉。“慢教育”与幼儿发育的脉搏同频同道，不是依据成人的计划学多少基础知识和技巧技法。

“慢教育”是“育”，不是“教”。受教应是学龄儿童的事，不是“学前”幼儿的事。“学前”就是在孩子没上小学前，“学前”有“育”，没有教，或“养育”“保育”，不是“教学”“教育”。“养育”“保育”

就是尊重孩子的天性，呵护孩子的原始、原生、原性、原态，不要教孩子不能感知的东西，更不能教孩子学科知识及绘画技巧，这时孩子的任务就是健康快乐地成长，就算在学前有“教”的成分，也是在天性的引领下让孩子去感悟，而不是教他们远离生活的知识。

如果说“学前”有教育，也是“自然教育”，不是“人为教育”。“人为教育”是成人强加给孩子的知识教育。“自然教育”就是生活即教育，在生活中学习、在学习中生活，在做中学、在学中做。学习的方式就是玩耍、游戏、感知、体悟，而不是死啃、硬记、背默、背临 。“人为教育”是死灌硬教，“自然教育”是自发地、主动地学。成人以为的“学”是接受知识和技法，幼儿感觉的“学”是觉得好玩、有意思、好奇，从内心就想参与。

教育只有“慢”下来才能捕捉到幼儿的内心，触及幼儿的灵魂。如是“提速”的教育，你还没等到孩子潜在内心的苏醒，没来得及对孩子进行细致的观察，幼儿期就结束了。只有与幼儿期同步的“慢教育”才能洞察幼儿的内心世界。

“慢教育”是什么年龄画什么画，画与孩子的年龄、天性相适应，没有超阶段、超年龄发展。“慢教育”的结果是孩子的画保存了天性，孩子发展了想象，培养了自主、独立、自由的思想，以及创造的意念，为长大后的发展打好了基础。但这个基础不是学识，而是自由的精神、灵气和有想象的头脑。

有老师问，我们对“慢教育”有了初步了解后，想进一步往深层次做，有没有进阶版本？其实，“慢教育”进阶的是思想，不是技法。听“慢教育”的课是对听者思想观念有影响，而不是教怎么上“慢教育”的课。有了深层次的“慢”思想后，听者自己就会设计符合“慢教育”观念的课。

“慢教育”并没有专门的课程课件，要课件的老师说明还没弄懂什么是“慢教育”。如画猫头鹰，原来是教画猫头鹰的方法、步骤，就是具体怎么画，不会考虑孩子因年龄不同，画面就不同。

如果你懂“慢教育”，就不一样了。你会根据孩子的需要，引导孩子完成自己心里的猫头鹰造型，每幅画都会透出孩子对猫头鹰的喜好和理解，而不是统一的猫头鹰造型。只有教师的素养和审美提高了，才能辅导出既有孩子趣味又有审美品位的作品。课没变，老师的认识水平提高了，就会彻底改变原来课程的面目。可以说，是观念改变了一切。“慢教育”没有现成的课，你把老课上成“慢教育的观念”，不就是“慢教育”了吗？

还有一股与“慢教育”相反的教育——要挖潜，要加速，要拔苗助长，还要毁坏孩子的心灵慧根，破坏孩子的天性和原生态，毁害孩子的灵性、生性，违背孩子的发育规律，这是我们要坚决反对的。

对于一个成长期很“慢”却充满想象力的孩子，我们无从知道这个孩子长大后会有怎样的发展，我们也不可能预测到他成年后将通过什么样的方式去实现他的想象力，获取他个人的成功。我们现在能做的，就是尽力保护他的“纯真”和“天性”不在幼儿期被毁掉，让孩子接受与他年龄“同步”的教育、正常速度的教育，而不是违背其天性的“速成”教育。

为了孩子的天性不被破坏，我们应该守住孩子的一片蓝天，呵护好孩子的梦想，让孩子做他喜欢的事。

原始与纯粹

“原始”与“纯粹”这两个词好像没什么联系。“原始”说的是人类古老的、“没文明”前的始启，“纯粹”是指一项事业或一件事没“虚头”，不掺杂，思维很单纯。如果用“纯粹”去解释“原始”就有点意思了，无论是思维还是做法，“原始的”一定比“发展的”更“纯粹”。

有资料表明，画是早于文字的，在文字没发明前，能留下痕迹符号表达思想的就是图画。图画既能与人交流，又能表现形象，世界各地发现的岩画就证明了这一点。除了岩画，中国的汉代画像石也是记录人们精神和生活的载体，但在汉代画像石里并没有用文字来解释这些图画的意思。

我今天要说的并不是这些岩画，而是说岩画与幼儿美术的关系。我们可以从岩画里看出，岩画是没有科学精神的，没有比例，没有透视，没有空间，只有那个年代的人一时的冲动。虽然有些岩画的动物画得很逼真，也很生动，但那个技巧是原始的，是没经过学习或老师教授的，因而，也是最“纯粹”的。在这一点上，岩画很像当下幼儿的画。岩画的作者与当下的孩子不在一个时代，不同时代的物质文明和精神文明没法比，但对画的感受、用笔却有许多相同之处，都是有感而发，随手就画，没有经过思维的过滤。

古时画岩画的大人或孩子都是愚昧的、没开化的，都是只凭感觉画的，并不像现在，只有孩子才这样画。年龄稍大一些，比如10多岁孩子，就画不出像岩画那样很“纯粹”的画了。即便孩子没学过绘画，一旦过了幼儿期也画不出来。岩画那个时代，从小孩到大人就是因为不懂，不知道画画还有技法，所以，不分年龄，拿笔就画，想画就画。

而当代人，只有不懂思维、不懂道理的幼稚期的孩子才敢画自己的想法。不懂也不问，不会画也不想学，而且从未觉得自己不懂，还自我感觉比别人画得好。所以，孩子是不会像成人那样对技巧心生恐惧的，“难死了”是成人对造型基础的认识。孩子因不懂才胆大，不是大家认为的艺高人胆大。

大家从汉代画像石和汉代雕塑里就可看出，虽然动物的造型并不怎么像，但动物的精气神十足。这一点也正像陕北农村老太太的剪纸，形虽不像，精神却很饱满、生动、感人，而受过专业教育的人剪纸，虽然造型准确，却失去了淳朴、天真、生性，没有那个“土味”了，不“纯粹”了，感染力也大为逊色。“原始”并不意味落后，有时正是我们这个时代人追求的精神境界！越是不懂比例结构的，越是分不清细节浑然一体的，越是原始的，越有感染力。在这一点上，大家是有共识的。

实际上，当下的儿童画越是没技巧的，越是不学就画的，画法越原始，越美，也越“纯粹”。所以，孩子画画，不是如何教授技巧，以求得孩子在技艺上提高，而是想方设法留住孩子的野性，留住人的原始精神，找到人的自然性、自发性和原始的冲动，这才是幼儿最好的表达。越纯粹，越没技法，越没有思想的束缚，孩子的画才越原始。

好的幼儿美术老师要想尽一切办法，唤醒孩子的感悟，联想自己的体验经历，找到有趣的事情。现在最大的问题是，一些幼儿老师总是想尽一切办法把画的技巧教给孩子，从骨子里就认定美术就是技巧。本来每个孩子天生就会画，但老师的教可能令他们很快不喜欢画画，觉得画画没意思，对技巧产生恐惧，认为自己没能力画得像。老师老早地把透视、遮挡、空间等造型要素提前教给了孩子，使画画这个原本快乐的事变成了技法的训练。老师不断纠错、修改，大大挫伤了孩子的自信，造成孩子对绘画技巧产生恐慌，不敢下笔。

孩子的画既不需要美化，也不需要拔高，就像山洞里的岩画，是什么就是什么，不动它，不碰它，保护它，让它凸显自然本色，这才是我们幼儿美术教师该干的活。

原始与纯粹，是孩子画的最高境界。

观念的藩篱

让孩子“自由地画”这一提法在中国已有近100年历史了（民国时期，教育家何思敬、赵我青在全国教育会议上提出过“儿童画应自由地画”，赵我青在1929年出版《儿童画自由研究》一书），但没得到发展，不是没人知道，不是没有教育家认识到，那原因是什么呢？我以为是文化传统、观念藩篱的影响。

很多人的传统观念太重，习惯认识太深，甚至有些陈旧的、落后的教育观念已渗透到骨子里，像“严师出高徒”“没规矩不成方圆”等。

有些家长只希望孩子的考试成绩门门满分，人格、道德、感情、人品等方面并不注重，甚至觉得拿低分也无所谓，成绩至上。其实，道德、人品才是一个人成长中最重要的因素，这对一个人的价值观的形成有重要影响。家长的这种心态认知和焦虑心情很复杂，有社会、制度、传统等综合因素。

死教硬灌地刷题、做卷子、考高分，孩子的想象力、创新精神都被埋没了。所谓的望子成龙、望女成凤，大多是考高分上好大学，再考硕士、博士，毕业了找个好工作，然后结婚生子，孩子上好幼儿园、重点中学，大了再考好大学，跟爸妈走相同的路 。所谓的好工作、好生活，就是今天赚的钱是为明天活着，明天赚的钱是为后天活着，日复一日，年复一年。至于人究竟为了什么活着，怎样才是好好地活着，这一辈子有没有理想，有没有精神追求，对社会是否能做点有益的事，没怎么想过。

大多数人认为好日子就是吃喝不愁，生活富裕，但这一切的前提是得先考上大学，不考上大学都是空话。而实际上只有广泛地阅读，人的思想境界和素养才会提升。而素养和能力是衡量一个人水平高低的准绳，不是学历和知识。好多事业有成者在中学时代并没有花很大的精力去精心准备考试，而是花很多时间与人交往，读很多好书。知识永远不能代替智慧，也不能直接转换成智慧。家长把考不考上大学作为成功不成功的标准，这种认识就是藩篱，要翻越它，打破它。

人的错误理念会控制或左右人的头脑，凡与这种观念不合的事，都不会被执行。观念控制着思维方式和行为。

学习这样，生活也这样。在农村，至今还有很多年轻人的思想很老旧，观念特顽固，与孩子相处都是居高临下，以至孩子都不敢说话，躲得远远的。这样的家长一律是命令式训诫：“我再说一遍，你听见了吗？”“我喊一、二、三，还不按我说的去做，就挨揍！”“你刚才说的话，再说一遍，我听听！”跟孩子“耍威风”的话，家长每天都在说。夫妻俩一块下地干活，男的回家就歇着了，女的回家还得给孩子做饭、收拾家务、侍候老人。家里来客人了，女人和孩子还不能上桌吃饭，得到一边吃去，这种旧观念至今依然盛行。特别是在女人生孩子的事上，有些人还是持旧观念，认为，生了男孩有功，好生照顾，要啥有啥；生了女孩，是“没本事”，甚至在“月子”里都不能得到很好的照顾。

有时，观念与文化、智商没多大关系，不是说文化、智商高，观念就一定高。别管人有多高的文化、多高的头衔，一旦错误地认定了某种观念，一切知识、思想、智力都不管用了。比如，有的大学教授主张孩子从小学古诗词、古汉语，说越早学越好，根本就不懂幼儿的心灵，就像几个月的孩子有腿却不能走路一样，他们的身体虽然已经长成，但心灵的“骨骼、肌肉”仍在成长中。孩子在很小时不能学知识，就是因为心灵的“骨骼、肌肉”还没长成。

世界上任何事业的成功都始于观念，没有观念上的超越，再好的事业也不能成功。人的成功始于观念，失败也失败于观念。人的错误观念一旦形成，就会找一切理由来说明这个观念正确。就像儿童美术，别管他懂不懂，他都会毫无根据地、固执地认为，无论是成人学画，还是小孩学画，画得像的肯定画得好，画得不像的是没学好。画画是一种技艺，即便是对儿童美术一窍不通的人，你若问他，他的回答是一定要教，别管是谁，懂与不懂，对儿童画的认识竟然这么统一、肯定，这种认知是经过传统文化的浸润、渗透才形成的，不是通过学习思考后认定的。这种认知成了心理定式。其最可怕的特征是，你这样认为，我也这样认为，他也这样认为，没经过任何沟通，思维出奇一致，这就给人一种假象——大家都这样认为就是真的了。这样先由个体认为转化为群体认为，再由群体认为转化为社会认为，事就很难改变了。

传统认识与学历没多大关系，却与人是“感性人”或“理性人”有关系。一些理科硕士、博士等高学历的家长也认为儿童美术应是一门技巧，只有老师手把手地教，孩子才能进步。让孩子自己画，孩子怎么可能会画呢？老师总得教给孩子点什么吧！他们只认为手把手地教才是教，不认为老师的引导、启发、唤醒孩子的感悟也是教，而且是更高层次的教。

正确的教法是孩子在思想观念上的转变、认识上的转变，使孩子更有想象力，更有主见，更有自我意识，这就是最好的教。但这个教是“换脑子”，是看不见的，只有教技法的才能直接看到结果。

人的错误观念很难改变，就像北宋后期“女人缠足”那种残害女人的做法，在中国竟然存在了一千多年。那么多有文化、有思想的人很少有站出来反对的。这种野蛮行径竟然被认为是文明，有教养，几乎所有的女人都选择了屈服，为了“爱美”而忍受断趾的痛苦。这难道不是顽固观念的作用吗？尼采说，如果一个人想要这种生活，他就要忍受这种生活带来的苦难。由不愿意变成愿意的原因是如果观念改变了，其他就会随之改变。

每次带学生到室外画写生，总有一些人围观，看到孩子画得像，就说："这孩子画得真好！"大多认为画得像就是好，画得不像肯定不好，别管孩子的年龄有多大，画得像是唯一标准。即便孩子画了几年，送孩子上画画课的爷爷奶奶等老辈家长也都这么认为。大家对这种传统认知习以为常了。

我的一位老领导跟我说："老李，我看你书上写着让孩子自己画，不教，咱是老朋友，没外人，不说假话，你这不是误人子弟吗？人家花了钱把孩子送你这儿，就是想让孩子学知识的，你却让人家自己画，咱可不能糊弄人呀！"这位老领导绝对是从爱护我的角度说这番话的，我从他的话语中感觉到，他对我很失望，教育我"改邪归正"。他说了很多，我听明白了两点：一是我不教，让孩子自己画不对；二是我书里的观点不对。

关于儿童画，无论是学画儿童的家长还是社会人士，大都异口同声，观点一致，一定要教，也正是这"全民观念"的影响，造就了无论是城市还是农村的孩子，画的画千篇一律，促成了全国幼儿园的孩子都在画简笔画，使孩子失去了感悟，失去了想象，孩子们为此付出了沉重的代价，这是美育的悲哀。当有人听到除了"教"，还有"不教"的方法时，不是想想这个说法有没有道理，而是从骨子里对这种观点有了不对的裁决。

对幼儿的灌输式教育大多是由人们的错误观念造成的。只有改变错误的教育观念，才能改变错误的教育。没有正确的教育观念，就没有正确的做法。

虽然我们在科技方面有了长足的进步，科技发展日新月异，但并不能证明我们的思维已脱胎换骨地变了。仅从幼儿美术看，传统的教育思想还比较盛行，很多旧的思想观念束缚着我们的头脑，约束着我们的行为。其实，学前是孩子非常重要的一个阶段，今天小班的孩子就是国家 30 年后的中坚力量，今天的孩子如果没有想象力、创造力和独立精神，30 年后会有吗?

幼儿美术这块领域是在物质极为丰富、科技突飞猛进的时候被沙漠化的地方。物质是理性的产物，天性离人们的物欲心很远。最现实的人，是最注重“物质”的人，也是最远离人的心灵的人。

儿童美术培训机构都想着怎么扩大规模，挣更多的钱，怎么可能会想着保护不能为他们创收的心灵和天性呢？人们的注意力都在“钱”上，还没转移到孩子的事上。要知道，无论人怎么发展，科技怎么进步，最终“理性”的根系还是得扎在感性的“心灵”上。没有了灵魂的“理”，就等于没有了根的植物，而“灵魂”的根系只有在人的天性里才能找到。

世界上的万事万物无论是什么样的结果，都源于思想观念。有什么样的思想观念就有什么样的方式方法。思想观念不变，不可能在行为上有根本的改变。要想获得真正意义上的改变，就要先转变观念。观念变，一切皆变。

找不同

有老师问，怎样才能辅导出有个性的儿童画呢？为什么好多幼儿园、画室里的画在绘画题材和技法上这么雷同，长相一样，像“一个娘生的孩子”？其实，原因很清楚，这就是老师教的。

如果老师注重引导孩子去观察，让孩子画出自己的感受，用自己喜欢的方式，包括用笔、材料及习惯画法，画出来的画不会一样。

之所以会出现这样的事，与教师的审美、鉴赏水平不高有关。都是百分之百的好孩子，教师就不一定了。在幼儿美术这一块，懂教育又懂儿童心理又是美术专业毕业的好教师不多。

幼儿美术教师如能认识到个性比知识、技巧重要，就会在艺术实践中注重发挥孩子的主动性。

也许教师在工作上是敬业务实的，而敬业务实与好的教育没关系。如果教师的思想观念陈旧、落后，越是敬业，越是能干，就会往错误的路上走得越远。破除传统教育观的束缚，建立正确的思想观念，提高艺术鉴赏水平，是解决“大一统”作品的最好方法。

教师有了“找不同 ”意识后，其教育方法也就随之转变。其实，辅导幼儿画出不同的画，不是很难的事情。比如说写生，只要老师懂教育，画过画，有审美意识，带领孩子找到几棵不同造型的树，引导、启发孩子去观察，画出与众不同的画不难。整个写生过程是自然的，水到渠成，没有刻意教的痕迹。孩子找到的不同越多，越说明孩子观察仔细。而后，把这个印象画出来，就完成了“找不同”。

“找不同”是思维，不是技巧。技巧再好，若没这个意识，照样画不出“不同”的画来。“找不同”最能反映孩子的观察、孩子的世界。孩子在教师“找不同”意识的引导下画的画，才有独立性、自由性、趣味性，才有可能出现个性十足的作品。

在室外写生要想找到不同，须注意两个方面：一是植物的天然不同，这个好找，只要老师有意识、有想法，就可引导学生去找，找到后不断强化，使画面上的“不同”与生活的不同拉开距离，使之更显“不同”；二是“人为”的不同，就是在自然植物里并没发现植物的造型有明显的区别，看上去好像都差不多。这时你要想画出画面的“不同”，就得用心去找了。抓住一个感兴趣的“点”，仔细观察，强化你对植物的细微发现，经过不断尝试，就会找到你想要的不同了。

图 8–1 和图 8–2 是两个 4 岁女孩画的 3 棵不同造型的植物，这两幅画就是在老师的引导下完成的。老师引导孩子在观察时注意植物之间的细节区别，往“一定是不同”的方向画，大胆“强化”自己的感觉，找到感觉后画出来就行了。

图 8-1　三棵花树　杨珺羽　4 岁

图 8-2　三棵花树　宋傲雪　4 岁

杨珺羽在入班前，没人教过，我是她的第一个美术老师。她虽然一点不会画，热情却很高，也特别喜欢乱画，就是画着玩的那一种。家长一度对她乱画有看法，觉得像她这样乱画的孩子，参加美术班也学不好，意义不大。我对家长说，跟随别人画永远也画不出自己的主见。虽然她不懂什么是绘画技法，但只要她理解了什么是“不同”，就能主动去找。

图 8–1 是杨珺羽的写生画，最右边的一棵花树是剑麻花，上面结满了像灯笼的小白花，下面是宽大的叶子，只是她没画出大叶子往外伸展的样子，画成抱作一团了，从造型上说，是画得一点也不像，但她画出了剑麻花的结构，只是没画出剑麻花的生长特征。这不是技巧的事，而是她的年龄认识不到这么复杂的结构。剑麻花的主要特点就是下面是宽大的厚叶，上面是白色的灯笼花，这两样主要的东西不都画出来了吗？孩子画的是认知，不是有多形似。

她根据自己对剑麻花的理解，把“花”用她的认知“分解开”，重新组建了一个新的剑麻花。这个剑麻花与眼前写生的剑麻花已没什么关系了。左边的两棵植物，也展现了她认为的不同，画面上的三棵植物没有一点雷同。只要能画出不同的造型，这个“找不同”的课就是一堂成功的课。照这个思路下去，孩子每到一处就会主动地找不同，而不是比着原样画。时间长了，有个性的画、有见解的画就会越来越多，独立的思维也会在这种画法中慢慢建立起来。同时，想象力、创造力也会得到发展。

图 8–2 也是“找不同”意识下的写生课，是宋傲雪画的。画的花树就一排，没有前后，没有遮挡，树叶顺着树干长。树干的上端像是用剪刀剪断了，没有现实中的空间感。在正常情况下左边的两棵小花树，上端（也就是叶梢的最顶端）的叶子应是单个的，就像长得最高的小花树右边的一枝往右弯头比较矮小的花的叶尖，而她画的最右边的花树梢像被剪刀剪断的一样，变成了左右各一片叶，没有最顶端的那一片叶了，成了对称状态。最左边的一棵矮花树的叶梢也是“被剪断”的样子。这是因为，这个年龄的孩子不能认知树干越往上越细的“渐变”现象，只有用“剪断”的方法解决。每个孩子遇到这样的事都这样处理，这也是我发现的 87 种原生图式中的一种，这是幼儿对事物的典型认知。中间的这棵花树的上端往左的方向还拐了弯，这在 4 岁孩子画的树里不多见。这个年龄的孩子一般是画不出“带弯”的树的，就是画的时候真有弯的树，在画面上也是直的（画不出弯的树，也是 87 种图式之一）。能画出拐弯的树的，一般都是对形比较敏感的，人数不多。这也说明这个孩子的感觉非常好。图 8–2 与图 8–1 一样，都画出了树的不同。比如，树的造型不同、高矮不同、大小不同、粗细不同、花叶不同，这就培养了“找不同”的意识。画得多了，画的个性自然也就展现出来了。

“找不同”是为了培养学生的个性、主见和独立意识。这不单是在自然景物方面让孩子找到不同，在群体里每个人的作品风貌也要不一样。如果每个孩子在画面上确实画出了植物的不同，但当把同班孩子的画摆在一起时，画与画之间没什么变化，造型都差不多，就不是真正的不同。真正的不同是，每个孩子的画上植物都有所不同，画与画之间也各有特色，即使是画同样的题材、同样的事物，画出的画也各有各的味道，没有重样的。“找不同”需要作者有意识地区分自然界形象的自然差别，而“画不同”就是“造”的不同了 。比如，我们上室外芦苇写生课，芦苇长得一样，那怎么能让孩子画出充满个性、在造型上悬殊的不同呢？

最好是由老师找到一块不是很厚的芦苇，也就是一小片，如果芦苇层太厚、太多，面积太大，年龄大的孩子还可以，年龄小的孩子就会感到无从下笔。因为年龄越小的孩子越是从局部开始，从一根芦苇画起。

写生前，老师要给学生大体讲讲芦苇的结构特征和细节。如芦苇的“秸裤”是什么结构的，芦苇的叶子是怎么生长在芦苇秸上的，特别是芦苇叶有直挺的，有下垂的，有交叉的，有重叠的，这一定要仔细观察，做好了准备之后再动笔画，还要注意芦苇叶的疏密、方向变化（图 8–3）。

图 8–4、图 8–5、图 8–6 这 3 幅芦苇写生分别是 6 岁的王思文、6 岁的安旖旎和 5 岁的侯宇泽画的。

王思文画得最为生动，像是芦苇随风拂动，芦苇叶也有动感（图 8–4）。她画的芦苇就一排，说明她的年龄不大，还画不出多排植物。在这一幅画里，她用了两种线条画法——单线和双线，这说明她还不懂物体的细节，单双线同时在一幅画里出现，也正是这个年龄的孩子画的特征。

图 8–3　芦苇塘

比如，在正常认知下，芦苇秸是要用双线画的，如果不用双线，那就画不出芦苇秸的“秸裤”。这些都是细节，一个只有 6 岁的孩子是“看不到的”。

安旖旎的画，既生动，又多样，而且画出了她喜欢的芦苇的样子（图 8–5）。虽然与真芦苇长相差得太大，但个性化程度、有意的追求和画体现的艺术性明显高于图 8–4，画的芦苇像是在音乐的伴奏下欢快地起舞，甚至有点节奏、韵律的感觉。弯弯的芦苇秸、下垂的芦苇叶更增添了音乐感。她和同龄的人一样，照样也画不出多层的芦苇，而是没有秸秆的芦苇，甚至是上粗下细的芦苇秆，如左起第三棵长得比较低矮的芦苇。

最具有幼儿气息的还是 5 岁侯宇泽画的芦苇（图 8–6）。幼儿画的特征是，越是年龄小的孩子，越是“画不弯”，就算看到的植物是弯的，孩

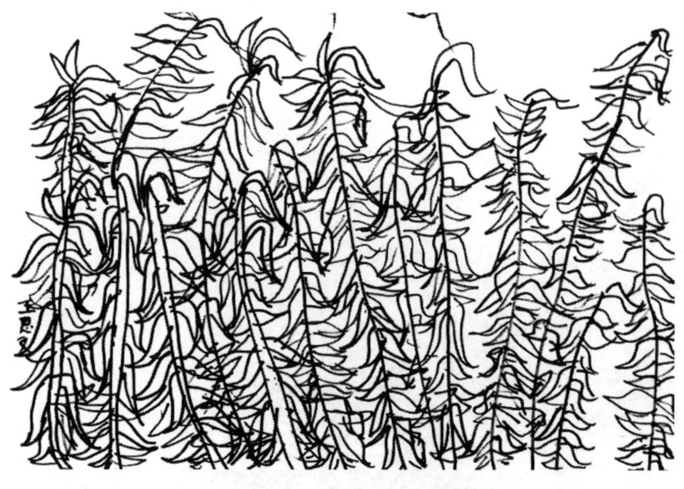

图 8-4　芦苇
王思文　6 岁

图 8-5　芦苇
安旖旎　6 岁

图 8-6　芦苇
侯宇泽　5 岁

子画出来也是直的。芦苇没有“秸裤”，没有秸枝，就像每棵芦苇被刀子劈开了，芦苇秸上更没有一片叶子，长得都很结实，还上粗下细。既然他画不出芦苇秸上有芦苇叶遮挡，画不出芦苇的第二排也是自然的了。这3幅画是在同时、同一个题材的条件下完成的，画出的画却完全不同。这就是我的“找不同”概念起的作用。

实际上，“找不同”就是为了“放大”自然界的不同。“找不同”很好理解，也好操作。在写生时，老师只引导孩子按照自己的理解去找不同，不要约束孩子的想法，特别是那些稀奇古怪的想法正是我们求之不得的。至于找到的不同好不好看，画得对不对，不要管那么多，找到就是成功。即便有问题，我们也不能把所有的问题同时放在一个时间段去解决。一段时间解决一件事，就已经很了不起了。其实，儿童画的感人之处，并不在于画的事物对不对、古怪不古怪、有没有错误，更不在于画画的手法及技法熟练与否，而在于孩子的专注、热情、用心。孩子能在老师的引导下捕捉到他感兴趣的物，就向“心灵”走近了一步。

教学中有个很大问题是，教师总想教给孩子一套行之有效的方法去把握规律性的东西，让孩子在写生中学会概括、归纳、整体地看问题，换句话说就是学会大人的思考方式。其实孩子的画好看就是因为他们还不懂得这些，真要是懂了，画出来的画像成人画一样成熟，那就没法看了。就像孩子画熟练了的简笔画，“锯齿的草形，分叉的花，结果子的树上两个疤”，好看吗？不管是儿童画还是成人画，只要技法太成熟，好的不多。技法上，

图 8–7 木牌坊 赵家浩 6 岁

图 8–8 鞋子 吴天宇 9 岁

熟能生巧不假，但巧也能生“油”。

中央美术学院教授戴士和对儿童写生画有这样的评价：“儿童画古建筑，那些亭台楼阁的写生，琉璃瓦一条一条地画下来，行笔慢，吃力，好看（图 8–7）。儿童画运动鞋，鞋带穿进去和钻出来都一条一条地画，行笔慢，如锥画沙，力透纸背，好看（图 8–8）。儿童们后来长大了，学习怎么画得科学的办法，不用一条一条地那么吃力了，可以归纳，可以概括，但是就不好看了。”[1]关于儿童画写生，戴士和老师说的与我感受的一样，孩子小的时候画的画好看，大了，形是准了，味道却没了，画得更像了，神韵却画跑了。

孩子们的画有时候看上去很见功力，很成熟，反而不如不知道怎么画的画更耐看。有时“生”比“熟”的画更有味道，有技法还不如没技法的画好。看来艺术是好画不在于技法而在于作者的真心，好画都是用心的、

1 戴士和．海风扑面［M］．郑州：河南美术出版社，2017（9）：42.

很“入骨”的。所以，在孩子画写生时，教师不要总是想着提高孩子画画的技巧，而是引导孩子用心去感悟，找到不同点。找到不同，作品就不雷同，就有个性，就是成功，不是画得像或技巧提高了才是成功 。

图与画

我们习惯把画画的课说是图画课，画画的本叫图画本。实际上，图是图，画是画。像地图，就是图，不是画。图是根据需要绘制的，所以，一般把图称为“绘图”。“绘图”虽然也有画的意思，但绘图与画图还是有很多不同的。图常用尺板测量或使用工具，画的线大多为直线或“模规线”，如正圆、椭圆、弧线等，随意性比较小。大家习惯把画画称为绘画。绘图是以规矩、明晰为好，这需要精准，而绘画是一种情绪、一种感觉，不一定非要说明什么。“图”理性、规则、条理，“画”随意、即兴、没规矩。所以，“图”和“画”出来的东西不一样，这是我对图和画的认识。

北宋画家张择端的《清明上河图》（图 8–9）在中国几乎是家喻户晓。我对这幅画的理解是“图”，不是画。因为“图”上的街道、桥梁、住宅、商铺、店面、酒家、茶馆等位置非常清楚，这就是比较详细的城市交通图。这张图“写满了”宋朝当时商品经济的繁荣景象，详尽地描画了市民的生

图 8-9 《清明上河图》 宋 张择端

活及商铺、酒家、茶肆的喧嚣与繁华。就像今天，凡是生活富裕的地方，饭店、小吃店、酒店、茶馆最多。有一首唐诗描绘这样的景象最为贴切："水门向晚茶商闹，桥市通宵酒客行。"

《清明上河图》的名气不在艺术水准上，而是在"图"上。这幅画完成的时间是宋徽宗宣和末年。虽然画得很细，但没选上入录 6000 多幅画的国家编撰的《宣和画谱》。它不是当时艺术水平最高的画，那为什么又这么有名呢？因为它画的是民间老百姓的生活，画里面没有当官的，没有衙门，也没有豪宅。人物有挑挑子的、骑马的、看相的、卖药的、吃饭的、打铁的、当差的、取经的、婚嫁的，有马、驴在跑，有茶馆、小吃店，有树林、鸟窝，还有汴河桥，河里有驶船的、拉纤的，还有船马上要撞上桥的紧张场面呢！

第一时间能欣赏到这幅画的人就是当朝皇上宋徽宗，张择端当时在京城翰林院担任皇家画师，他就把这幅画献给了皇上。宋徽宗用他最拿手的瘦金体在画上写下了“清明上河图”5个字。宋徽宗是个书画、音乐造诣很高的皇帝，他没让这幅画编入《宣和画谱》，而是把画送给他舅舅了。

在此后800多年里，这幅画的命运也是跌宕起伏，主人换了几十个。1945年，慌忙逃跑的伪满洲国皇帝溥仪把这幅画遗失在长春机场，画被解放军战士在一个木箱里发现，后又几经辗转，最后被故宫博物院永久收藏。

这幅画光是人物就画了500多个，也有说上千人的，因版本不一样，到现在也不知道到底画了多少人。

中国画的审美是气韵，不是故事。更何况张择端在画《清明上河图》时是用了尺子的。用尺子画的画只能是图，就像建筑设计图。一说尺子，人们就不由得把它归于“图纸”了。图纸虽然有时也有画，像假山、喷泉、健身区、走廊、休息亭、小路、树林、花草这样的标识画，是为了辨认和施工的图标，以“图”的形式出现的。所以，《清明上河图》就是“图”，不是画。

画时用尺子，是绘画的大忌。因为再好的场景只要一用尺子，立马就失去了“生命感”，不“活”了，没有能透气的地方了，不会“呼吸了”，也就是不生动了。画画的人都知道，画，是这么感性，怎么可能会用尺子去造型呢？画画的“尺子”应是画家的心灵，不是工具。

在中外美术史上，有的画家善于经营布局，在一幅画上画百十个人不成问题，像徐杨的《乾隆南巡图》中人就不少。描写战争场面的油画也多是人物众多，每个人都画得清晰可见，一般这样的画在艺术评价上都不高。

凡·高的画就是画，不是图。他的画透露出他的激情及他感受美妙色彩的冲动。比如，他画的向日葵，“性格”突出，他画的是“情感”，表达的是一种感受，不是向日葵本身。

画油画的都有这个体会，当你在调色板上调出你满意的色彩时，有时激动得手在颤抖，不能准确地把颜料放在画布上，这种激情是“图”画家体会不到的。他们是“慢”功，一点一点地“啃”，时间长了就“抠”出来了，绘画的激情早就让“慢腾腾”给“磨灭”了。凡·高的画，大家欣赏的是他的用笔、激情、豪情及“憨痴”。

像凡·高那样画自己感悟，抒发自己情感，只求写“意”、写“神”，不求像“图”，只求像“画”，且直追内心激情的画家不少，像当今影响比较大的油画家阎萍、王克举夫妇及戴士和、忻东旺这些名画家，都不怎么重视题材，而是重视怎么画，遵循内心感受，明白自己“要什么”，注重体现油画语言，突出绘画个性，把材料和感觉及个性追求融合在一起，抒发自己的情感，彰显艺术精神，把很简单的一盆花、一只猫、一把椅子，通过自己的油画语言，提高到一个新的思想高度、一个新的审美境界。

从画中我们能看到画家读过哪些书、看过哪些画、受过哪些艺术的感染、画风有哪个画家的影子及艺术实践的经历等，也能读出画家的美术本体知识，包括美术理论、技法及美术史、文化史、艺术史、文化审美等素养。艺术素养是通过“情感涂抹”呈现的，实际上，画上的这些信息才是艺术语言的本质。艺术语言的本质是画家深厚素养的显露，这不仅仅是形式上的不同、表层“图式”的不同，更是“质”的提升。艺术只有“质”高才是真正的高，样式、形式上的不同仅仅是“质”的一面。要想好好欣赏一幅画还真没那么容易，你自己首先要在艺术上是一个有修养的人。

比如，林风眠的画，你觉得好，中西合璧，有新意，你很喜欢，你想临摹学习一下，看看他是怎么画出来的。你临吧，你就是临他 100 张也沾不上他艺术的边，因为临摹要找源头，画只是艺术的“终端”，“根”并不在画上。林风眠早年留学法国，他的老师是马蒂斯，你得好好琢磨琢磨马蒂斯。你把马蒂斯的画研究透了，再临摹林风眠的画，那就不一样了，就寻到“根”上了。

马蒂斯的画非常强调形式，主张表现方法统一和谐、简练集中。他是法国野兽派的代表，作品吸收波斯绘画及东方民间艺术的表现手法，主张艺术就要纯粹，形成了他独有的形式感很强的综合画风。

林风眠画上有很多民间瓷砖的艺术精髓（图 8–10），如果看不懂这些，光在表面上临摹林风眠的画，又有什么用呢？这就是隔靴搔痒，就像你要想了解克里姆特，你在欧洲美术馆里很难找到答案，你得去东方找，得往深里挖。

青年时期的克里姆特非常迷恋埃及壁画、希腊陶绘、中世纪版画和拜占庭镶嵌画，他非常强调轮廓线的表现与服装的平面镶嵌手法的结合。后来他又受到东方绘画的影响，比如，他的抽象“点块状”的团块式结构，构成的不确定性“意向空间”和个性化线条都来自日本浮世绘和中国元素。东方元素滋养了克里姆特的艺术（图 8–11）。

还有大家熟知的毕加索。他说过这么一句话：“我十几岁就能画得与拉斐尔一样好。”然而，最后的画却越来越像孩子的涂鸦。实际上，他的

图 8–10 林风眠作品

图 8–11 克里姆特作品

画风可不是轻而易举地就转变了，而是他已经很熟悉传统的古典画法了，但他不满足于只是画得很像的画法，这不符合他的性格。于是他舍弃传统，追求纯粹的艺术。经过不懈的努力，他终于在原始元素里找到自己喜欢的东西——非洲木雕。

图 8–12　毕加索作品

他特别崇拜非洲的原始艺术，在之后的作品里都有非洲木雕的影子。给人印象最深、最典型的是他画的人物头像，有着超强斜直线的大鼻子、大眼睛的造型。他留在绘画上的笔触类似“刀砍斧劈”，线条简洁概括、粗犷硬朗，感情原始淳朴，艺术直接纯粹。在图 8–12 这幅画右边的上下两个女人的面孔及鼻子上的“刀痕”线条，就来自非洲木雕。在美术史上，这幅画被认为是立体主义的开山之作。

有个美术教师问我，毕加索的画立体感没那么强，比他画的立体感更好的画家很多，怎么他是立体主义的代表？其实，毕加索的画不是“真”立体，而是“解释”的立体。他画的侧面人头像能看见两个耳朵，不是解释的，又是什么呢？如是真立体、真实的视角，能同时看到头的背面吗？实际上并不是立体画。

毕加索之所以走向“立体”，与一个人有很大关系，这个人就是塞尚，没有他，毕加索不会有这样的成就。塞尚是法国印象派画家，在塞尚之前，印象派画家是画色彩、明暗、透视、空间结构的，也就是“混色彩”。塞尚抽掉了这些，颠覆了有“视点”的视角透视，从而催生了“纯艺术”的诞生，塞尚因此被称为“现代艺术之父”。这也是他“画得有形象感”，甚至是“写实的”，却被称为“现代艺术之父”的原因。

毕加索正是在这个背景下，创造了立体主义画派。他的这个立体倒是与孩子的“画所知，不画所见”有一拼，也就是将看见的、看不见的都一股脑地画出来。这些都是隐藏在作品背后的故事。如果欣赏者或美术教师只看画，对美术史不了解，是很难明白的。

如果我们要欣赏毕加索的画，只看画的表面，不追根溯源，永远也找不到毕加索艺术的渊源和真谛。这就是画家或美术教师必须读美术史的原因。艺术作品只有有了这些“莫名其妙”的元素，带有这种艺术趣味的“感性”绘画，才能称为“画”。而那些只有“记事”功能、说明人物活动情节的画只能称为“图”。

“画”是抒发作者感受的“自留地”，技法也只有在“情感”的引领下才会出现有感染力的作品。而“图”说的是事，是故事，没有多少“情感”，没有情感的画怎么可能感人呢？“图”是明晰的，“画”是有情感的，压根儿说的就不是一码事。艺术通过绘画语言展现，而不是表面的热闹故事。

“图”有图的好处，容易懂，好理解。“画”有画的妙处，懂画的看门道，也就是“读味道”，体悟笔触与神情，感受作者的思绪；不懂的看热闹，也就是只看“画”上说的是啥事。对“图”和“画”的理解，有好多类似的字词，如“沉”和“默”，“旅”和“游”等，好像是两个字才组成一个意思，其实，每个字都有不同的意思。所以“图”和“画”的意思是不一样的。

对于“画”，不单是普遍大众看不懂，就连好多儿童美术教师也看不懂，你给他们一幅戴士和或阎萍的画，让他们从油画语言的角度点评。这里面，既没故事，也没情节，就一把椅子、一只猫，或两个呆坐着、两眼茫然、沉默不语的人。色彩再有味，感情再丰富，哲学意象再深，不懂画的，也看不出来（图 8–13、图 8–14）。

家长大多只看像不像，不管好不好，因为他们觉得画像了就是好，不能欣赏情绪性的、即兴的、随意涂抹的画，甚至觉得浪费材料。

木心先生说过：“没有审美力是绝症，知识文化也救不了。”

有好故事、好想法、好立意的画，不一定就是好画。有“意义”的，不一定有“意思”，说谁的画好，不是说画的啥，而是怎么画，有没有绘画语言，有没有“意思”，有没有“趣”。画的感觉是不是从孩子内心流淌出来的，这是关键！

好画可能没故事，有的画根本就让人弄不清楚画的是啥，甚至还没来得及好好地细看一眼，一下子就被画感染了，激动不已，这能是“故事”

图 8-13 油画 戴士和 旅顺——美术老师与学生 2014 年

图 8-14 油画 阎萍 相亲相爱不孤单 2013 年

的作用吗？有故事的画大多是“图”，不是“画”，“图”没有“还没看清画的是啥就被感染的力量”，只有“画”才有这个魅力。

由此可见，“图”和“画”不是一码事。“图”是“图”，“画”是“画”，“图”根本就不可能成为“画”，而“画”也不可能成为“图”，分得清，较得明。

知和见

“知”和“见”是邻居，走得很近。知是感知，感知就不一定只有见，也可能是因见而知，也可能因感而知。在一般情况下，应先见后知，先看见事物，而后对事物了解后成知。通过感觉的知与因见而知，虽然都是知，但还是有很大区别的 。

“知”和“见”除了因文化传统、人文环境、文化素养的不同而显示出不同的知，还有年龄因素。不同的年龄有不同的认知，比如儿童观察事物，年龄越小，对事物的整体或细节越难把握，虽然孩子画画是从事物的局部推着往四周延伸画的，先是注意了局部，但对细节分不清。比如幼儿画鸟，他们把燕子、麻雀、海鸥等各种他们知道的鸟统称为鸟，把月季花、蔷薇花、牡丹花等长得差不多的花都称为花，或以一种花命名，所有的花都是这个名字，这就是孩子的年龄对事物细节的认知。

“知”与孩子的年龄关系很大，“见”也与年龄密切相关，不同的年龄就有不同的“知”和“见”，但这个“见”，实际上是孩子对事物的理解。3 岁多孩子的“见”与 5 岁孩子的“见 ”，其理解程度是不一样的 。3 岁多的孩子对菊花的“见”反映在画面上就是一些不同的圈圈和道道，而 5 岁的孩子已能分清茎、叶、花的关系及花瓣、花叶、花茎的样式，虽然他们理解的样式不是真实的面貌 ，但他们对“见”已有了自己的认识。

儿童的眼见并不为实，因为儿童的眼见不是只靠眼睛，更重要的是靠心灵感应，与成人的“见”是不同的。儿童的“见”是认知，不是看。比如，儿童画房子时，对房山视而不见，在画面上也没有表现，这就是孩子对立体空间还不能“认和知”。这个现象是孩子明明看见了，但就是画不出来，或者说，看见了也不那样画。还有一种就是看不见的反而给画出来了。比如，孩子画楼房，主楼侧面的窗子看不见，但他知道有窗子，就把窗子画出来了。所以，孩子的画是心理反映，不是真实的描写。

孩子的这种在画上的认知现象叫作“画所知，不画所见”，发现并提出这一现象的人是英国艺术史学家贡布里希，他的这一发现对全世界的儿童美术教育有重大贡献，为儿童看见的不画、看不见的反而画的现象找到了依据。

儿童的眼睛看实物与成人不同，这主要反映在两个方面：一是对遮挡现象不认知，比如孩子“眼看着”菊花的秆茎是被很多菊花叶子覆盖的，或者是有一部分被遮挡了，时隐时现，结果反映在画面上的却是菊花茎“光杆”，菊花叶顺着菊花茎往两边长。实际上这时孩子画写生早已不是写实了，而是听从内心感知在“组造”一个新的菊花样式。看着眼前的菊花，画自己的菊花，是幼儿画菊花的真实写照。二是对空间透视不了解，也就是他们画不出来有远近、有大小、有不同层次的画。这种带有空间关系的画面，儿童要 9 岁后才能认知。树枝、树叶的层次感，也与树的前后远近是一个道理，儿童在 9 岁前还不具备画出立体效果的能力。

由此可以看出，孩子有自己认知世界的本领，即独特的思维和见解，成人要有耐心等待孩子六七年的幼稚期。直到 9 岁后，“看见的不画，看不见的却画”的现象就逐渐甚至完全消失了。

本能没有快速

有人说：幼儿的认知是可以开发的，如不开发，就在那儿闲着，浪费了孩子的年华，不如趁早学点知识，光玩是玩不出知识来的；孩子哪有主动学习的？都知道玩比学习快乐；要是只听孩子的，永远也学不到东西……这些话的意思是学画就得“学”，教画就得“教”，不学、不教怎么可能会画呢？比如：如果孩子画树不懂遮挡，老师就得教；老师不教，让他们自己画，他们就画成“站好了队”似的一排树，永远也画不出立体感；等孩子自己能画出立体感，得等到猴年马月啊！“教”的意思是，在这些小树苗还没长高时，就可以给它们修剪、追肥、浇水，帮它们成长。按这个思路是否可这样理解，当一只雏鸟还没等它自己用嘴啄开蛋壳要出来时，就提前帮它把蛋壳弄碎，让它出来，可是这样可行吗？这样出壳的方式，能使它们成长吗？什么叫违背自然规律，这就是；什么叫拔苗助长，这就是。方法不明智，但还有个好听的名字，叫“开发”“挖潜”！这种“认知可开发”“潜力也可挖”的观点是为自己的说法披了一件“好看”的外衣。

儿童的潜能是天生的，他们的学习是有自身规律的，不是成人想什么时候教就能什么时候教的，他们天生有吸收文化的力量，并不是只通过教才能完成，这种力量要遇到合适的环境才可能被释放。如果施教者不顾“时节”地“教”，硬性灌输孩子不理解的东西，结果只会适得其反。对于幼儿来说，无论是“开发”，还是“挖潜”，都是不合时宜的，这不是正常的学习速度，而是违背了孩子的成长规律。儿童成长要顺应其天性，才有可能实现“好好地长”，违背了天性，孩子的成长就会受到破坏。

让两三岁的孩子背《三字经》《大学》《中庸》就是典型的超速“挖潜”，孩子摇着小脑袋背诵，并不知其含义，还耽误了孩子玩的时光。再比如，两三岁的孩子画的蝌蚪人符合年龄的认知，而不懂的则认为孩子缺乏知识和教育，要教才会画，从而否定孩子的认知，不承认孩子有自己的见解和不同于成人的独立思维。

说“认知可教”“潜力可挖”的人大都不承认儿童有儿童期，认为儿童学知识也得和成人一样，要教才会，我觉得儿童教育要看具体科目，有的可教，有的不可教。比如，属技巧的可教，思维、想象、意念的就不可以教。像舞蹈、钢琴、跆拳道有技巧，可根据孩子的年龄适当地教，而幼儿美术是思维，不是技巧。虽然孩子的思维是直感，还不会“动脑子”，但这个直感足够用了。想象和认知都是不能教授的，孩子画画与乌龟出壳就会游泳一样，是本能。

小乌龟一旦被弄翻壳，就凭它身上的大盖硬甲和短短的小腿，是很难自己翻身的。不过，它可借助地势，发挥头能自由伸缩的优势，用头抵住地面的一个点，侧向用力，再使劲伸头，像“液压机”一样慢慢撑起身体，完成侧翻。这是技巧还是本能呢?

有些老师关注到认知是否也可开发，潜力是否可挖掘这个层面上，但还没注意到本能是否也能和认知潜力一样，经过人为的努力可以快速发展。

实际上，本能是动物的一种天生的无意识行为，不是会不会“动脑子”的事，是上天赐给这些动物的一种神奇的力量，到时就会。比如说，动物的生育繁衍，哪一个不是生来就会抚养孩子的呢？这需要学吗？在这个问题上，每个动物只要是到了一定的年龄都是“新媳妇上轿头一回”，这还用得着去教吗？

像画画，孩子只要到了两三岁，对事物有点懵懂的认识了，有点思维的萌芽了，他就不安心在一个地方待着了，就想折腾，正好画笔满足了幼儿的这种需求。

当孩子抓住笔，在他的小手操纵下，出现一道道笔痕时，他的本能意向就产生结果了。随着孩子年龄的增长和认知能力的提高，可画的线条形式也越来越复杂。从道道到圈圈，又在圈圈上加上了道道，画出了更为复杂的、只有孩子自己心里清楚“是什么意思”的图画。如果让孩子讲，每一根线、每个小圆圈都是有意义的，都是有所指向的，直到孩子能表达人的复杂活动，整个的发展过程都是本能，不是技巧。成人暂时看不懂孩子画的是什么，但如果你给孩子一个讲述的机会，孩子会很乐意地给你讲他画的是什么。在这个时候“听”孩子的自述故事，比“看”孩子画的啥，更有意义。

成人的每幅画都有作者的生活印记和精神世界，但孩子的画就不同了。只要孩子处于一个年龄段，造型样式就没有大的差别，因为他们的认知是相同的。有什么年龄就有什么年龄的绘画样式，年龄是唯一能左右绘画样式的因素，这一点是毋庸置疑的，是不可改变的。这是婴幼儿成长的“铁”

的规律，任何人都无法打破的规律。

“画”说传统

在幼儿美术这个行业里，经常有人说创新不能忘记传统。这句话要从道理上讲或许没错，不知道传统为何物，怎么创新？但我觉得也不是所有传统的都要继承，如果这样的话，继承来，继承去，实际上就是复古了。

传统文化有精华，也有糟粕，并不是只要是传统的就都好，不能一说继承传统，什么都拿来。那不叫继承，是照搬；那不叫进步，是落后。

儿童画是最不需要继承传统的。传统教法就是先比着别人的画，学好了，再自己画。我的观点与此相反，应先自己画，到了十一二岁了，再学别人的画，而不是四五岁的孩子一入门就跟着别人学。比如，让孩子用传统方法画一幅熊猫与竹子的画，先告诉他熊猫的结构特征、竹子的生长规律、构思构图、章法布局等，表面上看好像有道理，由浅入深，由表及里，由简单到复杂，但这个思维方式是成人的。让孩子一开始就这样“继承传统”，说明师者根本就不懂什么是儿童画、儿童应怎么画。

如传统教法的教师教孩子画小鸡，就把鸡的每一部分的造型先学熟、画透，像鸡头、鸡爪、鸡尾、鸡身都先被分割，分别把这几样都练几十遍，直到能背默背临之后，再把鸡“组装”起来，这就是传统的教。画好这只鸡，与范画对照一下，从造型上看，形似的程度比较近，就算是学得不错。

学会画鸡，再学画熊猫、老鹰及花卉鱼虫等。学会画一样，再学另一样，学得时间长了，自然就啥都会画了。这些东西都是死学硬背的，记在脑子里的，没学的东西肯定是不会的。孩子们说：“老师没教。”这就是传统的学画。“教”在这里展现得很充分了，那“育”在哪儿“藏着”呢?

临摹，如果是大人学画，当然没问题了。但四五岁的孩子画画，从一开始就临摹，会磨灭孩子的认知，毁掉孩子的好奇心，这是继承传统吗?这是对孩子的不尊重、藐视、误导。

实际上，孩子学习的场所，就是玩的场所、游戏的场地，这个环境、场景的条件应是保育场所，不应是教育机构。我们成人所能做的是想方设法促使孩子的身心自然、健康发展，而不是别人教他们怎么发展，人为的发展就不是自然教育了。这个期间应该只有游戏，没有作业；只有“生性”，没有“智性”。

所以，一些看起来行之有效的传统学画方法并不适合孩子。

幼儿美术弊端

当今，儿童美术大多是教得太多，想得太少；作品漂亮的太多，好的太少；能反映孩子的自主思维，培养想象力的少之又少，个个“成功”，人人进步，并且让家长很容易“看出来”进步。但就是这干净、漂亮、“有进步”的画恰恰不是孩子的需要。

对孩子想象力破坏最大的就是简笔画。简笔画是成人对事物的认识，其造型包含了物体的比例、结构、透视、空间及远近的认识 。

即使画个小兔子抱着胡萝卜这么一幅简单的画，兔子的背后和草地上的栅栏、小房子，远处的树和山，还有主体物和背景的关系，孩子是无从认知的。如果教师直接把这个简笔画教给孩子，因为孩子年龄太小，无法判断老师教的对不对，也不可能去阻挡这种“教你没商量”的强制做法。时间长了，孩子对这种强制教育的反感淡化了，慢慢地就习惯了。

在六一儿童节画展上，有一幅获二等奖的作品。画的标签是幼儿组 6 岁孩子画的，表现的是小青蛙的生活，名叫《幸福一家》（图 8–15）。这幅画采取的是勾线填色法，先用黑色笔画出轮廓线，再填色。在画面明显的位置上有三只大青蛙，前面两只，后面一只，都站在荷叶上。画的上半部分有飞着的小鸟、蝴蝶、一束气球、文字及音乐符号。水里有很多小鱼、蝌蚪、贝类、海星和植物。

图 8-15　幸福一家

这幅画很明显不是孩子的思维，为什么呢？因为孩子懂得物体的比例、透视、空间、遮挡、前后、远近和色彩的浓淡、虚实及“渐变”关系要 9 岁以后，8 岁后才有朦胧的“微细”观察的认识。这幅画标签上写的是幼儿园送展的，问题是幼儿园的孩子画不出有这么复杂空间关系的画。

在画的右边，青蛙的头遮挡了荷叶和荷花 ，右边的大荷花花茎也遮挡了后边低矮的长斜形状的荷叶，这片荷叶又遮挡了后面一棵宽扁叶的水草，大青蛙站着的荷叶也遮挡了后边的水草。盛开的每朵荷花都有遮挡，最前面的花瓣还遮挡了莲蓬。一束 24 个气球，除了最前边的一个外，全部被遮挡。最不可思议的是，荷花上的色彩还是渐变的，也就是荷花尖上的颜色深，往下的花瓣颜色浅。

这种渐变在幼儿期间是无从认知的，只有中学生和成人才能知道，而且就是这个幼儿“不可能”知道的“渐变”在这幅画里得到了最充分的表现。右下角的大荷花，中下方没开的荷花、花草、荷叶、青蛙和整幅画的背景全是色彩的“微差渐变”，甚至每只气球上都有受光、背光、明暗交界线、反光、高光、投影等变化。这是幼儿园孩子能画出来的吗？

事实上，幼儿是没这个“细分”能力的。他们对事物的认知是“粗线条”的，只要是幼儿，哪怕是再细心的人，也画不出这样的画，这是年龄的事，是孩子的生理、心理没“长”到这个程度，跟技巧无关。他们看什么都这样。比如，幼儿分不清男性的胡须、汗毛、头发，就把胡须、汗毛、头发统统都叫头发；幼儿首先认识的是公交车，他会把所有的车都叫公交车，分不清小轿车、救护车、大货车、小货车等，等长大了不用教也能分清。如果让他们画池塘，他们会把荷塘里所有的荷叶、草及鱼都分开画，所有的形象边上都有空隙，不可能有任何遮挡。

从用笔上看，这幅画不只是成人的思维，而且是成人画的。幼儿由于手指骨骼软，小手的肌肉不够有力，指神经也不是“很听话”，幼儿园的孩子是画不出这么尖的荷花瓣的，更不懂荷花瓣上的浓淡和渐变。再看看画中间鱼的尾巴就什么都明白了，所有的鱼都是一个造型，后边都有一个交叉线的鱼尾，这是典型的成人思维、成人用笔，这么熟练肯定的鱼尾交叉线只有大人能画出。此外，左上角的半个太阳、上边的小青蛙及空心字也来自成人之手。

有的教师为了让幼儿能老早地画得像，还教孩子用点式构图法画画。其主要思路是，先让孩子从物体的结构外形上点一些点，然后再用线把这些点连接起来，这样就很容易画得像了。比如画树叶，先在树叶的边沿做个记号，再用线把记号连起来。类似的还有九宫格作画，先画好九格，再按格的位置描画，不需要动脑筋，但这个方法是不适合孩子的。

点式构图法是成人先整体后局部构图法的思路，也就是先把握形的大体结构，再细画局部，可孩子的观察特点与此正相反。孩子画画没有整体意识，不会在画这个点的时候，同时还要看另一个点在什么位置。孩子只会局部观察，不懂得整体是何物。

因此，点式构图法是不符合孩子的认知规律的。能画得像是成人做的“记号”在起作用，孩子通过这样的方法画出的树叶与真树叶一模一样，就像做月饼的师傅把面塞进月饼模具里，倒出来的月饼造型和花纹都一样。孩子画画没有自己的理解，更谈不上有个性了。孩子的画并没有统一的画法。

有老师说，这种方法是在孩子小时候给他一点助力，帮助他建立自信，时间短，不至于束缚孩子的手脚。教师只在关键位置上点一些点，然后让孩子把点连成线，就完成画了。乍一听好像有些道理，教点方法，给予辅助。其实点式构图法会让孩子产生依赖，对形体起作用的这个“点”是孩子在老师的意识下按实物点的，即便孩子用线把点连接起来，形成了一个形象，也不知道形成的原因，更没有进行观察与思考。

用点式构图法教孩子画画，本身就违背了孩子的认知，抹杀了孩子对事物的感受能力，在做好的点上连线，孩子急于想看到连在一起是个什么形状，满足了孩子的一时好奇。实际上，就算是大小一样的树叶，由于看的角度不同，正侧不同，方向不同，也不会有相同的叶子。而用点式构图法画出的叶子千篇一律，没有不同。

如果不用点式构图法，让孩子画自己的观察、自己的感觉，那就会画出千姿百态、与众不同的树叶。虽然不如点式构图法画得像，却是孩子的内心感悟。这两种方法，哪种更能培养孩子的想象力和观察力，不是很清楚了吗?

用点式构图法画出来的画，不生动，没灵气；只有凭感觉画出来的线条才是生动的，带有情感的。虽然线条画得没那么直，但很有味道，很有感染力。就像手绘的茶杯与用电脑软件做出来的茶杯，哪个更生动呢？孩子在画画时，直线条都要徒手画，不借助工具。

幼儿美术的目标是帮助孩子快乐地成长，不是老早地学会一种技能。方法学得越早，越不利于孩子的成长。只有孩子自然发展好了，才有能力去接受美育，才更有发展潜力和更好的结果。一开始就忙着学知识、学技巧的孩子，会弱化美育的感知能力。没有比在幼儿时期培养独立思想、自由精神更重要的了，方法可以长大后学，而思想、精神须从小培养。

本能与技巧

人类与地球上的动物都是一样的吗？人为什么不像动物一样长一身毛呢？为什么孩子不用学拿起笔就能画，而长大后却画不出小时候的画了？孩子长大了学画与小时候画没画过关系并不大，小时候画想象画再好，长大了照样不会画，还得从头学起。孩子的这种现象与蜜蜂筑巢、蚂蚁雇佣有什么联系吗？孩子的绘画与动植物的本事是本能还是技巧？如果是技巧，是谁教的？因为好多动物昆虫在它们还没出生前父母就去世了，也就是说，它们一出生就是孤儿。比如说蜜蜂，有谁愿意费大力气去教这么多的蜜蜂建房子呢？如果不是技巧，那建房子的本领又是从哪儿来的？孩子画画也一样，只要到了三四岁，不用人教。这不学就会的技巧又是从哪儿来的呢？

我对此的认识是，孩子画画与动物的本领都属于本能。如果是技巧，什么事都需要学习才能做，那会有很多蜜蜂不会筑巢、不会采花粉，很多鸟不会捕鱼。事实证明动物的本领是本能，孩子画画也是本能，不需要教。当本能“快用完”的时候，靠感觉不好使的时候，画画可能就会用到技巧了，也就是孩子的理性快苏醒了。而动物永远也没有本能“快用完”的时候，一直到老死都是靠本能，不可能有“动脑子”的事出现，这就是人与动物的区别。

动物从小到大，从大到老，都是靠本能生存。再好的捕猎技巧甚至看上去很像“计谋”的，也不过是高级的本能。动物的每一个发现和掌握的每一个技巧，都经历了长时间的进化发展，每一个“技巧”或进步都会记录在动物基因里，传给它们的后代，一旦用得着，自然就会用，就像孩子画画一样，只要到了年龄拿笔就画，不用学。

人类在幼小时会拿着笔画画，而动物能操纵笔的走向的则罕见，偶尔也见过大象在人的指导下用鼻子卷起画笔，在纸上涂鸦，但这并不是大象有此需求。而孩子的涂鸦是孩子的需求，不需要成人告诉他们怎么画。像松鼠储存食物、蜂鸟在空中旋停这样看上去的“技巧”，而实际上是本能。从孩子出生到 6 岁是靠基因里遗传下来的“本能”生存。等孩子长到 9 岁后，脑容量大大增加，朝着“智力”方向发展，这时儿童画画就需要技巧了。但也有个过渡期，不是说一到这个时间理性思维就出现，就什么都知道。这就像刚生下来的婴儿只会喝奶，之后才能过渡到吃食物。

当孩子的本能不能满足日益发展的需要时，智能就自动启动了，也就是能接受理性知识了。人的本能和智能是分三个阶段在不同时间出现的：天性和本能是一个阶段；本能和技能共有是一个阶段；以技能为主、本能为辅是一个阶段，也是最后阶段。就算是孩子的思维已发展到完全“成人化”，仍有本能存在，就像成人遇到紧急情况时，会不由自主地张大嘴巴，瞪着眼睛惊呼，睡觉说梦话等。这些都不受人的思维支配，而是靠本能做出的反应。

开车的人如遇紧急情况本能地踩刹车。我就有过一次这样的经历。我开车进一个停车场，我平常习惯是车停驶就换空挡，不知为什么，那天就没这样做。我只顾着与看门人说话，忽略了脚正踩着刹车，突然车向楼房角呼啸着冲过去，我脑子一下子就“死机”了。就在这时，我一脚就踹到了刹车上，避免了一场车祸。直到我缓过神来，也不清楚我这一脚是怎么踹到刹车上的，这“本能”的一脚救了我一命。也就是在我刹住车的前一秒钟，还有个人从我车头前和楼房角中间穿过，我这一举动把那个贪近路的家伙吓坏了！

人与动物的区别就在于动物从小到大几乎都靠本能。在电视上曾见到过这么一幕：动物研究专家做了个实验，当着黑猩猩的面把一根香蕉放在一块很重的石头下，石头两边拴有可拉动石头的绳索，黑猩猩如果想吃到香蕉，就要拉开石头。

一开始，黑猩猩到石头的一边用尽全力拉石头，石头动也不动，这时黑猩猩丢下手中的绳子，去求助站在一旁的人帮它挪开石头。人就在黑猩猩的对面像“拔河”似的一起拉，很快黑猩猩就发现这样做根本就拉不开石头，于是，它就走到人的一方，和人一起合力用劲，结果石头被拉动了，黑猩猩如愿以偿地拿到了香蕉。最不可思议的事还在后头，当黑猩猩吃完香蕉后，它主动地走向人，拉住人的手不断地摇晃，就像是在握手，它是在感谢人的帮助。我看后非常吃惊！日本的一位动物学专家说，应该把黑猩猩归到“人科”，不应该把它放在动物的“纲”里。这一系列表现已经完全能证明黑猩猩是非常聪明的，科学家觉得虽然黑猩猩这么聪明，但还没脱离它的本能和动物性，所以它还是动物，它的一切举动还不是缜密的逻辑思维。

其实孩子画画的动作比起黑猩猩求人帮忙拉开石头找香蕉要简单得多，也不用思考，拿笔就画，想画就画，问题在于孩子的这种本能会随着年龄的增长自动转换为思考，而动物年龄再大，经验再丰富，也不可能转换为“会动脑子”。这是本质上的区别，不是教育的事，这是两种不同事物的不同结果。

孩子画画有本能和技巧两个不同的阶段，不懂教育的家长和老师往往把这两个阶段误认为一个，没什么区别，认为孩子画画是技巧，没能认识到本能。所以才有孩子画画不教就不会的说法。人的思维一旦不来源于实践，而是从骨子里就认为只要是技巧的东西都是教的，特别是儿童的思想是独立的这种认识尚未在大众中形成共识时，其思维是很难改变的。

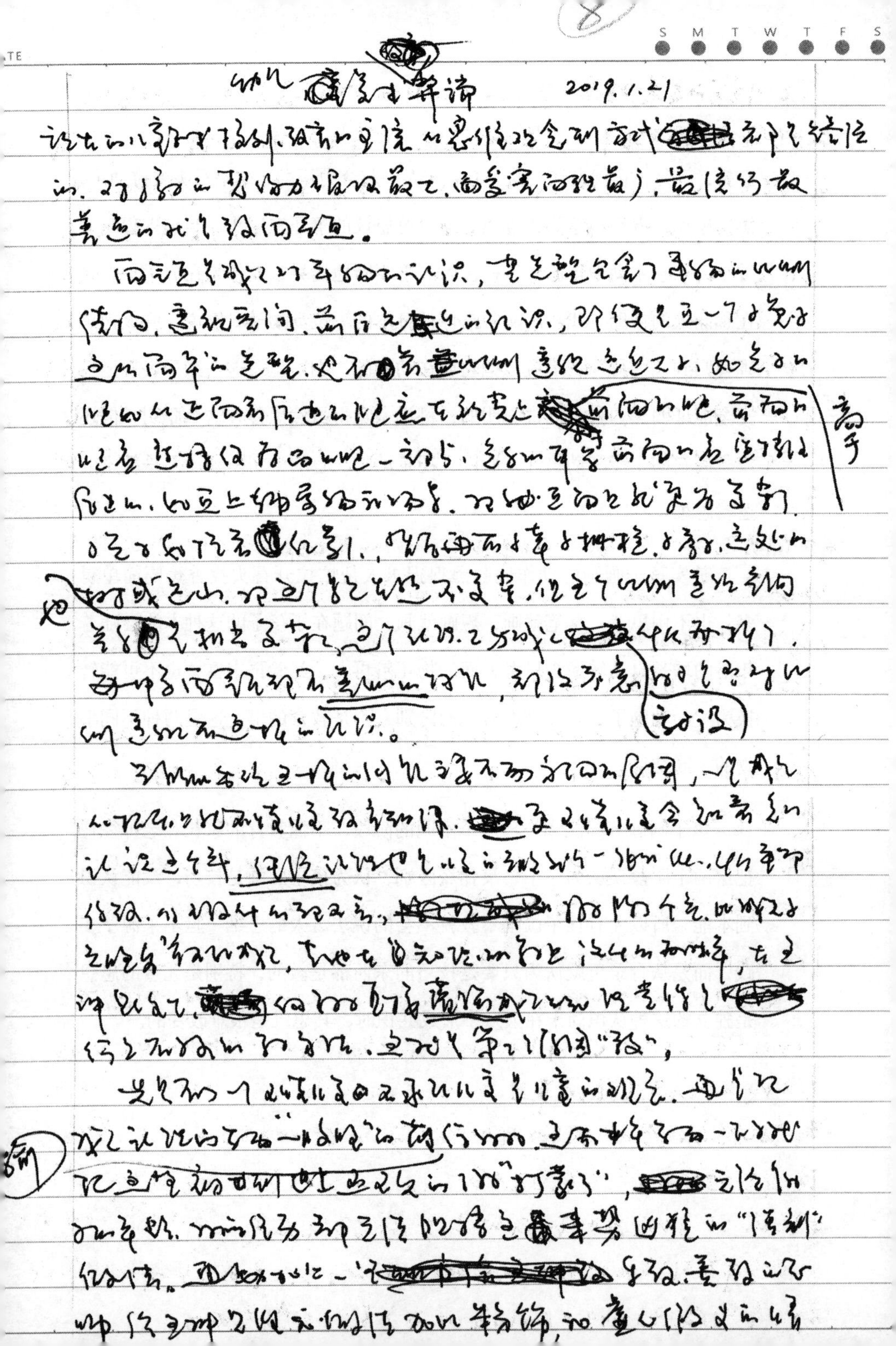

2019.1.21

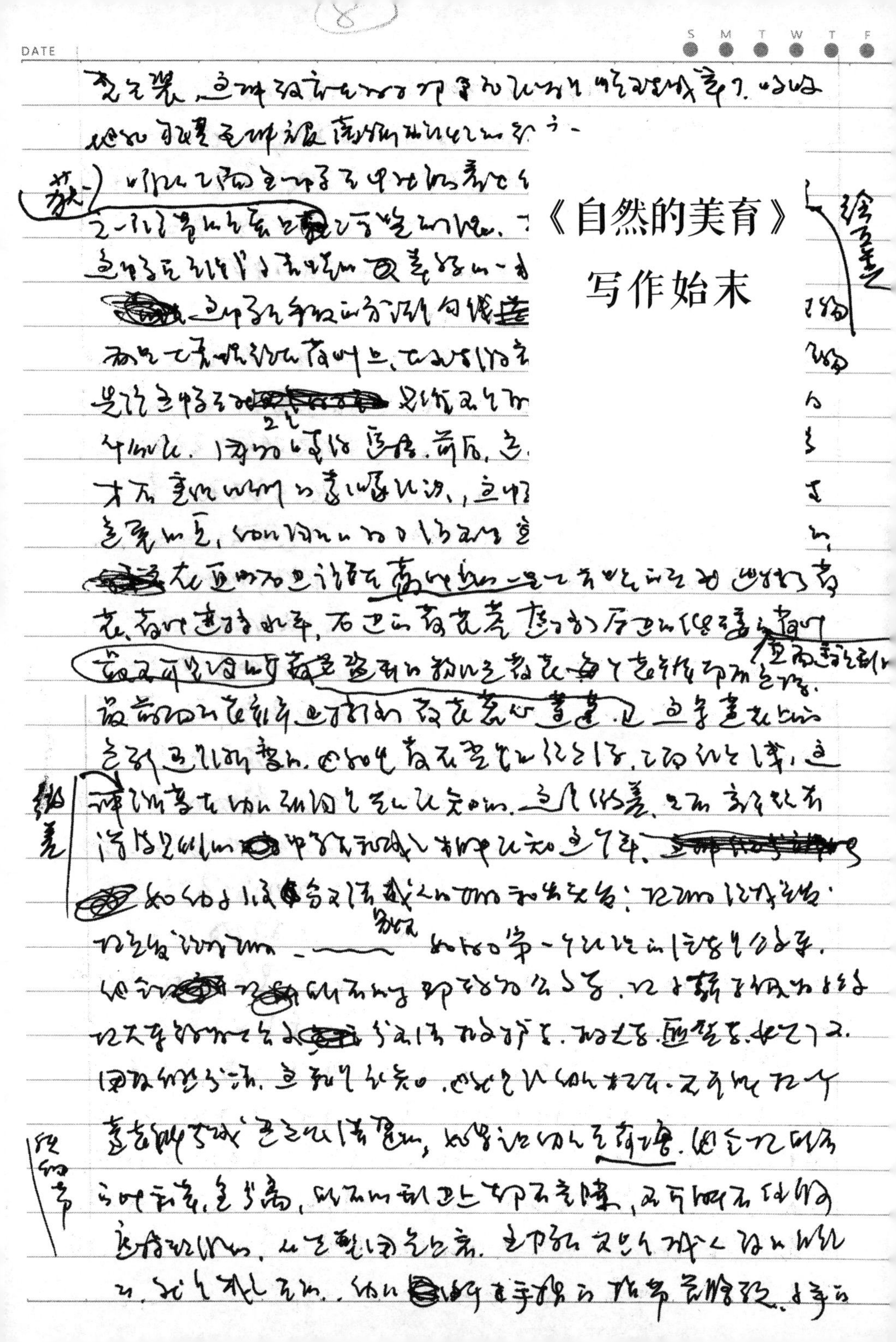

《自然的美育》

写作始末

1. 选题思路

开始没有明确目标，甚至没有头绪，只觉得应该往“大自然”方向写，究竟怎么写，心里没谱。只是带着这个想法从阅读达尔文的《物种起源》及《动物百科》入手，寻找写作思路。看到有感触的文字，就随手记下来。经过了半年的阅读、思索，找到了与“自然”贴近的“话题”171条，选了60条作为写作思路。

2. 手稿和笔芯

我的写作习惯是先手写，再打电子稿。我不喜欢用方格子稿纸，我用的是中学生化学作业本，开本大，纸张细滑，方便书写，有84页，每页能写800字，写作用了3个本子。我原来用钢笔，每天要灌墨水。这本书改用签字笔，没想到在两年里竟用了158支笔芯。

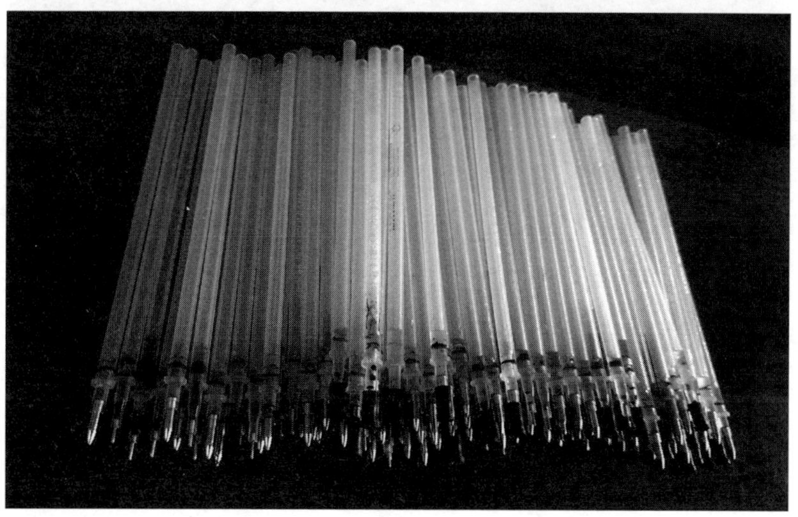

3. 注意 17 条

写前我定了规矩，无论写还是改，都要按规矩去做。如发现与 17 条不一致的、偏离的，无论文字有多好，也得删掉。

(1) 举例不要重复。

(2) 细节明晰，不要笼统，能说杨树，就不说树。

(3) 观点要明确，切忌主题模糊。

(4) 能少不要多，能用 5 个字说明的，一定不要用 7 个字。

(5) 文字要有感而发，没感觉就不写。

(6) 不要辞藻华丽，说明问题就好。留住第一感觉，少用成语、词组，求朴素！

(7) 不强写，不想写、没真情就不写。忌煽情。

(8) 写前不要看别人怎么写。自己觉得要怎么写，就怎么写。

(9) 写作不间断，如不能做到就不写。切忌中途停下再接着写。

(10) 直接道出真实感受。

(11) 用过的图，再好也不能再用。

(12) 不能说明问题的，再好的词也得删掉。

(13) 杜绝过多的修饰语、形容词、定语。可有可无的，坚决删掉。

(14) 少引用名人名言，少用别人怎么说。

(15) 求简单，去复杂，能简就不繁。

(16) 文字要有趣，不要大理论、大道理。

(17) 切忌概念论述，又忌说理太多、太透、没味道。

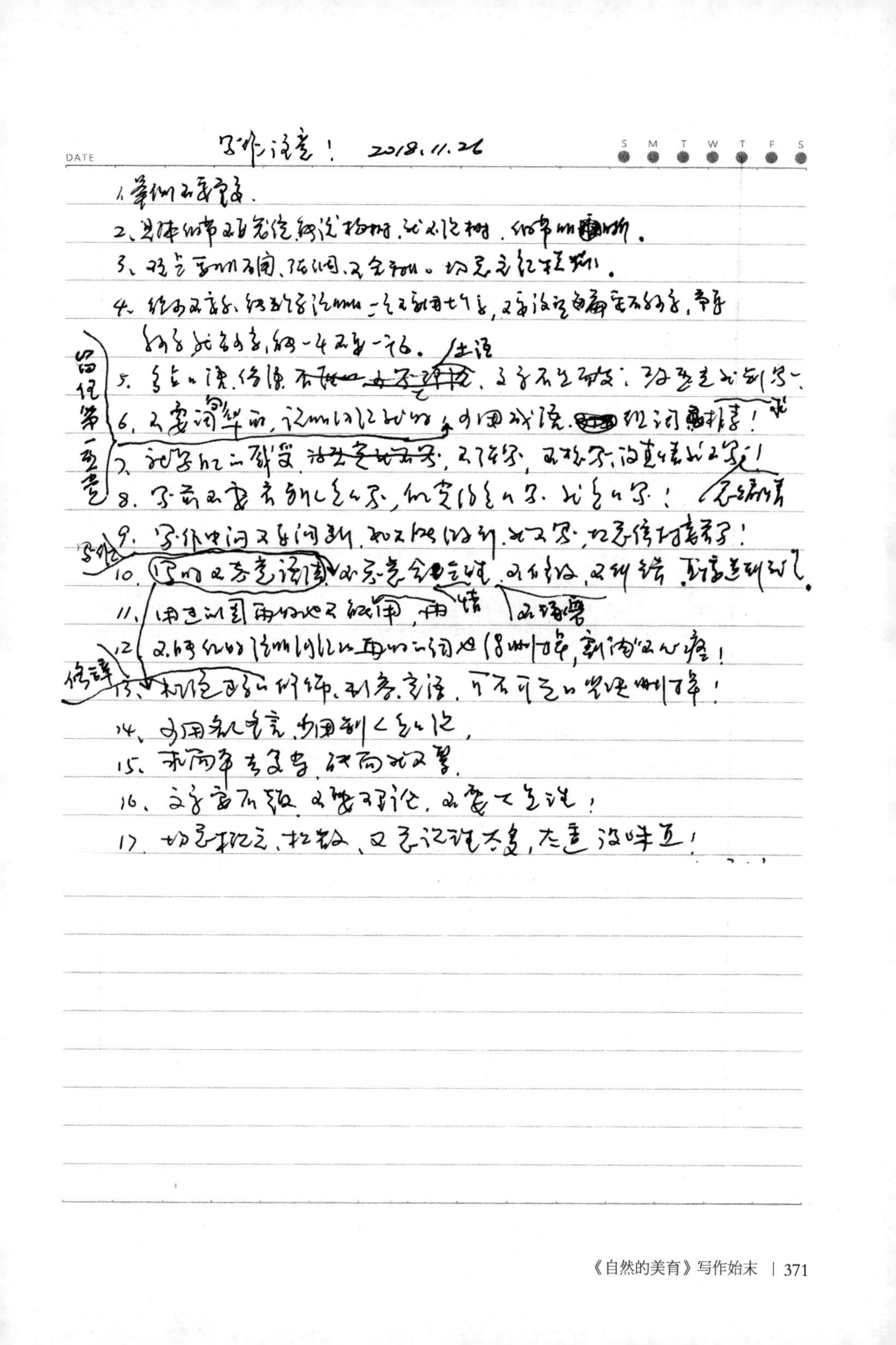

DATE 写作注意！ 2018.11.26

S M T W T F S

1. [illegible]
2. [illegible]
3. [illegible]
4. [illegible]
5. [illegible]
6. [illegible]
7. [illegible]
8. [illegible]
9. 写作中间[illegible]
10. [illegible]
11. [illegible]
12. [illegible]
13. [illegible]
14. [illegible]
15. [illegible]
16. [illegible]
17. [illegible]

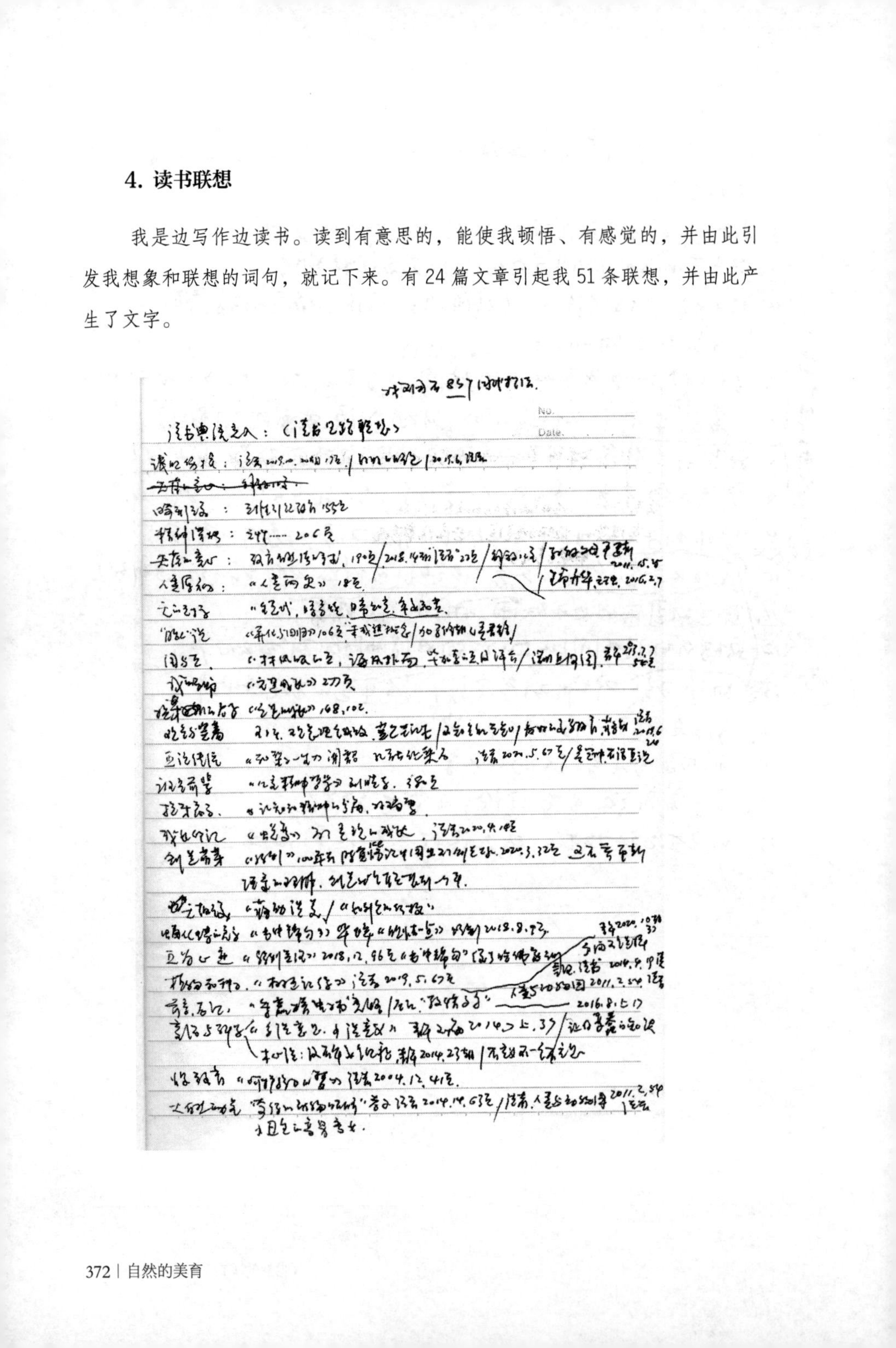

4. 读书联想

我是边写作边读书。读到有意思的，能使我顿悟、有感觉的，并由此引发我想象和联想的词句，就记下来。有 24 篇文章引起我 51 条联想，并由此产生了文字。

5. 手稿目录

初稿的原始记录是每天一记，内容包括完成的时间、字数、页数。每天写 3000 字左右，最少 2000 字。如果有感觉了，写顺手了，一天能写五六千字，最多的一天写了 7000 字。

6. 实例列举 40 条

为避免在 60 篇文章中同一个例子多次出现，在写作时我做了记录。共列举了 40 条。为防止漏查，又有了“找重复”12 条。

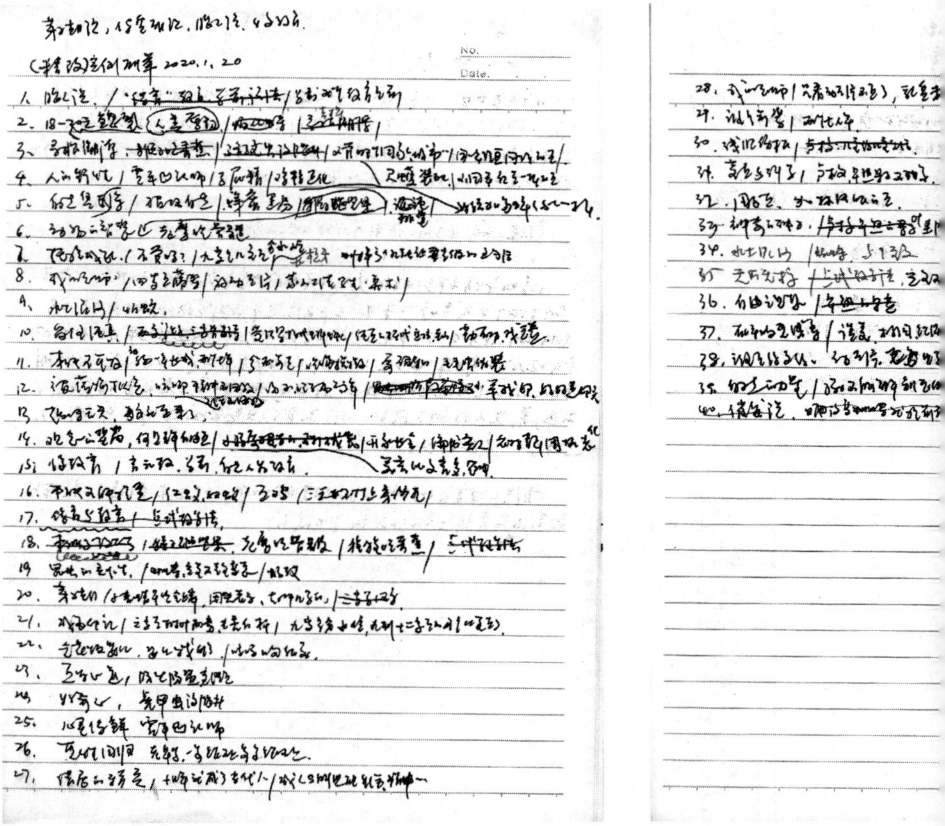

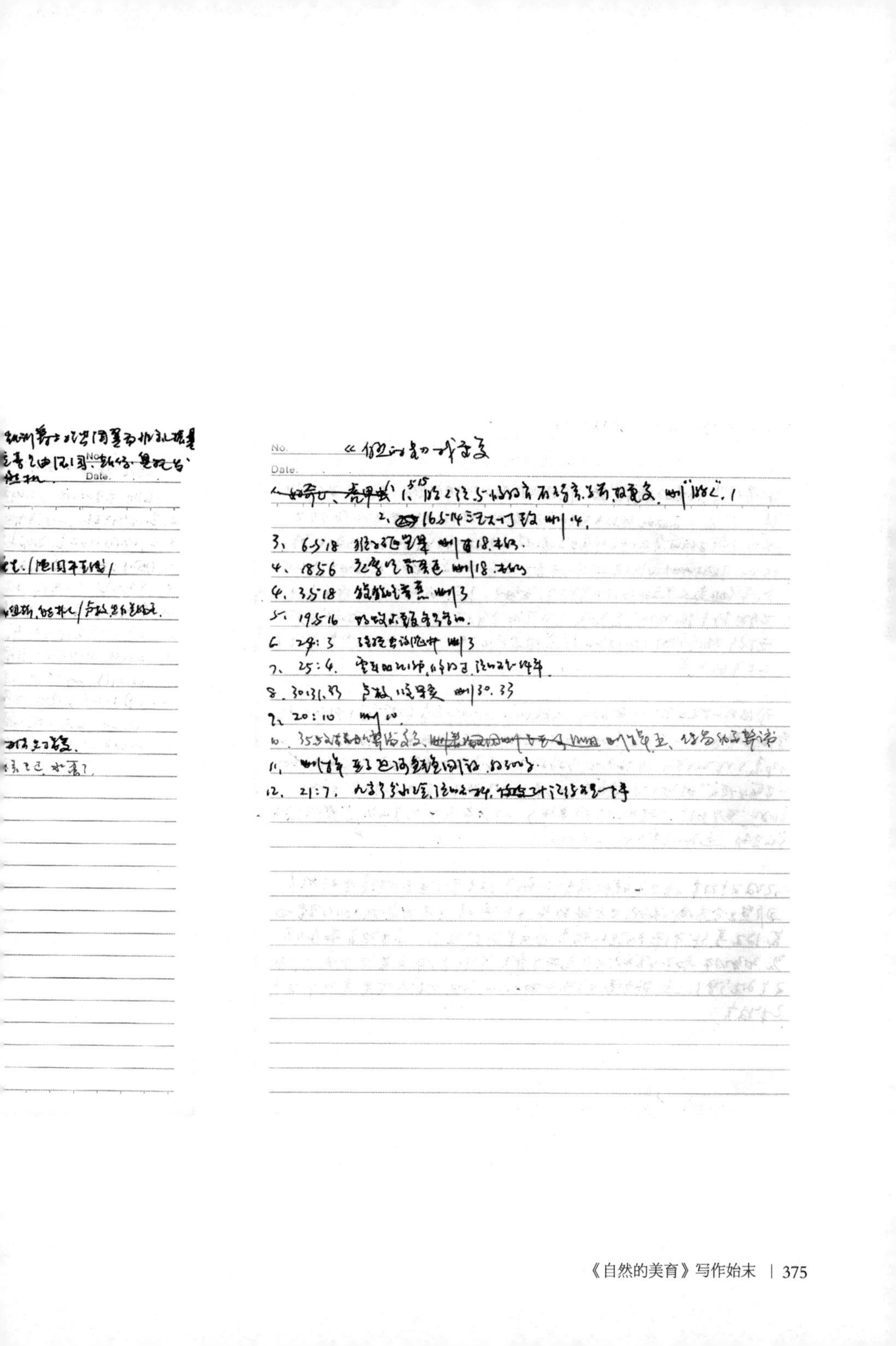

No.

Date.

No.

Date.

7. 动物生活记录

书中的动植物图片大多来自视频截屏，有《人与自然》《动物世界》和 CCTV–10 科教《科学动物园》及 CCTV–9 纪录。当看到感兴趣的、有意思的、适合写作需要的内容时，我就记下来，包括事件及其发生的时间、地点。

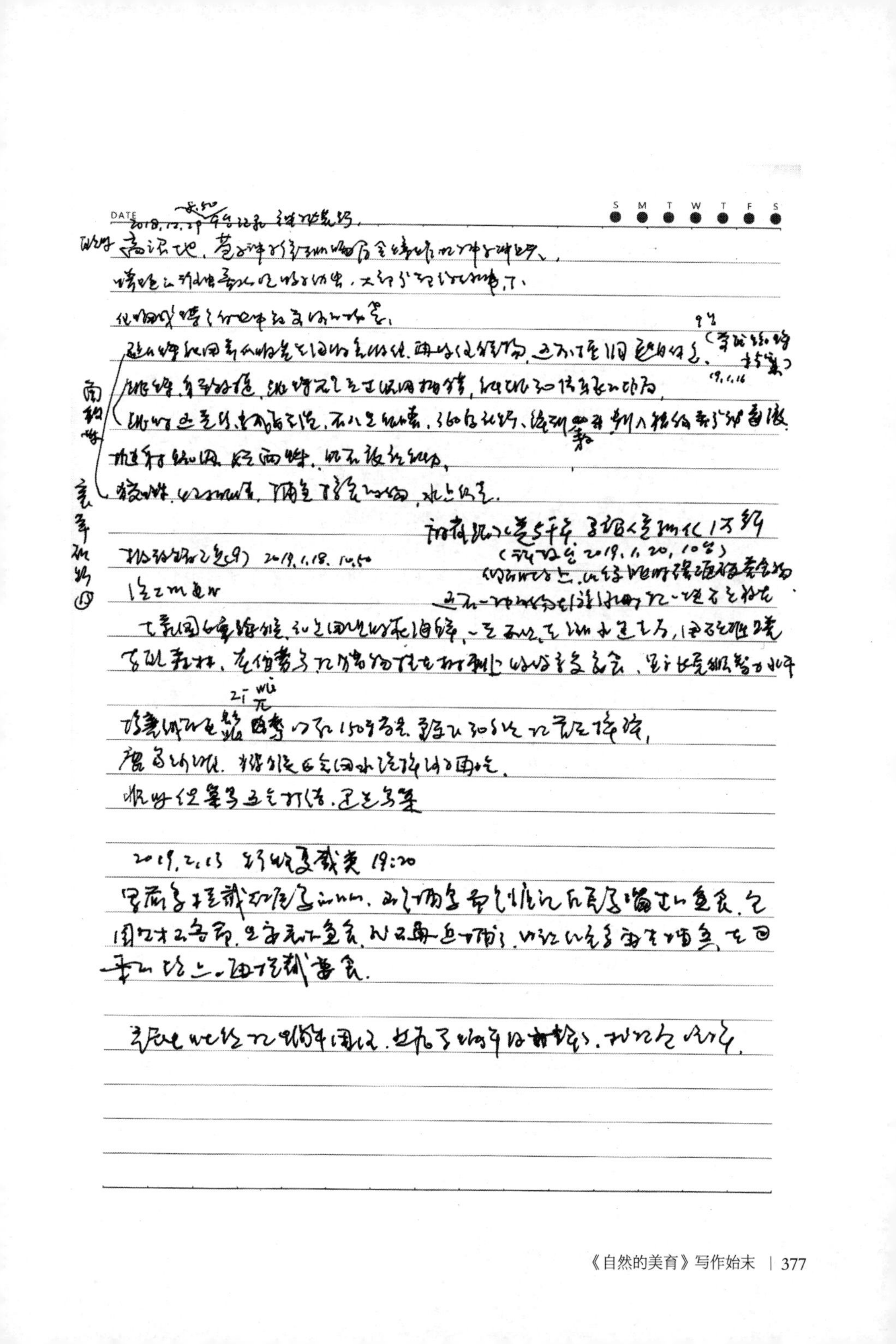

DATE

S M T W T F S

[illegible]

No. 2020.1.13 [illegible]9岁

Date 观察

1. [illegible]

2. [illegible]

3. [illegible]：[illegible] [illegible]昆虫的[illegible]了，叫褐阿波萤叶甲的昆虫。

4. 2020.2.25 纪录9岁，[illegible]叶子上[illegible]一个圆圈儿，[illegible]不开始吃圆圈儿里面的叶肉，叶肉被它切割和咀嚼，这种口器是昆虫最原始的口器。[illegible]吃海芋叶，咀嚼式口器，[illegible]

最后我发现[illegible]圆圈儿[illegible]，[illegible]吃海芋的叶子，而海芋为了防止被虫子吃，叶脉的维管束里带有很多毒素，这些毒素形成了它自身的防御系统，原来褐阿波萤叶甲[illegible]在叶子上切割圆圈儿，它会把与圆圈儿相连的叶脉全部切断，这样毒素就不会源源不断地通过叶脉输送过来，而圆圈儿里面的叶肉所含的毒素，[illegible]中毒，所以它只吃圆圈儿里面的叶肉。[illegible]圆圈儿[illegible]，[illegible]一样圆。它可以被[illegible]中的[illegible]。

5. [illegible]

6. 2020.3.10 10:27 [illegible]9岁“金蝉脱壳”

[illegible]

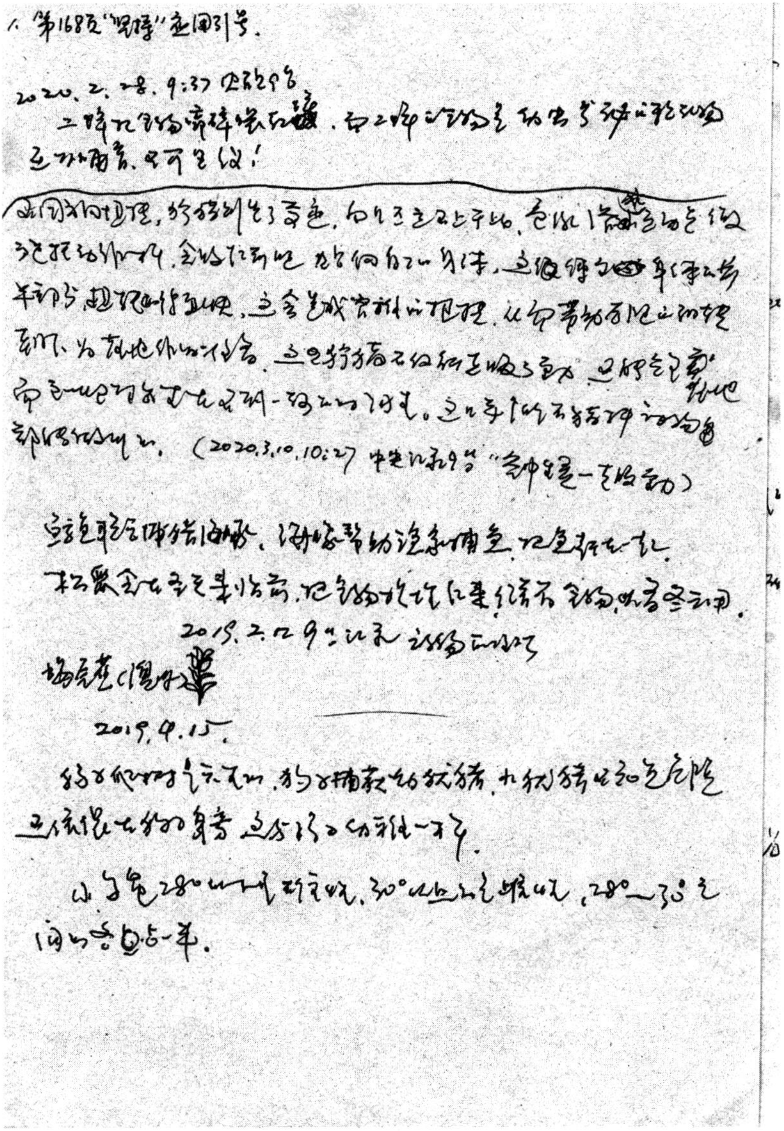

后 记

我写《自然的美育》的想法来自《寻找天性》，总觉得在《寻找天性》里还有好多话没说完。《自然的美育》是《寻找天性》的延伸和续说。

一般，写书应先有个框架，然后再细分章节，我的书不是这样写的。我是先有了珠子（素材），再有了穿珠子的线（提纲），这样，这些散乱的“珠子”经过一条“秩序”的线这么一穿，就成书了。所以，我的书前后关联不大，每个话题都是独立的，从哪篇翻开都能单独看。

我写书有个习惯，就是一开始是“加法”，什么都不管，只管写，就像小河沟开了个口子，水尽管流。等写足了、写够了，再拿把刀去“割赘肉”，这就是“减法”。写的时候，有多少就要多少，来者不拒，“割赘肉”的时候也不心疼，大块大段地割也舍得。没大用的、可有可无的、废话的，甚至当初“很满意”后又觉得“写跑题”的文字，也是一层一层被割掉，减到不能再减。

我写作信奉一个原则：能少写就不要多写。“敬惜文字”的心我也有，只是我做得可能不够好。此外，凡是出书用过的图片，再有说服力，也一张不用。图片能用一张说明文字的就不用两张，插图是帮助读者阅读的，不是用来占空的。我不干“文字不够就用图片凑”的事。写作还要尽可能做到语言有趣，叙述有条理、不笼统，有真情实感。

我一开始写书时，眼睛总是习惯“往上”看，就想知道那些大师和顶尖的教育家是怎么写书的，努力地想往上面靠，很想得到业界认可。但自从我和“大自然”交上了朋友，和毛毛虫“称兄道弟”后，我就开始眼睛“往下”瞧了，“踏踏实实”地走了我向虫子看齐，认自然为师的“下坡”路 。

也许，只有平时好“逞强”的人，如交了昆虫这样的“朋友”，才能悟出什么才是自己想要的。 我明白：写书的人得先把“自己的书”看明白了，再说写书的事。

出了几本书，也悟出了一些道理。原来认为创造离自己很远，那根本就不是“我这等人”干的事。现在，我对什么是创造也有了自己的理解。以前认为从未有过的东西才叫创造，现在我理解的创造是：当你读一本书或看到某一事物时引起了联想，找到了这两者之间的关联，把你的发现和你脑子的东西一起思考，就会出现另一样东西，那么出现的这个新东西就是创造，并非只有像电报、手机、互联网那样的东西才是创造。这本书的新概念、新观念的产生大都来源于此。

我喜欢独处，也喜欢“瞎寻思”事，有时在不经意时会突然出现事与事的碰撞和联通，这时候我就非常兴奋，这是在过“我脑子的日子”，我很享受过这样的日子。

很多时候，并不是你想刻意做一个“肯学习”的人，而是在日常生活或学习写作中引起了思考，学会了思考。不学不思，不写不思。实际上，写作的过程就是学习的过程、思考的过程。

我读书、写书有两个体会：一是写作并不是常人认为的什么素材都准备好了，有了时间，“拿出来”就可以了。我书中有价值的观点都是在写作中不经意被发现的。由此来说，写作的过程就是发现的过程，也是引发新思维的过程。无论是“读”还是“写”，都是在书中找自己、读自己、写自己、发现自己、检验自己、肯定自己、鞭策自己。没有了“读”，也就没有了“写”，读、写不分家。

写的时间久了，就知道写什么了。“写什么”不是“选”的，而是写的。“路”（写作方向）不是一下子就能找到的，走走、看看、停停、站站，走着走着就有路了。人不是有了路才走，而是因走才有了路。只有你有“路”了，才能发现在人家的书里有“检验你的路”对不对的“路”。如果你失去了方向，没有了自己的“路”，读书是没用的。这是我多年读书、写书的心得。

这本书得到了家人的全力支持，特别是我的老伴，只要是她能干的事，就不会麻烦我，家务几乎全包。在家里我是真正的“坐”家，每天除了吃饭、睡觉、遛弯和必须干的事外，剩下的时间都在书桌前度过。我这大半生所有的能算点成绩的事，都与老伴有关，所以，老伴是我最应该感谢的人。

2021 年 5 月